中原作家群年谱丛书

徐洪军　主编

刘震云

年谱

禹权恒　著

郑州大学出版社

图书在版编目（CIP）数据

刘震云年谱／禹权恒著. -- 郑州：郑州大学出版社，2024.9
（中原作家群年谱丛书／徐洪军主编）
ISBN 978-7-5773-0001-6

Ⅰ. ①刘…　Ⅱ. ①禹…　Ⅲ. ①刘震云－年谱　Ⅳ. ①K825.6

中国国家版本馆 CIP 数据核字（2023）第 215622 号

刘震云年谱
LIU ZHENYUN NIANPU

策划编辑	李勇军	封面设计	孙文恒
责任编辑	秦熹微	版式设计	孙文恒
责任校对	刘晓晓	责任监制	李瑞卿

出版发行	郑州大学出版社（http://www.zzup.cn）
地　　址	郑州市大学路 40 号（450052）
出 版 人	卢纪富
发行电话	0371-66966070
经　　销	全国新华书店
印　　刷	河南瑞之光印刷股份有限公司
开　　本	890 mm×1 240 mm　1／32
印　　张	11.125
字　　数	235 千字
版　　次	2024 年 9 月第 1 版
印　　次	2024 年 9 月第 1 次印刷

书　　号	ISBN 978-7-5773-0001-6	定　　价	68.00 元

本书如有印装质量问题，请与本社联系调换。

"中原作家群年谱丛书"总序

程光炜

2011 年秋冬之际，我到常熟理工学院林建法、丁晓原二位先生刚创办不久的《东吴学术》杂志做客。其间与建法先生谈起，能否在该刊开辟一个"当代作家年谱"栏目。一年后，在人大文学院再次跟他聊起此事，不承想，这个原本遥不可及的目标，已在他手里实现。如果我没记错，"中原作家群年谱丛书"的个别年谱的"简编"，就曾经刊载于这家杂志。但我不知道，这套年谱丛书的策划起意，是否与这件事情有关。

在当代文学史上活跃着一大批河南籍或者长期在河南生活、工作的作家，他们中的一些人已经在中国文坛上产生了重要影响，如姚雪垠、魏巍、李準、李季、白桦、张一弓、二月河、周大新、李佩甫、刘震云、李洱等。对于当代文学中的河南籍或者长期在河南生活、工作的作家来说，这套"中原作家群年谱丛书"对于他们生平事迹、生活道路、创作情况的介绍，对于他们不再以作品"制造者"，同时作为写作了这些故事的作者的"生活史"，出现在研究者和广大读者的视野中，是有很大的意义的。据我粗陋的印象，此前这些作家中的有些人，不仅从无一本"研究资料"，更谈不上"年谱"；所以，我想"中原作家群年谱丛书"的问世，对于河南当代文学研究，对于中国当代文学研究，切实提供了一批难能可贵的基础性的文献材料。

在文学批评之后，与文学史研究同步开展的作家传记、年谱和其他材料的整理，在近些年越来越受到当代文学研究界的注意，相关研讨会也此起彼伏。但是作为将这些工作进一步细化、深入化的年谱整理及研究，则是一项更为寂寞、艰苦和长期的基础性研究。由此可见本套丛书所经历的过程，作者所付出的努力，以及从初稿、统稿到出版的日日夜夜。

此前，信阳师范大学文学院就已经组织出版了两辑共 23 卷的"中原作家群研究资料丛刊"，现在又推出这套"中原作家群年谱丛书"，可以看出他们对中原作家群研究的逐步深入，这是特别值得肯定的地方，也借此机会向他们表示祝贺。

2023 年 11 月 3 日记于北京

目　录

contents

凡例

一、在中国当代文学史，尤其是新时期文学史上，河南作家占有十分重要的地位。从 1906 年出生的著名诗人苏金伞，到 1994 年出生的知名作家小托夫，在中国文坛上产生过较大影响的河南作家有近 40 位。在十一届茅盾文学奖 53 位获奖作家中，河南作家占了 10 位。为了总结当代河南文学的实绩，为此后的当代河南文学研究奠定基础，我们编著了这套"中原作家群年谱丛书"。

二、本丛书之谱主均为河南作家。其判断标准是，该作家或出生于河南——这种情况在本丛书中占绝大多数，或长期在河南工作、生活，主要作品在河南创作发表——如二月河，或在文化血缘上与河南有着十分密切的关系——如宗璞。

三、每位作家编著年谱一册，以呈现该作家的文学活动为重点，兼及中国文坛、河南文坛的相关问题。

四、每册年谱一般包括作家小传、年谱正文、参考资料、附录、后记等五部分。

五、年谱正文一般包括本年度大事记、作家活动、作家研究相关文献。

六、年度大事记选取该年度与作家生活、创作有关联、有影响的，或者对中国文学有较大影响的事件录入。全国社会生活、文学活动资料很多，从严录入；河南省文学活动资料整理有限，尽可能详细；各位作家出生、求学、工作、生活地域的资料依据不同作家灵活处理。

七、作家活动。

1. 作家年龄使用虚岁，即出生当年为一岁，以此类推。

2. 引用文献和人物介绍均使用脚注。

3. 正文中如有需要解释说明的内容，则不使用脚注，而用"按"；如有多条按语，则用"按一""按二"标识。每个作家的具体内容由编著人灵活处理。

4. 为了更为直观地呈现作家的文学活动，一般在年谱相应位置插入一些图片。这些图片主要包括作家及相关人物照片、作品发表期刊照片、作品版本照片、作家参与活动照片、重要地标照片等。

5. 如有可以直接引用的文献，一般原文引用，以显示"无一字无出处"；如需要引用的文字太多、太长，则由编著人概述。直接引用文献包括两类，一类是公开发表文献，将注明出处；作家日记、书信等一手文献原文，引用次数较多的，可以不用——标明。

八、研究文献。

1. 一般研究文献只列作者、题目、报刊、出版年月等信息，如果该文献比较重要，则视情况概述该文献主要观点。

2. 研究文献归属年份：一般作品的研究文献，放到该文献发表年份表述；重要作品的研究文献，为方便读者了解该作品的研究现状，一般在该作品发表、出版年份将其所有研究文献集中展示。

九、附录的内容可以包括但不限于作家的创作年表、作家佚文或稀见作品文本、比较重要的作家访谈等。

刘震云小传

刘震云，1958 年出生于河南省新乡市延津县王楼乡西老庄村，自幼家境贫困，兄妹四人，早年在豫北度过十几年乡村生活。1962 年进入村办小学开始上学识字，姥姥、母亲、舅舅等成为个人成长过程中的重要人物，深刻影响着刘震云早期世界观、人生观、价值观的形成。

1973 年，刘震云离开家乡，到甘肃酒泉的大戈壁滩驻地部队服役，成为其生命旅程中的重要转折点。经过几年的部队生活，刘震云有效拓宽知识视野，个人认知能力得到极大提升，中篇小说《新兵连》就是根据其军营生活经验创作而成的。

1978 年，刘震云从部队复员回到延津当地的一所民办中学担任教师，并积极准备参加高考，后被北京大学中文系顺利录取，为当年河南省高考文科状元。毕业后，刘震云面临着两个工作选择：一个是去中共中央书记处农村政策研究室，另一个是去《农民日报》从事文字编辑工作。经过慎重考虑，刘震云毅然决然选择了后者，并最终促使他走上文学创作的道路。

1985 年，刘震云与北京大学法律系毕业的河南籍老乡郭建梅女士结婚。1987 年，女儿刘雨霖在北京出生，一家人生活幸福，其乐融融。

1988 年，刘震云开始进入北京师范大学和鲁迅文学院联合举办的首届文学创作研究生班"预备班"学习。1991 年 1 月，中篇小说《一地鸡毛》发表在《小说家》第 1 期，也成为刘震云被冠以"新写实主义"作家的代表性作品。之后，刘震云在十几年时间内出版《官人》《官场》《单位》《故乡天下黄花》《故乡相处流传》《温故一九四二》《一腔废话》《一句顶一万句》等，并被翻译成英语、法语、德语、意大利语、西班牙语、瑞典语、捷克语、荷兰语、俄语、阿拉伯语、日语、韩语等多国文字，成为中国当代文坛具有社会影响力的著名作家。

值得注意的是，影视化改编成为刘震云小说跨媒介传播的重要途径。2003 年 12 月，冯小刚担任导演、刘震云担任编剧的电影《手机》正式搬上荧幕。同月，长篇小说《手机》在长江文艺出版社出版，刘震云直面作为通信工具的手机在日常生活中的复杂意义。2012 年，由冯小刚导演、刘震云编剧的电影《一九四二》公映，在中国大陆电影市场深受好评，票房收入非常可观。2013 年，电影《一九四二》获得第 15 届中国电影华表奖优秀改编剧本奖和第 29 届中国电影金鸡奖最佳改编剧本奖，刘震云也因此获得第 13 届华语电影传媒大奖最佳编剧奖。

2015 年，刘雨霖导演按照电影艺术的基本原则对小说《一句顶一万句》进行"减法"改编，后以同名电影呈现在观众面前。同年 12 月，庞好导演根据小说《一句顶一万句》内容改编的电视连续剧《为了一句话》在中央电视台开播，收到预期效果。2016 年，根据刘震云同名小说改编，由冯小刚导演的电影《我不是潘金莲》公映，影片用幽默彰显生存困境，用荒诞诠释生活无奈，让观众在欣赏电影画面的同时，也对现实社会进行深刻思考。

2016 年，刘震云被埃及文化部授予"埃及文化最高荣誉奖"。2017 年，长篇小说《吃瓜时代的儿女们》在长江文艺出版社出版。2018 年，获得"法兰西共和国文学与艺术骑士勋章"。2020 年，获得新时代国际电影节庆祝新中国成立 70 周年全国十佳电影编剧奖。2021 年，长篇小说《一日三秋》在花城出版社出版，有效继承早期小说创作的幽默和反讽手法，得到诸多读者的高度认可。

1958 年　1 岁

2 月 25 日，河南省文联召开常委（扩大）会议，决定改组，由杜希唐任党组书记兼主席，冯纪汉任副主席。

2 月 28 日，《人民日报》和第 5 期的《文艺报》发表周扬的《文艺战线上的一场大辩论》。

同月，《茅盾文集》《巴金文集》《叶圣陶文集》正式出版。

3 月，茹志鹃的短篇小说《百合花》发表在《延河》第 3 期。

同月，高缨的短篇小说《达吉和她的父亲》发表在《红岩》第 3 期。

同月，李劼人的长篇小说《大波》修改本（第一部）由作家出版社出版。

4 月 1 日，《奔流》第 4 期全文转载周扬的《文艺战线上的一场大辩论》，并在编后记中说明本文章"是一篇有重要的指导意义的文章，我们希望大家能够认真地学习讨论"。

4 月 9 日，著名诗人徐玉诺病逝于开封。

4月14日，《人民日报》发表社论《大规模地收集全国民歌》，不久全国开始了"新民歌运动"。

5月5—23日，中共八大二次会议召开，会议提出"鼓足干劲，力争上游，多快好省地建设社会主义"总路线。

同月，毛泽东在中共八大二次会议上提出，无产阶级文学艺术应采用"革命的现实主义和革命的浪漫主义"相结合的创作方法。

8月，李準的电影剧本《老兵新传》由中国电影出版社出版。

9月，刘澍德的中篇小说《桥》由人民文学出版社出版。

同月，雪克的长篇小说《战斗的青春》由新文艺出版社出版。

同月，刘流的长篇小说《烈火金钢》由中国青年出版社出版。

同月，全国报刊发表文章讨论革命现实主义和革命浪漫主义相结合的创作方法。这一讨论延续到次年。

5月 出生于河南省新乡市延津县王楼乡西老庄村。延津县位于黄河北部，隶属于河南省新乡市，地处北纬35°10′，东经114°36′。延津有史记载三千多年，秦时为酸枣县，宋政和七年（1117年）以黄河渡口改称延津县延续至今。"延津濒临黄河，'津'是渡口。因水运便利，三国时，曹操曾'屯粮延津'。官渡大战，更早的牧野大战，就发生在延津附近。但黄河不断滚动翻身，两千多年过去，延津距离黄河，已有三十多公里，成了黄河故道。作为渡口，已是两千多年的事了。"① 因为黄河古渡口，延津成为商贾集散地和兵家必争地，让延津人民饱受风沙、盐碱、决堤、战乱的苦难，但延津人民"遇千灾而不徙，历万劫而不泯"，也因此形成了兼容并蓄、敢为人先的黄河渡口文化。刘震云说："我书中的延津，跟现实的延津，有重叠的地方，也有不一样的地方；因为都叫延津，容易引起混淆。现实的延津不挨黄河，县境之内，没有自发的河流；总体说，延津跟祖国的北方一样，是个缺水的地方。"② 故乡延津成为刘震云后来小说创作取之不竭、用之不尽的重要源泉。"如果故乡是指一块地方，这个地方是指一个社会整体，即不但包括人、土地环境，还包括维持人、土地和环境的社会政治、经济形态及生活方式或者说作为一种社会区来考察的话，在一个民族内，这块地方与另一个地方没有太大的差别。风俗习惯虽有差异，但总是在统一的政治、经济、社会制度之下；二者相比较，前者显得微不足道，无非是在吃、穿、住、行等习惯方法上的差异。但保证和维持吃、穿、住、行的方法是一样的。从这点意义上说，故乡就是国家，无论你生在哪里，都会给你身上和心上打上基本相同的烙印。"③

刘家有三儿一女。"刘震云是家里的第一个孩子。他出生之

①　刘震云：《延津与延津》，《农民日报》2022年1月7日第8版。
②　刘震云：《延津与延津》，《农民日报》2022年1月7日第8版。
③　刘震云：《整体的故乡与故乡的具体》，《文艺争鸣》1992年第1期。

前，家里生活就已经很艰难。后来，这个家庭共要了四个孩子，三儿一女，靠两个大人的工资要养活四个孩子，不是一件轻松的事情。"[①] 刘震云母亲叫刘素琴，虽然没有什么文化知识，但知书达理，贤惠善良。刘震云说："我妈跟我讨论过文学。从我们家的背景来讲，我是因为天生喜欢写作而写作，如果我不写作的话，我早干别的去了，我们家祖上是熬盐、卖碱的。什么叫文学？这是个问题。我妈妈不识字，但是'文化大革命'的时候，学过几个字，好像不到一百个。不过直到现在，我妈写字的时候还龙飞凤舞，她签的名字，不比现在任何的明星签得更好辨认。"[②] 总体来讲，故乡的童年生活经验成为刘震云后来小说创作的主要素材。"作家所以与故乡关联比较大，我同意因为故乡与作家的童年往往相联系。童年时代对于作家是一个宝藏，因为童年时的生活首先是自然成长，社会对它的要求不高。一旦和社会结合，社会就显出它的苛刻与功利性。功利性的生活没有一时一刻不带有或多或少的虚假。"[③] 早年的乡村生活虽然非常艰苦，但刘震云后来却深切地谈道，"可以肯定地说，在农村生活过的人，农村生活首先对世界观有影响""农村生活对我来说，不是创伤而是烙印"。[④]

———————————

① 张英：《刘震云：兜兜转转，故乡就是世界》，《新民晚报》2022年3月20日第9版。
② 刘震云：《从〈手机〉到〈一句顶一万句〉》，《名作欣赏》2011年第5期。
③ 刘震云：《整体的故乡与故乡的具体》，《文艺争鸣》1992年第1期。
④ 周罡、刘震云：《在虚拟与真实间沉思》，《小说评论》2002年第3期。

1962年　5岁

2月，刘澍德的长篇小说《归家》在《边疆文艺》第2期开始连载。

同月，赵树理的短篇小说《杨老太爷》发表于《解放军文艺》第2期。

3月2日，周恩来作《论知识分子问题》报告，重新肯定我国知识分子的绝大多数已经是劳动人民的知识分子，强调在社会主义建设中要发挥科学和科学家的作用。

4月，黄秋耘的小说《杜子美还家》发表于《北京文艺》第4期。

5月23日，《人民日报》发表纪念毛泽东同志《在延安文艺座谈会上的讲话》发表二十周年社论《为最广大的人民群众服务》（周扬执笔），各省市文艺界举行了纪念会、报告会和座谈会，全国主要刊物相继发表社论。

同月，王蓓的话剧《杜十娘》在《剧本》第5期发表。

6月，汪曾祺的小说《羊舍一夕》发表于《人民文学》第

6 期。

同月，瞿白音的《关于电影创新问题的独白》在《电影艺术》第 3 期刊载。

7 月，郭小川的诗歌《青纱帐——甘蔗林》、西戎的短篇小说《赖大嫂》发表于《人民文学》第 7 期。

同月，孙犁的《风云初记》第三集开始在《新港》第 7 期连载。

7 月 28 日至 8 月 16 日，中国作家协会在大连召开农村题材短篇小说创作座谈会（又称"大连会议"），邵荃麟和周扬在会上分别讲话，强调要重视对中间人物的描写。

9 月 13—18 日，河南省文联由倪尼主持召开会议，李準在会上传达了"大连会议"精神。

9 月 21 日，剧作家欧阳予倩逝世。

10 月，陈翔鹤的历史小说《广陵散》在《人民文学》第 10 期发表。

同月，姚雪垠的短篇小说《草堂春秋》在《长江文艺》第 10 期发表。

12 月 25 日，著名作家李劼人逝世。

8 月 开始进入小学阶段学习。当时，"村里开办了第一所小学，接收 5 岁到 12 岁的学生，学费 5 元。街坊四邻议论纷纷，饭都吃不饱，哪有闲钱去上学？在大户人家当过长工的姥姥没说话，卖掉了头上戴的银发簪，卖了 5 块钱，拉着刘震云就去小学报名"①。"一提起读书，就让人想起了自己的童年。因为人第一次接触书，大都在童年时代。记得在我童年时候，给我印象最深的一篇课文叫《我要读书》，里面写了一个穷苦孩子对知识的向往和读书的不易。我小时读书，也是外祖母卖了头上的簪子，把我送进学堂的。记得学堂原是村中一个牛屋，墙上掏了几个洞；课间从洞里爬出去，就到了麦草堆里；记得老师叫孟庆瑞，年长慈祥，长留在我的记忆里——仔细算起来，那时他也就三十来岁吧。我现在仍记得第一次发书时，我闻到那书的油墨的清香；放学回家，还放到外祖母鼻子下让她闻。从那时到现在，再没有闻到那么清香的书了。那时的书本，怎么就那么香。书发到手，接着就是包书皮。外祖母不识字，把读书看得特别神圣和不易。她拿着书本用眼睛照：'打死我也学不会。'听说我要包书皮，从箱底把她最珍贵的一叠绿花格子油纸拿了出来——这是乡下人出嫁闺女时贴箱底用的。在我上学的问题上，父母不大负责任。当时我的父亲在县城当职员，母亲在废品厂整理破烂；他们说本来家里生活就紧张，小小年纪上什么学。他们不知道这上学的机会多么难得：多少年村中无学校，一九六三年，来了一个孟庆瑞老师，村里的顽童，十几岁的也有，像我这样五六岁的也有，全部鱼龙混杂在孟老师的门下。错过这个机会，何年何月才能再上学？何况别人都去上学，剩下我一个人脱离、游离大家，也让人感到孤单和不放心。

---

① 张英：《刘震云：兜兜转转，故乡就是世界》，《新民晚报》2022 年 3 月 20 日第 9 版。

我听到消息，从野地里光着身子旋风般到家，向外祖母哭闹。外祖母虽然目不识丁，但深明大义，从头上摘下簪子，到镇上卖了五块钱，手拉手把我送进了学堂，又闻了我的书香，替我包了书皮。"[1] "我记得村里的月亮特别亮，有时我在院里面直接拿书看就没问题。三、四年级开始，我数学特别好，我特别喜欢看数学书。数学对于我日后成为作者有特别大的好处，因为数学特别讲究严密，你算了三页纸，这个小数点点错了，那就全错了。对于写作，一字一句都要写得特别准确，细致和严密是非常重要的。"[2] "当时我个子矮，坐在第一排，字都学不会。我就回家，在月光下拿书翻给姥姥看，她也不识字，所以我们俩在那共同看着字为难。然后，她说研究一晚上也研究不出来这个字姓张还是姓李，要不然你睡吧，明天再学。当时我为难得老哭。第二天，鸡叫的时候，外祖母就起来纺棉花，她把我叫起来，说你早上试一试，看能不能把这个字想起来。我觉得挺管用，有时候就想起来了。"[3] 姥姥在刘震云儿童时代的成长过程中发挥着重要作用，也是他在这个世界上最亲的人，深刻影响着他的世界观、人生观和价值观的最初形成，她也在刘震云后来的个人自述和回忆录中经常出现。刘震云说："我从小是外婆抚养大的，我父母在县城工作，是外婆把我从县城背到村里，走了四十里的路。当时是困难时期，外婆说一路上许

---

① 刘震云：《童年读书》，《语文教学与研究》2003 年第 6 期。
② 张英：《刘震云：把写作当做一辈子的长跑》，《新民周刊》2022 年第 21 期。
③ 张英：《刘震云：把写作当做一辈子的长跑》，《新民周刊》2022 年第 21 期。

多人走着走着就一头栽倒在地上，再也没有起来，是饿死的。"①
姥姥其实并不是刘震云的亲姥姥。刘震云的母亲刘素琴回忆：
"我是小时候给人家了，养母给养大的。震云他八个月时我参加
工作，没时间照顾他，震云就在老家一直跟着我妈，他对姥姥
感情可深了。我妈可大气，不是农村一般的老太太，自强自立、
懂得很多道理，几个孩子都是她帮助拉扯大的。"②

① 周罡、刘震云：《在虚拟与真实间沉思》，《小说评论》2002 年第 3 期。
② 张英：《刘震云：兜兜转转，故乡就是世界》，《新民晚报》2022 年 3 月
20 日第 9 版。

1973 年　16 岁

3月29日，根据毛泽东的意见，周恩来主持中央政治局会议，决定邓小平正式参加国务院业务组工作，并以国务院副总理身份参加外事活动。

4月3日，邓小平复出主持工作之后，在他的努力之下，国务院批转国务院科教组《关于高等学校1973年招生工作的意见》，对两年前开始实行的采取推荐和选拔工农兵上大学的规定进行了修订，增加了"文化考试"的内容，试图恢复用知识选拔人才的制度。

6月，表现"上山下乡"知识青年的小说《征途》（郭先红）和《峥嵘岁月》分别由上海人民出版社、广东人民出版社出版。

12月18日，《河南日报》头版全文转载《人民日报》12月15日发表的初澜的文章《要重视文化艺术领域的阶级斗争》。

11月　离开延津，刘震云到甘肃酒泉的一个大戈壁滩驻地部队服役，从此开启一段值得特别铭记的军旅生活。"当兵的时候我第一次见到火车，当时火车是蒸汽机，当我来到我的家乡新乡火车站的时候，我觉得特别庄严，也特别雄伟。因为几百个战士在走同一个动作的时候，走同一个步伐的时候，会出现气场。当几百个新兵路过天桥的时候，一列火车从北京，我不知道是往广州还是哪去，反正是京广线开过来停在火车站上。从车厢下来成千上万的人，又上去成千上万的人，这些人我一个都不认识，因为我们的村特别小，我们村一共有80多个人，我都认识，我舅舅告诉我要从熟悉到陌生，但是我突然发现世界上陌生的人那么多，我没有为熟悉震撼，却为陌生震撼，当时看到这么多人，我哭了。"① 刘震云之所以想去参军，主要是想早日摆脱非常困苦的农村生活，能够吃上白面馒头。另外，他曾经想通过当兵来尝试改变自己的社会身份，为成年之后顺利娶到媳妇铺平道路。可以说，舅舅语重心长的告诫改变了其未来的人生道路。刘震云说："在我14岁的时候，我碰到过一个伟大的哲学家，这个哲学家不亚于康德，不亚于黑格尔，他就是我舅舅。"② 刘震云说："我有个舅舅，是一个木匠，他小时候种过天花，脸上有一些麻子，所以大家都叫他刘麻子。刘麻子做的箱子在周围40里卖得最好，所以渐渐我们周边就没有木匠了，就剩刘麻子一个人了。所有的木匠说刘麻子这个人毒，

---

① 刘震云：《文学梦与知识分子》，《甘肃社会科学》2013年第5期。

② 2017年7月1日刘震云在北京大学国家发展研究院毕业生典礼上的发言稿。

所有的顾客都说他做的箱子柜子特别好。"① "他晚年的时候我跟他有一个炉边谈话。我说,你的同行说你毒,你的顾客说你好,你到底是什么人?他说,别人说你毒、说你好,并不能使你成为一个好木匠,唯一使我能成为好木匠的是:别人打一个箱子花三天时间,我花六天时间,我比他做得更好;接着他又说,你只花六天时间还不是一个好的木匠,我是打心眼里喜欢做木匠,我特别喜欢闻做木匠活刨出来的刨子花的味道;他又说只是喜欢做木匠活,也当不好木匠,有时候我当木匠的时候会有恍惚的时候,就是当我看到一棵树,我看到如果它是一个松木,是一个柏木,是楠木,这要是给哪家姑娘出嫁的手打个箱子该多好;如果它是一棵杨树,杨树是最不成材的,只能打个小板凳。我觉得他已经到达了'空即是色,色即是空'的境界,他虽然不是北大哲学系的,但是他到达了哲学系毕业的水平。"② 舅舅后来说:"如果你想改变你的命运的话,离开这个村子。当你想改变自己的时候,你要告别自己的过去,告别自己熟悉的地方,告别自己的故土""那个时候我就当兵了,我舅舅给我指的圣地就是甘肃。"③

由于兵营所在地位于祖国西北地区,气候干燥,风沙极大,这让早期生长在黄河岸边的刘震云很长时间嘴唇干裂,经常流鼻血。但相对于在老家吃不饱饭和从事繁重的农活,这似乎都

① 2017 年 7 月 1 日刘震云在北京大学国家发展研究院毕业生典礼上的发言稿。
② 2017 年 7 月 1 日刘震云在北京大学国家发展研究院毕业生典礼上的发言稿。
③ 刘震云:《文学梦与知识分子》,《甘肃社会科学》2013 年第 5 期。

不算什么。值得注意的是，届时正值"文化大革命"时期，许多人文社科类书籍都被销毁，但理工类书本很容易得到。看到自己提干入党无望，刘震云充分利用站岗值班的业余时间，自学数学做习题，为其后来高考取得优秀成绩奠定坚实基础。除此之外，这段军旅生活极大地开阔了刘震云的认识视野，使他逐渐摆脱了农民的狭隘思维方式，也为中篇小说《新兵连》的创作提供了文学素材。"从此，我离开了家乡。后来，我和我的作品，又不断回到家乡。这时的回去，和过去的离开又不一样。我想说的是，延津和延津的关系，就是我作品和延津的关系，也是世界跟延津的关系。换句话，延津就是世界，世界就是延津。"①

---

① 刘震云：《延津与延津》，《农民日报》2022年1月7日第8版。

1978 年　21 岁

1 月，徐迟的报告文学《哥德巴赫猜想》发表于《人民文学》第 1 期。

2 月，《文学评论》复刊。

3 月，大型文学刊物《钟山》在南京创刊。

4 月 30 日，艾青"复出"后的第一首诗《红旗》发表在《文汇报》。

5 月 11 日，《光明日报》发表文章《实践是检验真理的唯一标准》，经《人民日报》转载，全国展开关于真理标准问题的讨论。

5 月 20 日，林默涵的文章《解放后十七年文艺战线上的思想斗争》在《人民文学》第 5 期发表。

5 月 27 日至 6 月 5 日，中国文学艺术界联合会第三届全国委员会在北京举行第三次扩大会议，大会宣布文联和作协等 5 个协会正式恢复工作，《文艺报》立即复刊。乌兰夫代表中央到会讲话，会议由林默涵、张光年、冯牧主持，茅盾致开幕词，郭沫若发表书面发言，周扬、巴金、夏衍等出席大会并讲话。

8月11日，卢新华的《伤痕》发表于《文汇报》第4版。

9月2日，《文艺报》编辑部在北京举行短篇小说座谈会，围绕短篇小说《班主任》《伤痕》等进行讨论。

同月　魏巍的长篇小说《东方》由人民文学出版社出版，后获茅盾文学奖。

10月10日至11月4日，中共中央组织部分批召开落实知识分子政策座谈会。会议认为知识分子队伍的状况已经发生深刻变化，解放初期提出的对知识分子"团结、教育、改造"的方针已经不适用于目前的情况，当前要继续做好复查与平反昭雪知识分子中的冤假错案工作；对知识分子要充分信任，放手使用，做到有职有权有责；调整用非所学，做到人尽其才、才尽其用；努力改善他们的工作条件和生活条件。

11月15日，《文艺报》第5期《坚持实践第一、发扬艺术民主》专栏发表了茅盾、巴金、沙汀等人学习"关于实践是检验真理唯一标准"的文章。

同月，曹禺的话剧《王昭君》在《人民文学》第11期发表。

12月18—22日，中共十一届三中全会在北京举行。

同月，《新文学史料》创刊于北京。

同月，童怀周编辑的《天安门诗抄》由人民文学出版社出版。

5月　从部队复员之后，刘震云在延津当地一所民办中学担任没有编制的临时教师。他白天上课，夜晚复习，那盏小煤油灯照亮寒夜里冷透的屋子，也直接点燃他心里模糊的念想。"那时生活很苦，孩子们每天从家里自带干粮，在学校里就买一碗菜汤。我也不知道能不能给我转正，那时候我是两拳空空。我不知道世界往何处去，也不知道自己能往何处去……"① 后来，刘震云以自己亲身经历创作了短篇小说《塔铺》，他在小说开头写道："九年前，我从部队复员，回到了家。用爹的话讲，在外四年，白混了：既没入党，也没提干，除了腮帮上钻出些密麻的胡子，和走时没啥两样。可话说回来，家里也没啥大变化。只是两个弟弟突然蹿得跟我一般高，满脸粉刺，浑身充满儿马的气息。夜里睡觉，爹房里传来叹气声：三个五尺高的儿子，一下子都到了向他要媳妇的年龄，是够他喝一壶的。那是一九七八年，社上刚兴高考的第二年，我便想去碰碰运气。"② 可以看出，这段文字记录分明是刘震云人生经历的真实写照。

之后，刘震云开始复习考试，准备和弟弟刘晓云共同参加高考。"1977 年和 1978 年那两届，有那么多考生，11 年的积压，突然出现一条知识的通道，给人打开另外一个窗口。因为大家一无所有，当世界出现一种机会的时候，还是想把机会给

---

① 张英：《刘震云：把写作当做一辈子的长跑》，《新民周刊》2022 年第 21 期。
② 刘震云：《塔铺》，《人民文学》1987 年第 2 期。

抓住。"① 可以说，"恢复高考是一个重大的历史事件。1977年12月，关闭11年的高考大门再度打开。从1966年全国各地高等学校停止招生，到1972年，部分高校以推荐方式，从工农兵和下乡知识青年中招生。再到1977年，在邓小平的亲自领导下，中断11年的高考制度重新恢复。历史重新在这一刻聚焦，573万城乡青年走入考场（据记载，报名最初有2000万之多，有的地方进行了初试，最终压缩了人数），构成了中国考试史上最强大的高考阵容。虽然仅有不到百分之五的录取率，但许多人的命运还是随之改变。恢复高考冲破了禁锢知识界和思想界的牢笼，为改革开放和现代化事业提供了生力军。从1977年年底到1978年7月的半年时间，1080万青年学子汇聚的两次高考，预示着一个新时代的到来。"② 当时，河南省文科考试科目是语文、数学、历史、政治、地理五门，英语仅仅作为参考，不计入总分。刘震云高考数学取得87分，远远超过许多同学。刘震云被北京大学录取，刘晓云被西南政法学院录取。

在北京大学学习期间，刘震云住32楼406，班主任是程郁缀老师。在北京大学中文系新生开学典礼上，系主任特意宣讲一条重要传统："中文系不培养作家。"后来，刘震云在北大中文系成立100周年之时，以幽默方式回应了北大中文系不培养作家的说法："从我进北大中文系的第一天起，每一个老师都告

① 《77、78年我高考：张艺谋刘震云易中天的高考记忆》，人民网文化频道，2017年6月6日。

② 魏华莹：《凡人的历史记忆：〈高考1977〉》，《牡丹》2020年第13期。

诉我，北大中文系不培养作家。我有愧于老师的教诲。但是我想说的是，北大中文系不培养作家，但是一个作家上不上北大中文系，对于他的路能走多长，那是非常重要的。"① 当时，北大中文系会集了一大批杰出学者，孙玉石、严家炎、袁行霈、吴组缃等资深教授都对刘震云产生了极大影响，他后来回忆说："我当时上学的时候，还受些五四遗留下来的老派知识分子的影响，比如王力先生、吴组缃先生等等。不过，我并没有觉得他们老派，他们挺新派的，当然，他们面对这个世界的态度跟我们不一样。还有一些当时交流的老师，像孙玉石老师、严家炎老师、袁行霈老师。袁先生的板书很好，流体字，力透板背。讲唐诗，袁先生并不管下面的人听还是不听，走还是不走，他自己讲，自己听，他讲《琵琶行》，一个失意的官员碰到一个失意的歌伎，当这个失意的官员和失意的歌伎相会的时候，袁先生对歌伎的感觉，甚至比作者还要投入。袁先生讲着讲着就急了，'座中泣下谁最多？江州司马青衫湿，青衫湿啊，一个衫子全都打湿了，这不是小哭，是大哭啊！'讲到这里的时候，我发现袁先生的眼睛充满了眼泪。我觉得袁先生是个好老师，他是不是把课讲给学生不重要，他是讲给自己，他讲课的享受程度，已经超过了讲，他适合当老师，就好像他的学生我适合当作家一样。"② 除此之外，刘震云后来回忆自己在北京大学学习期间

① 刘震云：《在北京大学中文系百年系庆大会上的演讲》，《语文教学与研究（教研天地）》2013年第2期。
② 刘震云：《从〈手机〉到〈一句顶一万句〉》，《名作欣赏》2011年第5期。

的食堂生活之时说："当时大食堂的菜有四个阶级，第一个阶级是炒土豆丝、炒洋白菜、炒萝卜丝，这是五分钱的。第二阶级是鸡蛋西红柿、锅塌豆腐，这是一毛钱的。一毛五的才是有肉的，鱼香肉丝、宫保鸡丁；两毛钱的有回锅肉、红烧肉，还有四喜丸子。我是一个农村孩子，一毛五以上的菜，我在北大四年从来没有接触过，跟它们不熟。我最爱吃的菜是锅塌豆腐，不是肉菜，但是豆腐被炸过，油水比较大，拌米饭！人生不过如此，夫复何求！"①

---

① 2017 年 7 月 1 日刘震云在北京大学国家发展研究院毕业生典礼上的发言稿。

1979 年　22 岁

1月14日，《诗刊》编辑部在北京召开全国诗歌创作座谈会。胡耀邦、胡乔木、周扬等到会讲话。

2月，茹志鹃的《剪辑错了的故事》发表于《人民文学》第2期。

同月，公刘的诗歌《沉思》在《诗刊》2月号发表。

3月，白桦的话剧《今夜星光灿烂》在《收获》第2期发表。

4月4日，中央组织部、中央宣传部、文化部、中国文联在北京联合召开全国文艺界落实知识分子政策座谈会。

同月，大型文学刊物《花城》在广州创刊。

同月，《上海文学》第4期发表评论员文章《为文艺正名——驳"文艺是阶级斗争的工具"说》。各地报刊就此展开关于文艺与政治关系的讨论。

5月，王蒙的长篇小说《青春万岁》由人民文学出版社首次正式出版发行。

同月，《重放的鲜花》由上海文艺出版社出版。

同月，张学梦的诗歌《现代化和我们自己——写给和我一样对"四化"无知的人们》在《诗刊》第 5 期发表。

同月，三联书店编辑出版的《读书》在北京创刊。

6 月 5 日，《河北文艺》发表李剑的《"歌德"与"缺德"》，引发全国范围内争议，随后，《人民日报》《光明日报》参与争论。

10 月 30 日至 11 月 16 日，中国文学艺术工作者第四次全国代表大会在北京举行，邓小平代表中共中央、国务院向大会致祝词。周扬作了题为《继往开来，繁荣社会主义新时期文艺》的报告。在四届全委一次会议上，茅盾当选为文联名誉主席，周扬当选为文联主席。

10 月，《星星》诗刊在成都复刊。

同月，李建彤的长篇小说《刘志丹》由工人出版社出版。

11 月，张洁的长篇小说《爱，是不能忘记的》发表于《北京文艺》第 11 期。

12 月，宗璞的《我是谁》发表于《长春》12 月号。

同月，周克芹的长篇小说《许茂和他的女儿们》发表在《红岩》杂志第 2 期上。

11 月　短篇小说《瓜地一夜》发表于北京大学五四文学社的社刊《未名湖》上。小说主要讲述在豫北农村的夏天夜晚，老实巴交的村民李三坡在偷生产队种的西瓜之时，却被村里负责看瓜的光棍汉们和"老肉"吕文海意外发现，按照村里的不成文规定，偷瓜者将要按照三元一斤的超高价格被罚款，而当时西瓜实际价格却是一角一斤。后来，李三坡被罚十五元，并被扭送到大队部，第二天在全村高音喇叭上广播宣传，最终全体村民都知道此事。按照李三坡的说法，是他的母亲长年生病卧床，其想在天热之时吃点西瓜，但又由于没有经济能力购买，只得被迫选择如此下策。实际上，李三坡所偷的西瓜并不是当天晚上在地里摘的，而是他老婆昨天帮助生产队卸瓜的时候，私自藏在附近豆地里的西瓜，实在令人深思。据刘震云的老乡李书磊后来回忆说："他第一篇小说叫《瓜地一夜》，投给了当时北大五四文学社的社刊《未名湖》，稿子送到就轰动了编辑部。这小说的情节我已经有点模糊了，但小说中看瓜老头的一句话我至今记忆犹新。震云笔下看瓜老头说：'×他妈，看瓜，就得吃他个肚儿圆。'——当然，看的是生产队的瓜。可见出就在那个时候震云对人心世故已经有了很高的觉悟。写《瓜地一夜》也就是大学二年级吧，那时候我还在写一些大而无当的豪言壮语。"①《瓜地一夜》可以看作刘震云的处女作，非常值得纪念。值得一提的是，这篇小说在刊载之前，刘震云还经历了一段非常有意味的浪漫故事。据刘震云自己讲述，"我在北大第一次发表的作品，登在我们现在的文学社办的《未名湖》上，作品写得确实不怎么样，三千多字，但是在我脑子里记忆很深。

① 李书磊：《刘震云的勾当》，《文学自由谈》1993 年第 1 期。

《未名湖》接这个小说的人是77级一个很漂亮的女孩子，有一次上课的时候，她说：'你叫刘震云吗？'我当时想，我的名字她竟然知道?！她说：'你的小说我看了，写得不错，咱们是不是能约个时间谈一谈？'我说：'好啊，去哪儿谈？'我说未名湖，她说那儿不合适，看稿子还是要找一个有光亮的地方，我说去我们宿舍，她说那可以，几点？我说七点好不好？她说七点可以"，"结果我这堂课没上完，就到三角地的商店，商店里面卖袋茶，在此之前，我没有喝过茶，我买了两个袋茶。我当时认为，袋茶是世界上最好的茶，不但有茶叶，而且用薄纸包着，旁边还有一条线，后来我才知道，这是世界上最差的茶"。①之后，这个女生来到刘震云所在的寝室和其聊天，她对小说提出了许多修改意见。但是，刘震云后来并没有修改，依然如愿在《未名湖》上发表。据刘震云自己讲述，《未名湖》当时的女编辑为北京大学中文系学生查建英。除此之外，《未名湖》当期还发表了两篇校外来稿，分别是史铁生的《午餐半小时》和北岛的《幸福大街13号》。

---

① 刘震云：《从〈手机〉到〈一句顶一万句〉》，《名作欣赏》2011年第13期。

1982 年　25 岁

1月1日，中共中央批转的《全国农村工作会议纪要》指出，目前农村实行的各种责任制，包括小段包工定额计酬，专业承包联产计酬，联产到劳，包产到户、到组，包干到户、到组，等等，都是社会主义集体经济的生产责任制。

1月30日，中共中央发出《关于检查一次知识分子工作的通知》。《通知》肯定了我国知识分子在革命和建设中所发挥的巨大作用，要求进一步消除对知识分子的偏见，真正做到政治上一视同仁，工作上放手使用，生活上关心照顾。

同月，张一弓的《张铁匠的罗曼史》（中篇小说）发表于《十月》第1期。后获中国作家协会第二届（1981—1982）全国优秀中篇小说奖。

3月1日，陈涌在河南省文联召开的文艺座谈会上，发表题为《文学艺术和生活的关系》的讲话。

3月13日，中国当代文学研究会，《作品与争鸣》《丑小鸭》编辑部和河南省文联创作研究室在郑州联合召开"文学与精神文明"座谈会。

3月22日，1981年（第四届）全国优秀短篇小说评奖发奖大会在北京举行。

同月，张洁的中篇小说《方舟》发表在《收获》第2期。

同月，铁凝的小说《哦，香雪》发表在《青年文学》第2期。

5月，路遥的中篇小说《人生》发表在《收获》第3期。

6月12—18日，文化部在北京召开全国图书发行体制改革座谈会，首次提出今年将大力支持自办发行，改革购销方式，发展集体书店的同时积极扶持个体经营书店书摊。

9月7日，中国作家协会成立军事题材文学委员会，巴金任主任委员。

10月20日，中国作家协会河南分会文学创作委员会举行座谈会，于黑丁、南丁、张一弓、张宇、李佩甫、鲁枢元等参加活动。

12月15日，茅盾文学奖首届颁奖大会在京举行。周克芹《许茂和他的女儿们》、魏巍《东方》、姚雪垠《李自成》（第二卷）、莫应丰《将军吟》、李国文《冬天里的春天》、古华《芙蓉镇》等六部作品获奖。

4月　短篇小说《月夜》发表于《奔流》第4期。

5月　短篇小说《被水卷去的酒帘》发表于《安徽文学》第5期。

6月 于北京大学中文系毕业，工作面临两个选择：一个是去中共中央书记处农村政策研究室，另一个是去《农民日报》从事文字编辑工作。经过慎重考虑之后，刘震云毅然决然选择后者，但是，当时父母都坚决不同意。实际上，他想继续从事文学创作，借助在《农民日报》当编辑记者的身份，可以到全国各地采访调研，能够接触对写作有用的基本素材。后来，刘震云在文学创作上遭遇漫长的瓶颈期，郭建梅回忆刚到《农民日报》的日子说："刘震云每天熬夜写到凌晨两三点，第二天早上天一亮送女儿去托儿所，接着要去上班，整个人黑瘦黑瘦的，天天熬夜，他还要坚持写小说。"[1] "夏天天气炎热，家里没有电风扇，刘震云光着膀子，穿着松松的大裤衩，一边写小说一边流汗。刚开始写小说时，经历了不断地投稿不断地被退稿，当时的手稿现在家里还留着，两三个大纸箱子。"[2] 刘震云在经历投稿——退稿的反复循环之后，终于在《人民文学》发表作品。不久，凭借着个人的聪明智慧，刘震云成为正处级的期刊部主任，还兼任党支部书记。"震云当官是 1991 年春天的事。他大学毕业后一直在《农民日报》社工作，担任编辑、记者。这一年报社领导更换，机构调整，让他来副刊部当部主任。他轻而易举地当了官，并不像他的小说《单位》《官场》《官人》中主人公们那样煞费心机。在这之前，他不曾尝过当官的滋味儿。读书时连小组长也没当过，只在部队做过一段时间副班长。

① 张英：《刘震云：把写作当做一辈子的长跑》，《新民周刊》2022 年第 21 期。
② 张英：《刘震云：把写作当做一辈子的长跑》，《新民周刊》2022 年第 21 期。

这回一下子从普通记者蹦到处级，他没想到这样顺。……为什么要取得某些方面的成功，就必须抛弃另一些东西呢？人一生应当有的都应当有，这是强者的态度。作为作家的他把一切生活内容都当成体验，当然也不放弃当官的体验。震云是智者，他同样需要常人需要的东西，但绝不让它成为自己的负担，他巧妙地驾驭环境而不为它所累。"① "家乡的人们重视职务，过去看他多年在外只混到个'青年作家'，看不起他。如今开始刮目相看了，但是单位的一些同事则认为，一位有了相当影响的作家在这些'俗务'上花费工夫，有点得不偿失。"② 刘震云在《农民日报》工作期间，曾经策划过一个名栏《名家与乡村》，邀请几十位知名作家为栏目撰稿，一时好评如潮。经过编辑记者的岗位锻炼，刘震云变得越来越成熟稳重，"见人不可露真心，凡事必须话留几分"。李书磊后来说："震云则无疑是一个得道者，他看社会一下子看到骨头里如庖丁解牛，他对人自身深刻的蔑视表达出来却是那样地轻松而从容……他看得很透反而除去了包袱，能够轻装投入，在'一地鸡毛'的生活中游刃有余；但他同时又能对自己经历的一切有一种反观，并把这种反观融于小说。"③ 刘震云的人事工作档案始终保留在《农民日报》，直到后来专业从事文学创作。

---

① 沙丘：《刘震云在单位里》，《时代文学》1998 年第 5 期。
② 张英：《刘震云：把写作当做一辈子的长跑》，《新民周刊》2022 年第 21 期。
③ 张英：《刘震云：把写作当做一辈子的长跑》，《新民周刊》2022 年第 21 期。

1983年　26岁

1月，徐敬亚的《崛起的诗群——评我国诗歌的现代倾向》发表在《当代文艺思潮》第1期。

同月，《文艺报》《文艺研究》《文学评论》编辑部在北京联合召开新时期文学与人性、人道主义问题学术讨论会。

同月，史铁生的短篇小说《我的遥远的清平湾》发表在《青年文学》第1期。

同月，陆文夫的中篇小说《美食家》发表在《收获》第1期。

3月，铁凝的中篇小说《没有纽扣的红衬衫》在《十月》第2期发表。

同月，《苏金伞诗选》由人民文学出版社出版。

4月5—8日，河南省文联召开首次文学期刊会议。会议要求地方文学刊物，应当立足本省，面向全国，发挥自己的优势，办出地方特色，并积极培养本地区的作者。

4月19—25日，中国作家协会河南分会和洛阳市文联在洛阳联合举办牡丹诗会，全国各地的著名诗人严辰、邹获帆、骆文、郭风、蔡其矫、流沙河、公刘、曾卓、牛汉等和来自河南各地的中青年诗人40余名应邀参加。

5月24—26日，河南省文联在郑州举办了张宇作品研讨会。

同月，杨炼的长诗《诺日朗》发表在《上海文学》第5期。

同月，李杭育的短篇小说《沙灶遗风》发表在《北京文学》第5期。

8月5日，南丁任河南省文联主席兼党组书记。

9月13日，《人民日报》刊载综述文章《〈文艺报〉等报刊关于西方现代派文学与我国文学发展方向问题的讨论》。

同月　贾平凹的散文《商州初录》发表在《钟山》第5期。

10月17—25日，中共中央纪律检查委员会第三次会议在北京举行。会议认真讨论"清除精神污染"的问题。

11月10日，中国文联召开在京部分文艺工作者座谈会，讨论贯彻党的十一届三中全会精神、抵制和清除精神污染问题。

11月18日至12月8日，中国作家协会河南分会在郑州举办了青年作者读书班，来自全省各地的23名青年作家参加学习。

3月　短篇小说《江上》发表于《安徽文学》第3期。

7月　短篇小说《三坡》发表于《安徽文学》第7期。

11月　短篇小说《村长和万元户》发表于《雨花》第11期。

同月　短篇小说《河中的星星》发表于《北京文学》第11期。

同月　短篇小说《铁头老汉》发表于《星火》第11期。

1984 年　27 岁

1 月 3 日，胡乔木在中共中央党校发表长篇讲话《关于人道主义与异化问题》，总结了两年来关于人道主义和异化问题争论的主要内容和实质。

1 月 25 日，《当代作家评论》（双月刊）创刊于沈阳。

同月，从维熙的中篇小说《雪落黄河静无声》发表在《人民文学》第 1 期。

同月，邓友梅的中篇小说《烟壶》发表在《收获》第 1 期。

同月，张承志的中篇小说《北方的河》发表在《十月》第 1 期。

3 月 5 日，徐敬亚的自我批评文章《时刻牢记社会主义的文艺方向——关于〈崛起的诗群〉的自我批评》发表在《人民日报》。《诗刊》第 4 期转载。

同月，张贤亮的中篇小说《绿化树》发表在《十月》第 2 期。

同月，张洁的中篇小说《祖母绿》发表在《花城》第 2 期。

3 月 26 日，中共中央书记处和国务院在北京召开部分省市领导人座谈会，决定开放大连、秦皇岛、天津、烟台、青岛、连云港、南通、上海、宁波、温州等 14 个沿海港口城市。

4 月 17—22 日，中国作家协会河南分会在洛阳召开农村题材小说创作座谈会。

5 月，刘再复的论文《论人物性格的二重组合原理》发表在《文学评论》第 3 期。

6 月 24—30 日，新乡地区文联召开小说作品分析会。

7 月 5 日，阿城的中篇小说《棋王》发表在《上海文学》第 7 期。

7 月 16—25 日，中国当代文学学会同中国作家协会陕西分会等单位共同召开中国当代文学学会第四届年会，200 余人与会。

9 月 8—14 日，中国作家协会河南分会和许昌地区文联在禹县召开李佩甫作品研讨会。

9 月 15 日，张一弓的《春妞儿和她的小嘎斯》发表在《钟山》第 5 期，该作品获中国作家协会第三届（1983—1984）全国优秀中篇小说奖。

10 月，刘心武的长篇小说《钟鼓楼》开始在《当代》第 5 期连载。

11 月 14—20 日，河南省第二次青年文学创作会议在郑州召开，河南省文联主席南丁作了题为"迎接生活的挑战，攀登文学的高峰"的报告，对河南青年文学创作的状况作了实事求是的总结和估价，并指明了今后努力的方向。

同月，河南省当代文学学会在郑州举行南丁、青勃、叶文玲作品讨论会。

12月，中国作家协会召开第四次全国代表大会。

4月　短篇小说《模糊的月亮》发表于《文学》第4期。

同月　短篇小说《大庙上的风铃》发表于《奔流》第4期。

11月　短篇小说《东边露出了鱼肚白》发表于《文学》第11期。

1985 年　28 岁

1月6日，中国作家协会第四届理事会举行第一次全体会议，巴金当选为中国作家协会主席，于黑丁、张一弓、叶文玲当选为理事。

1月25—27日，中国作家协会河南分会一届三次理事扩大会议在郑州举行。

2月，阿城的中篇小说《孩子王》发表在《人民文学》第2期。

同月，马原的小说《冈底斯的诱惑》发表在《上海文学》第2期。

同月，刘再复的文章《文学研究思维空间的拓展》在《读书》第2期发表。

同月，史铁生的短篇小说《命若琴弦》发表在《现代人》第2期。

3月26日，中国现代文学馆在北京西郊万寿寺举行开馆典礼。

同月，刘索拉的中篇小说《你别无选择》发表在《人民文学》第3期。

同月，王安忆的中篇小说《小鲍庄》发表在《中国作家》第2期。同期发表莫言的小说《透明的红萝卜》。

4月，韩少功的文章《文学的"根"》在《作家》第4期发表。

5月，郑万隆的文章《我的根》在《上海文学》第5期发表。

同月，朱晓平的中篇小说《桑树坪纪事》在《钟山》第3期发表。

同月，田中禾的短篇小说《五月》在《山西文学》第5期发表，后获得中国作家协会第八届（1985—1986）全国优秀短篇小说奖。

6月，《人民文学》第6期发表韩少功的中篇小说《爸爸爸》、残雪的小说《山上的小屋》。

同月，《上海文学》第6期发表韩少功的小说《归去来》、刘索拉的小说《蓝天绿海》。

7月6日，阿城的《文化制约着人类》发表在《文艺报》。

同月，刘心武的纪实性小说《5·19长镜头》发表在《人民文学》第7期。

9月，刘庆邦的短篇小说《走窑汉》发表在《北京文学》第9期。

同月，黄子平、陈平原、钱理群的论文《论"二十世纪中国文学"》发表在《文学评论》第 5 期。

12 月 17 日，第二届茅盾文学奖颁奖大会在京举行。李准《黄河东流去》、张洁《沉重的翅膀》（修订本）、刘心武《钟鼓楼》三部长篇小说获奖。

同月，刘再复的论文《论文学的主体性》发表在《文学评论》第 6 期。

是年，天津市文联、作协、百花文艺出版社联合主办的文艺理论刊物《文学自由谈》（双月刊）创刊于天津。

4 月 短篇小说《栽花的小楼》发表于《青年文学》第 4 期。

6 月 与毕业于北京大学法律系的郭建梅女士结婚。1960 年 3 月，郭建梅出生于河南省滑县的一个贫困村庄，父母都是农村的公办教师，平常工作很忙，无暇照顾她，这使其从小一直跟着祖辈们生活。那时候，每一个家庭，男尊女卑的思想都很严重，她的姥姥，便是重男轻女封建礼教下的受害者。姥姥头胎生了一个女孩，从此就过上了时常遭受公婆毒打责骂的生活。当第二胎生下的又是一个女孩时，姥爷就干脆找了个小老婆，然后把姥姥暴打一顿，一纸休书逐出了家门。后来，姥姥只好改嫁到了北京，嫁的是一个最底层的劳动工人。姥姥从农村来到城市，白天当保姆，晚上带她顺着路灯的光亮捡破烂。姥姥迈着小脚，手里拿着捡来的垃圾，后背挺得笔直的背景成为郭建梅童年的美好记忆。

两岁时，郭建梅便被父母从河南农村送到北京跟姥姥生活。提起在北京的童年记忆，郭建梅别有一番滋味在心头，她说："在北京生活了 6 年，就被人歧视了 6 年。"① 在工厂宿舍院子里，她的各方面都跟其他孩子格格不入，她土气、不会讲普通话、里里外外一副河南乡下人的样子，由此常常受到其他人的排挤和欺负。她特别想跟其他孩子玩，但人家都不带她玩。八岁时，因为要上学，她又被从北京送回河南乡下，开始了跟爷爷奶奶一起生活的日子。她的爷爷，给家里营造了一种极其典型的男权文化特别严重的家庭氛围。吃饭的时候，白面馍专属于爷爷和爸爸。而奶奶和家里其他的女人和女孩子们，只能吃红薯、窝窝头之类的东西，而且还限量，吃饱吃不饱，就那个数。那时候，奶奶除了做家务，还做卖馍的营生，卖的是白面馍。为了防止奶奶偷吃白面馍，每天出门前，爷爷都会把篮子里的馍很仔细地数一遍，回家后钱跟馍要进行盘点。如果奶奶路上偷吃，回家就会被爷爷毒打一顿。奶奶死的时候，才 43 岁，她是被活活饿死在卖馍的路上的，尸体被发现时，她随身挎着的篮子里还有几个没卖出去的完整的馍。郭建梅双眼湿润着说："奶奶又冷又饿，馍在篮子里，可她就是不敢吃馍啊……"② 这些童年的经历，刻骨铭心地烙在郭建梅的记忆中，

① 张晴：《郭建梅：中国首位公益律师的苦与乐》，《时代报告（中国报告文学）》2016 年第 3 期。

② 张晴：《郭建梅：中国首位公益律师的苦与乐》，《时代报告（中国报告文学）》2016 年第 3 期。

使她情感的天平，后来一直都重重地偏向女性和儿童。尤其是奶奶的死，让她开始思考中国男权文化下妇女所处的位置。她说："我相信童年的经历对我影响蛮大的。我小时候生活在最底层，被人像蚂蚁一样踩过，对于弱势群体，对于尊严和人格，我体会很深。"①

1977 年恢复高考后，郭建梅毫不犹豫地报名并开始系统复习。1979 年，郭建梅最终以河南安阳地区第一名的成绩被北大法律系录取。后来，在谈及当时考上北大的心情时，她说："我记得很清楚，北大寄录取通知书的信封，要比一般信封大得多，我当时慢悠悠地骑着自行车，把信封很显眼地拿在手上，希望别人都能看到这是北大寄来的。这使我第一次有了一种特别自信又自豪的感觉。"② 贫穷和饥饿曾经让她非常自卑和痛苦。在北大学习期间，郭建梅认识了在北大中文系读书的河南籍老乡刘震云，给她留下了很好的印象。1983 年，郭建梅从北大毕业后就进入了司法部研究室工作。之后，她任职于全国妇联法律顾问处和中华全国律师协会《中国律师》杂志社。1995 年，在《中国律师》杂志社工作的郭建梅去第四次世界妇女大会 NGO论坛进行采访，没想到这再普通不过的一次采访任务，竟成了她人生重要的转折点。在大会上，她第一次听到希拉里有关妇

① 张晴：《郭建梅：中国首位公益律师的苦与乐》，《时代报告（中国报告文学）》2016 年第 3 期。

② 张晴：《郭建梅：中国首位公益律师的苦与乐》，《时代报告（中国报告文学）》2016 年第 3 期。

女权利的演讲。在丈夫刘震云的全力支持下，参加完大会3个月后，郭建梅便辞去了《中国律师》杂志社主编助理的工作，与北大老师一起组建中心，做起了针对女性民间法律援助与研究工作。她成了中国第一代公益律师。据女儿刘雨霖说："我母亲是一个大善、大爱和大担当的人，她在做一件别人都不做的事情；因为刘老师是写书的，这个很多作家都在做，但我母亲不是，她几乎是中国第一个真正意义上的公益律师。她在选择做（走）这条路的时候，她就知道会有多么艰难。她已经上了这条路的时候，她更加知道这条路有多么的艰难。但是她从来都没有放弃过。我跟我母亲走那些老少边穷的地区，去免费地为那些贫弱的妇女伸张正义，说心里话和打官司的时候，我看到了我妈妈身上那种超越女性，甚至是超越人类的那种勇敢和坚定。这种勇敢和坚定来自一双双期盼的眼睛给她内心的力量。这对于我来说是震撼的。我真的在想，我是一个幸运的孩子，有这样的父母。他们给我这样好的环境，并不是说这种环境有多优越，而是指精神上的高度滋养。"[1]

---

[1] 《专访刘震云女儿刘雨霖：感谢我的家庭对我精神上的滋养》，北晚新视觉，2016年11月4日。

1986年　29岁

1月1日，中共中央、国务院发出《关于1986年农村工作的部署》（简称1986年中央1号文件）。文件指出，我国农村已开始走上有计划发展商品经济的轨道。农业和农村工业必须协调发展，把"无工不富"和"无农不稳"有机地结合起来。

同月，姚雪垠的《崇祯皇帝之死》发表在《小说》第1期。

同月，李佩甫的中篇小说《红蚂蚱　绿蚂蚱》发表在《莽原》第1期。

3月，莫言的中篇小说《红高粱》发表在《人民文学》第3期。

5月，冯骥才的中篇小说《三寸金莲》发表在《收获》第3期。

同月，残雪的小说《苍老的浮云》发表在《中国》第5期。

同月，周伦佑、蓝马、杨黎等人发起的"非非主义"诗群在四川成立。

7月25—30日，中国当代文学研究会在内蒙古自治区呼和浩特召开，河南省评论家刘思谦、孔凡青《小说追踪》（辽宁大学出版社 1986 年 8 月版）和孙荪《让艺术的精灵腾飞》（黄河文艺出版社 1986 年 3 月版）分别获得"中国当代文学研究表彰奖"。

同月，王安忆的小说《荒山之恋》发表在《十月》第 4 期。

同月，任访秋的专著《中国新文学渊源》由河南人民出版社出版。

8 月 25—27 日，河南省文联在郑州举行"新时期十年河南文学研讨会"，来自全省各地的作家、评论家 70 余人到会。

同月，王安忆的中篇小说《小城之恋》在《上海文学》第 8 期发表。

9 月 1 日，中国艺术研究院主办的《文艺理论与批评》（双月刊）创刊于北京。

同月，《深圳青年报》和安徽的《诗歌报》发起"现代诗群体大展"。

同月，陈村的小说《死》发表在《上海文学》第 9 期，同期发表史铁生的小说《毒药》。

同月，铁凝的小说《麦秸垛》发表在《收获》第 5 期。

同月，翟永明的诗《女人》发表在《诗刊》第 9 期。

同月，刘恒的小说《狗日的粮食》发表在《中国》第 9 期。

9 月 28 日，中共十二届六中全会在北京召开。会议回顾和讨论了几年来精神文明建设的成就和面临的问题，通过了《关于社会主义精神文明建设指导方针的决议》。

同月，张炜的长篇小说《古船》发表在《当代》第5期。

10月7—18日，第二届黄河笔会在郑州开幕，于黑丁致欢迎辞。18日在三门峡闭幕，南丁致闭幕词。

11月，路遥的长篇小说《平凡的世界》发表在《收获》第6期。

12月25日，中国作家协会河南分会一届四次理事会（扩大）会议在郑州举行，增补张一弓、鲁枢元、刘思谦、孙荪为本届理事会理事，张一弓当选为中国作家协会河南分会副主席。

8月　短篇小说《乡村变奏》发表于《青年文学》第8期。

10月　短篇小说《罪人》发表于《青年文学》第10期。

11月　短篇小说《都市的荒野》发表于《安徽文学》第11期。

1987 年　30 岁

1 月，余华的小说《十八岁出门远行》发表在《北京文学》第 1 期。同期发表王蒙的短篇小说《来劲》。

同月，贾平凹的长篇小说《浮躁》发表在《收获》第 1 期。

同月，王安忆的小说《锦绣谷之恋》发表在《钟山》第 1 期。

3 月，张承志的长篇小说《金牧场》发表在《收获》第 2 期。

同月，洪峰的小说《瀚海》发表在《中国作家》第 2 期。

5 月 29 日，中共中央作出《关于改进和加强高等学校思想政治工作的决定》。该决定指出：在新形势下，高等学校必须把改进和加强思想政治工作作为自己的重要任务，为青年学生的健康成长创造一个良好的社会环境。

6 月 20 日，河南文学界举行庆祝曹靖华文学创作活动 65 周年座谈会。

8 月 11—14 日，第二届黄河诗会在河南省新安县铁门镇"千唐志斋"举行。

同月，池莉的小说《烦恼人生》发表在《上海文学》第 8 期。

同月，巴金的散文集《随想录》由生活·读书·新知三联书店出版。

9 月 8 日，著名文学翻译家、散文家曹靖华在北京病逝。

9 月 22—24 日，中国作家协会河南分会、河南省文联创作研究室在郑州联合召开"乔典运创作研讨会"。《人民日报》文艺部主任蓝翎、《北京文学》编辑部负责人陈世崇、傅锋，《上海文学》编辑部副主任蔡翔等应邀出席会议并作发言。

同月，孙甘露的小说《信使之函》、苏童的小说《1934 年的逃亡》在《收获》第 5 期发表。

11 月，王朔的中篇小说《顽主》、格非的中篇小说《迷舟》、余华的中篇小说《一九八六年》在《收获》第 6 期发表。

5 月　女儿刘雨霖在北京出生。刘雨霖说："我从小就在北京长大，跟父母在一起，刘老师最爱干的事情就是一个人蹲在地上或路边，看着来来往往的人，看着人间烟火。可能是我的血液中也有他的基因，我从小也喜欢坐在他的身边，扯着他的衣角，跟他一起看来来往往的人。作为一个创作者，刘老师的内心是非常柔软和敏感的。我在他身边长大，我自己的内心的柔软和敏感的面积也越来越大了。所以刘老师对我的影响是潜移默化的。至于他的非凡和伟大，还是在我懂事了之后，才深深地体会到。我觉得，随着我年龄的增大，这种感受会越来越明显。"① 后来，刘雨霖从中国传媒大学播音系本科毕业，后又在纽约大学电影学院导演系攻读硕士学位，成为著名青年电影导演。"小刚导演和李安导演都是我的推荐人，但是我到现在都不知道他们在推荐信中到底写了什么。冯小刚、李安和江志强先生，是我电影道路上的最重要的三个人，他们的引导和帮助，把我带到了这条路上。看他们几位拍摄的影片，让我知道我自己未来要做（走）的路是什么？这对于我影响至深，他们是我生命中的老师和贵人。"②

7月 小说《塔铺》发表于《人民文学》第7期，后被收入《小说月报》1987年第10期和《中篇小说选刊》1987年第6期。小说以第一人称讲述"我"从部队复员之后，恰逢国家正式恢复停滞十年的高考制度，于是，经过父母同意后，"我"来到塔铺中学参加高考复习班。其间，"我"遇到王全、"磨桌"、"耗子"、李爱莲等许多同学，在物质条件匮乏的时代语境下，他们遭受经济贫困和精神煎熬的多重压力。王全由于早已结婚，老婆和两个孩子不能够收割麦子，最终被迫回到村里参加劳动，放弃参加高考；"磨桌"由于身体原因竟然在高考考场晕倒，后被送到医院接受治疗，也错过人生机会；出身干部家庭的"耗

---

① 《专访刘震云女儿刘雨霖：感谢我的家庭对我精神上的滋养》，北晚新视觉，2016年11月4日。

② 《专访刘震云女儿刘雨霖：感谢我的家庭对我精神上的滋养》，北晚新视觉，2016年11月4日。

子"在失恋后情绪低落；李爱莲由于父亲常年酗酒，在参加高考前半个月父亲意外重病，她被迫辍学照顾父亲，却谎称自己在新乡参加高考，用以打消"我"内心牵挂她的良好用意，其间，李爱莲竟然被迫嫁给暴发户吕奇，以救治缺少医疗费的重病父亲。当"我"顺利参加高考之后，竟然从王全口中得知此事，独自跑到李爱莲的新家，二人抱头痛哭聊以慰藉。刘震云说："至于《塔铺》我想无非是真实了一些。写了一个非常传统的爱情故事，这个故事比较真实。大多数参加过高考的人和低层人物都有类似的经历。其实就创作来讲，创新含量很少，小说痕迹，故事痕迹都很明显。塔铺是一个真实的地名，一个特别小的镇。我当兵复员回去，在塔铺当了中学的民办教师，和同学们产生接触，那时生活很苦，孩子们每天从家里自带干粮，在学校里买一碗菜汤……所以是有生活原型的。"[1] 小说发表之后，曾经得到许多文学批评家的高度评价，并成为一代人的重要历史记忆。"很显然，《塔铺》表现了当代青年企图追寻灵魂归属和踏实的存在的一种努力，在当代文学中是有一定代表性的。它是否真的追寻到了灵魂归属，则是一个远为复杂的问题。至少我们可以这样说：'塔铺'是个象征，象征落后、愚昧、不自由状态，作者的回忆'塔铺'，是为了告别'塔铺'；但同时，'塔铺'又是责任、动力和爱的象征，作者的离开'塔铺'，其

---

① 周罡、刘震云：《在虚拟与真实间沉思》，《小说评论》2002年第3期。

实是为了回归'塔铺'"①"我认为,《塔》(塔铺)有一种非常可贵的素质,这就是具有原色魄力的乡土意识,这意识如乡土般平凡、粗陋、质朴,却蕴藏着优越于都市文明的郁勃的活力,蕴藏着强烈的责任感、强烈的动力和强烈的爱。也许这与更紧密地贴伏着大地母亲有关。这是一种未经现代文明雕饰、美容的本真力量,它往往能令人在浮华中镇静下来,灵魂受到一次涤荡,让'记忆'作为一种支援意识帮助你鼓起勇气重新投入现代生活,尽可能少吸灰尘,尽可能纯真一些。"② 除此之外,程光炜在《〈塔铺〉的高考——1970 年代末农村考生的政治经济学》③ 一文中引入政治经济学和文学社会学研究视角,主要从吃饭问题、农村青年参加劳动、农村青年恋爱问题、农村高考与人口迁移等进行多维度阐释,值得关注。

---

① 雷达:《追寻灵魂之故乡——〈塔铺〉与〈无主题变奏〉的比较》,《文学自由谈》1988 年第 3 期。
② 雷达:《追寻灵魂之故乡——〈塔铺〉与〈无主题变奏〉的比较》,《文学自由谈》1988 年第 3 期。
③ 程光炜:《〈塔铺〉的高考——1970 年代末农村考生的政治经济学》,《上海文化》2011 年第 2 期。

1988年　31岁

1月，余华的小说《现实一种》发表在《北京文学》第1期。

同月，刘恒的小说《白涡》发表在《中国作家》第1期。

同月，史铁生的小说《原罪》发表在《钟山》第1期。

3月，刘恒的中篇小说《伏羲伏羲》发表在《北京文学》第3期。

同月，格非的小说《褐色鸟群》发表在《钟山》第2期。

同月，叶兆言的小说《枣树的故事》发表在《收获》第2期。

同月，杨炼的诗《房间里的风景》发表在《人民文学》第3期。

4月，王晓明、陈思和在《上海文论》开辟《重写文学史》专栏。

同月，翟永明的组诗《静安庄》发表在《人民文学》第4期。

5月22—25日，河南省第三届"黄河诗会"在信阳召开。

同月，中国作家协会研究部、中国作家协会河南分会、河南省文联理论研究室联合在禹州召开河南农村题材小说创作座谈会，陈继会、田中禾、李炳银、季红真、鲁枢元、张宇、孙荪、林为进、耿占春等20余位作家、评论家围绕着"当代文学格局中的河南农村题材创作"问题，进行广泛而诚挚的对话。

同月，刘增杰主编的《中国解放区文学史》在河南大学出版社出版。

同月，孙荪、余非合著的《李準新论》在北京十月文艺出版社出版。

6月，北京师范大学在呈送国家教委研究生司的文件《关于试办在职人员"文艺学·文学创作"委托研究生班申请报告》中说："把一部分已达到大学本科水平的作家提高到研究生水平，并结合自己本职工作，做出理论结合实践的论文申请学位，使部分作家实现'学者化'，是当前研究生教育工作中一件极有意义的事。"

9月，宗璞的长篇小说《南渡记》在人民文学出版社出版。

10月7日，著名作家师陀在上海逝世。

10月11日，《文学评论》《钟山》编辑部在无锡联合召开现实主义与先锋派文学学术研讨会。

11月2日，台湾知名作家柏杨先生应上海市作家协会副主席茹志鹃邀请，在访问上海、北京之后来到河南探亲访问。

11月8—12日，中国文学艺术界联合会第五次代表大会在北京举行。大会选举曹禺为中国文联执行主席。

同月，苏童的小说《罂粟之家》、孙甘露的小说《请女人猜谜》、马原的小说《死亡的诗意》在《收获》第6期发表。

同月，南丁、常香玉在中国文联第五次代表大会上当选中国文联第五届委员会委员。

1月 中篇小说《新兵连》发表于《青年文学》第1期，后收入《中篇小说选刊》1988年第2期。小说主要塑造李上进、"老肥""元首"、王滴等一群农村青年在新兵连训练期间的种种表现，他们为了能够争取早日入党和提干，争相违心地上纲上线批判战友，打小报告搞阴谋诡计，以期实现个人目的，但最终往往事与愿违，彰显了当时畸形政治的社会失范。《新兵连》发表之后，许多文学批评家对小说进行高度认可。"《新兵连》标志着刘震云创作的一个转折与过渡时期。由《塔铺》到《新兵连》，由高大丰满的自我形象到隐含的自我展示；由追求故事的外在真实到探索写实的冷静叙述；由故事的讲述者到群体文化心理的审视与解剖者，刘震云逐渐进入一条新写实的理性创作之路。他以后的作品如《单位》《一地鸡毛》《官场》等仍以'冷静叙述，客观呈现'为主要特征，只是所写之实已无须借助第一人称的形式来予以加强。并且作品中所表露的历史文化意识及哲学反思更见深刻，减退了急功近利的政治色彩，跳脱故事的层面，追求一种'复调'效果，产生了一种更高的审美意味，进入了一种更为丰富博大的文学境界之中。"① "作品通过政治梦的幻灭，对畸形年代的畸形政治进行了深刻的反思，并揭示了由此造成的扭曲的心态和人性。对农民意识的批判也被提升到对社会失范的批判的大框架内进行。然而，作品的新意不在于此，而在于含蓄地暗示了政治梦潜伏的经济动因，政治畸形背后的经济失范。事实上，政治梦产生于农民经济上长期处于贫困线以及摆脱贫困的企图，是改善个人生活状况的要求无法在土地上实现而向政治领域转移的结果。"② 刘震云在《新兵连》创作谈《觉悟》中曾经谈及往事："我有一位少年时代的朋友，姓冯，个头与我差不多，瘦，大眼睛，钢笔字写得很漂亮。后来杀了人，因精神病没有判刑。现不知生死。可惜得很，中国没有弗洛伊德那样的伟人，不然我的朋友不会杀人。但如果有了弗洛伊德也麻烦，我们每一个人都得去看一看。中国人又这么多。我与冯相识在火车的闷罐子里。我们一块儿去当兵。……他智商不抵（低），意识超前，能讲许多我们不懂的道理，坏就坏在脾气古怪，当兵几个月，就把周围的关系搞得挺紧张。当兵两年，他突发异想，不想当兵了，自己将领章徽帽扯掉，打张车票回了家乡。这哪里行？半路又被捉回，给了个处分。后来被部队处理回去。回去后，他不参加劳动，自己置了一间清屋，将铺板垫得高高的，开始整日攻读马列。令人

---

① 黄柏刚：《孤高的灵魂，沉静的目光——从视角与声音的差异看刘震云的小说〈新兵连〉》，《湖北民族学院学报（社会科学版）》1996 年第 4 期。

② 方克强：《刘震云：梦·罪与感伤主义》，《当代作家评论》1989 年第 3 期。

感到可悲的是，在我们这个信奉马克思列宁主义的国度，有些人对攻读马列的人一点不宽容，左邻右舍的乡亲，皆说他疯了。后来就真的疯了。未婚妻不跟疯子，要跟别人，他就把这个'别人'给干掉了。工具似乎用的是锤子（也许是扳手）。告发他者，是他的亲生父亲。""我与他的友谊，保持到他杀人之前。这一点请大家相信。因为自从听到、见到他疯了，我就胆怯了，不再去找他玩。我不是一个多么坚强的人。从朋友的角度讲，我很对不住人，一听人家疯了，就不跟人家玩。……每当想到这一幕，我就觉得我这个人特别自私和卑鄙。……以上这些文字，也许和《新兵连》没有什么直接牵连，但确实是这位少年时代的朋友，使我开始动笔写它。"[1] 可以看出，刘震云在《新兵连》中塑造的许多人物形象有现实生活的影子，深刻影响着他后期小说创作题材和艺术风格。

2月 短篇小说《爹有病》发表于《星火》第2期。

9月21日 进入北京师范大学和鲁迅文学院联合举办的首届文学创作研究生班"预备班"，学习政治、文学概论、中国当代文学、写作等课程。文学评论家何镇邦后来回忆说："1988年初夏，我当时在鲁迅文学院正起劲地做着同北京师范大学联合举办第一期文学创作研究生班的筹备工作。刘震云那时在《农民日报》当机动记者，并已发表了短篇小说《塔铺》和中篇小说《新兵连》。记得他常于晚饭前后到鲁院来串门，或与学员们

---

① 刘震云：《新兵连·觉悟》，《中篇小说选刊》1988年第2期。

一起打打篮球，或抱着他不满周岁的女儿，穿着拖鞋到我办公室聊聊天。有一次，我们还郑重其事请他同当时正在校学习的第四期文学创作进修班的学员一起座谈，介绍他的创作经验。也就是在那样的情况下，他得知我们筹备创办文学创作研究生班的消息，他表示了极大的关注和热情，在八十多位报名的名单中，就有了他的名字。以他的创作实绩和北京大学中文系本科毕业的学历，我们自然优先录取了他。但因为他工作后住在《农民日报》社里，离鲁院只有几步之遥，无须住校，而他的工作是机动的，也无意脱产，于是就成了我们第一期文学创作研究生班的一名比较特殊的学员，也就成了我的学生。"①

---

① 何镇邦：《杂说震云》，《时代文学》1998 年第 5 期。

1989年　32岁

1月，从维熙的《走向混沌——反右回忆录》发表在《海南纪实》创刊号。

同月，于坚的诗《感谢父亲》发表在《诗刊》第1期。

同月，王安忆的小说《岗上的世纪》发表在《钟山》第1期。

2月17日，中共中央发出《关于进一步繁荣文艺的若干意见》，指出文艺要坚持"为人民服务、为社会主义服务"的方向，坚持"百花齐放、百家争鸣"的方针，在努力改善和加强党对文艺事业领导的基础上，加快和深化文艺体制改革，加强文艺队伍的自身建设。

5月3—5日，中国作家协会河南分会在郑州召开河南省散文创作研讨会并成立河南省散文学会。会上，选举产生理事33人，庞嘉季当选为会长，卞卡、王怀让、孙荪等13人当选常务理事。

5月15日，《钟山》杂志从第3期开始，开辟《新写实小说大联展》专栏，倡导"新写实小说"。

同月，王安忆的中篇小说《弟兄们》发表在《收获》第3期。

7月10日，中共中央、国务院在转发国家教委《关于高等学校工作中几个问题的意见》的通知中指出，培养什么样的人始终是教育战线的根本问题。要把坚定正确的政治方向放在教育工作的第一位，真正把高等学校办成培养社会主义接班人的坚强阵地。

7月31日，著名文艺理论家周扬在北京逝世。

10月31日，《钟山》杂志和《文学自由谈》在南京联合召开"新写实小说"讨论会。

11月，苏童的中篇小说《妻妾成群》发表在《收获》第6期。

12月9—11日，40余名中青年诗人、评论家齐聚洛阳，参加由中国作家协会河南分会和《大河》诗刊联合举办的第四届黄河诗会。

12月13日，文学史家王瑶在上海逝世。

12月30日，《文艺报》报道：中共中央任命林默涵为中国文联党组书记，孟伟哉为党组副书记。任命马烽为中国作家协会党组书记，玛拉沁夫为党组副书记。本年《新观察》、《文汇月刊》杂志被要求停刊。

1月 《塔铺》（小说集）由作家出版社出版，主要包括《塔铺》《新兵连》《乡村变奏》《栽花的小楼》《大庙上的风铃》

《被水卷去的水帘》《罪人》。

　　同月　《塔铺》获得1987—1988年间全国优秀短篇小说奖。

　　同月　短篇小说《头人》发表于《青年文学》第1期。

　　2月　短篇小说《单位》发表于《北京文学》第2期。

　　3月　短篇小说《乡村变奏之二》发表于《天津文学》第3期。

　　4月　短篇小说《官场》发表于《人民文学》第4期。

《塔铺》封面

　　同月　参加北京师范大学和鲁迅文学院联合举办的研究生班入学考试。

　　5月8日　研究生班开学典礼顺利举行，秦兆阳、林斤澜、从维熙、谢冕、牛汉、童庆炳、何镇邦等著名文艺理论家、诗人等受聘创作导师。当时，创作班采用传统的"拜师带徒"的教学方式，莫言、余华、刘震云、迟子建、严歌苓、毕淑敏、洪峰、王刚、刘恪等40余位青年作家分别接受指导。经过两年半的学习，他们除完成马列文论专题、创作美学、西方文论专题、中国当代文学专题、史记研究、英语、创作实践及研讨7门学位课程和文学鉴赏论、西方当代文艺思潮、中国古代文化研究、民俗学、中国三十年代小说研究、中西文化比较等专题选修课程学分之外，其间还曾经发表许多作品。"震云还真是个好学生，他往往比某些住校学生还遵守纪律，按时来听课，参加一些班里的活动，只是不卷入班里某些是是非非而已。他还是那么谦逊，不只对老师，也对一般的员工。而且在鲁院学习的这两年半期间，他在创作上也有很大的长进。稍不留神，他在刊物上相继发表了《单位》《头人》《官场》《官人》《一地鸡毛》等一批引起相当反响的中短篇小说，成为当时正在红火的'新写实'的代表作家之一，还写出了第一部长篇小说《故乡天下黄花》，成了班上创作成绩最突出者之一。作为他的创作导师的李国文，也常常称赞他的创作，并给予他的创作理论与实践课以高分。震云在两年多的时间里，在研究生班里完成了他的学业，修完了各门课程。学完了30多个学分，拿到了研究生毕业证书，只是不知为什么，他不愿意撰写硕士学位论文，不申请答辩，当然也就没有拿到学位证书。估计他已有大学本科毕业文凭，也在不久之后被评为一级作家，就不想去费这个力气了。"①"照我看来，他不仅创作上很机趣，很有幽默感；在生活中，在处理人事关系中，也很机敏，可以说是表面上憨厚朴实下的一种机智和狡黠。这对于一个远从豫北农村到京城里来闯天下的青年人来说，是必要的。从我同震云十多年的交往中，我更多地体验到的是他的真诚和朴实。我们之间固然有出于礼貌的相互尊重，但更多的是出于真诚的交流。当年，我因工作

---

① 何镇邦：《杂说震云》，《时代文学》1998年第5期。

关系有时住在鲁院办公室，晚上常想喝点粥，有时就跑到震云家去喝。有时，他还会添点菜，例如在熬了小米粥和准备点烙饼、青菜之外，还临时从市场上买来一点烧鸡什么的。尽管他和他的爱人小郭并不怎么精于厨艺，做出的菜实在不敢恭维。但我还是很乐意到他们家去喝粥，去感受他们家庭中那一份温馨。有时，震云也同我商量他的工作。1991年夏，他从研究生班毕业不久，报社的机动记者部撤销，报社领导拟安排他去当文体部主任，他开始还有点犹豫，怕影响创作。他同我商量时，我鼓励他去当这个主任。我当时坦率地告诉他，报社给他房子住，发给他工资，如不给报社工作，人家是不可能白白养活一个作家的。他采纳了我的意见，很痛快地应承下来。走马上任后，一方面大胆用人，让手下的人去干；一方面又对版面进行改革，既不太费心，又收到功效，足见其大将风度。"①

后来，鲁迅文学院的同学迟子建谈及对刘震云的印象之时说："刘震云是我在鲁迅文学院学习时的师兄。那所学院位于京郊十里堡，只是一座矮矮的瓦灰色小楼。校园只有几棵孱弱的杨树和一片还算茂盛的藤萝架，常见震云和做律师的太太抱着美丽的女儿姐姐在这简朴的校园里徘徊。刘震云家所住的《农民日报》社离鲁迅文学院很近，他家没有花园，便把校园当成自家花园来闲逛。刘震云来校园闲逛时多半是黄昏时分。白天在教室里却不常见他，他在《农民日报》社还有一些事务性的

---

① 何镇邦：《杂说震云》，《时代文学》1998年第5期。

工作要做。只要他来教室，通常是提着一个大水杯，下课休息时就去同学的宿舍续水，有时也顺便蹭一支同学的烟来抽。刘震云喜欢开玩笑。他开起玩笑来不动声色，同学们对他的评价是：'刘震云的话永远让人辨不清真假'，所以即使他说真话的时候也没人把它当真。他的性情如同他的名字一样，沾染了一些云气的氤氲与逍遥，当你认为看清他时，其实他还十分遥远。"① 鲁迅文学院成为许多青年作家从事文学创作的重要驿站，也是彼此之间建立深厚情谊的地方。刘震云后来回忆说："第一次见到迟子建好像是十年前在鲁迅文学院的楼道里，相互看了一眼，她没有说话，我也没有说话。相熟之后我才知道这是迟子建的一个特点，碰到陌生人你不主动与她打招呼，她决不主动与你搭讪。也许这是小时候她妈告诉她的：遇到陌生人不要随便说话。三年同学，相互并没有太多的交往。毕业之后偶尔见面，反倒感到亲近许多。君子之交淡如水，也是迟子建做人的原则和显得沉稳、与世界拉开距离的另一特点。她就是她，她不是任何别人。也许这是她爹从小告诉她的。"②

6月 短篇小说《爱情的故事》发表于《作家》第6期。

9月 短篇小说《老师和上级》发表于《长江》第5期。

本年度重要论文：

白雨：《"官场"人生 别样滋味——读刘震云的〈官

---

① 迟子建：《一朵乌云》，《时代文学》1998年第5期。
② 刘震云：《她是迟子建》，《时代文学》1999年第6期。

场〉》，《小说评论》1989 年第 4 期。

方克强：《刘震云：梦·罪与感伤主义》，《当代作家评论》
1989 年第 3 期。

1990年　33岁

1月20日，著名诗人唐祈在兰州逝世。

2月3日，国务院发布《关于切实减轻农民负担的通知》。

3月14—16日，中国作家协会河南分会在郑州召开小说创作研讨会。

3月20日至4月4日，七届全国人大三次会议召开，会议通过《中华人民共和国香港特别行政区基本法》《关于〈中华人民共和国香港特别行政区基本法〉的决定》《关于设立香港特别行政区的决定》，决定接受邓小平辞去国家中央军委主席职务的请求，选举江泽民为国家中央军委主席。

4月10日，小说家吴强在上海逝世。

5月21—24日，河南省文联在许昌召开毛泽东《在延安文艺座谈会上的讲话》发表48周年座谈会。

5月22日，著名作家凌叔华逝世。

6月2日，著名作家、戏剧理论家陈瘦竹在南京逝世。

7月23日，著名作家、报人张友鸾在南京逝世。

9月22日至10月7日，第十一届亚洲运动会在北京举行。

10月14—23日，第二届河南艺术节在郑州举行。

10月15日，著名作家、学者俞平伯在北京逝世。

11月　王安忆的中篇小说《叔叔的故事》发表在《收获》第6期。

12月20—22日，中国作家协会河南分会、河南省文联文学创作室在郑州召开河南近期小说创作态势讨论会。

12月25—30日，中共十三届七中全会召开，通过《中共中央关于制定国民经济和社会发展十年规划和"八五"计划的建议》。

5月　短篇小说《冰凉的包子》发表于《小说林》第3期。

1991 年　34 岁

1 月 4 日，著名作家三毛自杀，在社会上引起广泛热议。

1 月 18—23 日，全国农业工作会议在北京举行。

3 月 7 日，第三届茅盾文学奖在京揭晓。路遥的《平凡的世界》，凌力的《少年天子》，孙力、余小惠的《都市风流》，刘白羽的《第二个太阳》，霍达的《穆斯林的葬礼》等五部长篇小说获奖。

同月，《文学评论》等单位在北京举行"新写实主义"问题座谈会。

6 月 1 日，《中华人民共和国著作权法》开始实施。

7 月 1 日，中共中央举行庆祝中国共产党成立 70 周年大会，江泽民发表重要讲话，具体阐述了建设有中国特色社会主义的经济、政治、文化的基本特征和主要内容。

9 月，王安忆的中篇小说《乌托邦诗篇》发表在《钟山》第 5 期。

同月，张欣的小说《绝非偶然》发表在《小说界》第 5 期。

11 月 25—29 日，中共十三届八中全会在北京召开，通过《关于进一步加强农业和农村工作的决定》，强调稳定和完善党在农村的基本政策，继续深化农村改革。

同月，王朔的中篇小说《动物凶猛》发表在《收获》第6期。

12 月 3 日，中国传记文学学会在京成立，刘白羽任会长。

12 月 16 日，海峡两岸关系协会在北京成立。汪道涵任会长，荣毅仁任名誉会长。

1 月 中篇小说《一地鸡毛》发表于《小说家》第 1 期。小说主要描写主人公小林在单位和家庭的种种遭遇和心灵轨迹的演变，从菜篮子、妻子、孩子、豆腐、保姆以及单位中的恩恩怨怨和是是非非，真实反映了大多数中国人在八九十年代的日常生活和生存状态。刘震云说："《一地鸡毛》写的是凡人的事情，但当你用凡人的角度写，大家就不爱看，人们会说：看自己的生活就成了。我是用一种故作庄严的姿态把小事当成大事来写，这会出现另外一种效果，就像毕加索、凡·高的画一样，用传统画派的眼光看，他们作品的色调对吗？用光对吗?! 正是这种反常态的目光，才出现后来的特殊艺术效果。实际上这只是'大'和'小'之间的关系，小事容易在大的方面出问题，大事往往在小的方面出问题。比如航天飞机出事，很少是发动机出问题，往往是一个小的密封线圈、小气垫出问题。从

'大'和'小'之间的关系转换出发，是观察的一种角度。"①小说刊载之后，许多批评家对其作出高度评价，也道出一代知识分子的现实生活状态。"《一地鸡毛》以'庖丁解牛'式的细腻笔法，生动地描写了知识分子小林夫妇的日常生活：他们既没有崇高的政治理想，更没有远大的人生志向，就像普普通通的平民百姓一样，为了生存问题而整天忙碌着——不是为工作的调动而闹心，便是为孩子的入托而烦恼，他们不断地争吵又不断地和解，真实地揭示了知识精英的窘迫人生。"②"《一地鸡毛》在写出日常生活的困窘，以及琐碎的生活细节侵蚀个人的意志和热情的同时，刻画了主角是如何在世俗权力网络的运作中被任意摆布的状况。刘震云揭示了这样一个事实，没有权力的生活不得不是一出卑琐的滑稽剧。那个一地鸡毛的梦，并没有什么特别深刻的寓意，当然也不会使我们的主角突然醒悟，这不是一个自我意识的哲学问题，生活就是一大堆琐碎的实际问题，除了认同现实关系别无选择。"③"可到了《一地鸡毛》那里，很像王安忆《本次列车终点》，梦消失了，无尽的烦恼与纠葛，人与人的隔膜以及风俗里非人性的因素均显露无余。人落入平庸与无趣的窠臼，除了衣食住行的琐碎时光，诗意早已无影无踪了。《一地鸡毛》一波三折，绕在矛盾的旋涡里，一个

---

① 张洁：《刘震云：手机的"语速"》，《人民论坛》2004 年第 3 期。
② 宋剑华：《论〈一地鸡毛〉——刘震云小说中的"生存"与"本能"》，《文艺争鸣》2010 年第 11 期。
③ 陈晓明：《漫评刘震云的小说》，《文艺争鸣》1992 年第 1 期。

困境接着一个困境，一个圈套连着一个圈套，大家都在一个陷阱里。青年人的生活完全处于劳顿的无奈。住房、工作、孩子上学，世俗时光磨去了一切。主人翁小林本来是个有理想的青年，从乡下到大学再到留京工作，看样子是步步青云，但面对汪洋般社会，个人渺小到无可奈何。描述这种人生，刘震云显得耐心和冷峻，在笔端流露着对生命的关照，怜悯、爱意都有，其间不乏对人之潜能的召唤，且里面不都是消沉的发泄。如此写实之笔触，消解了凡间的紧张，那些洞明灰暗的目光，把灵魂提升到一个透明的世界了。这不禁让人想起契诃夫小说里的小人物的命运。契诃夫写小人物，对着的是奴性文化的宿命的存在，有天网恢恢之感叹，那爱意深藏其间，常常余音不绝，只能慢慢品味。刘震云似乎没有这种精致，但那手术刀般的笔，切着人的肌肤，让人有疼痛的感觉。"[①] "刘震云的《一地鸡毛》展示了中国当代某一个阶段或某一阶层的社会状态，以及那个阶段的年轻知识分子所面临的选择。尽管小说所写的内容不是宏大的题材，甚至是过于琐碎的形而下的生活状态，但是从历史的角度看，它却真实地反映了那个时代年轻知识分子在面临人生选择时所产生的困顿，甚至失去了方向。现在回过头看，那个年代，也是另一段历史的起点，是知识分子只能以散诞多元的状态重新面对世界的节点。也是从这个时候起，知识分子开始转向了更为功利世俗的社会生活，也更热衷于走向传统的

---

① 孙郁：《刘震云其文》，《前线》2013 年第 4 期。

人生轨道之中。"①

4月 中篇小说《磨损与丧失》发表于《中篇小说选刊》第2期。

同月 短篇小说《官人》发表于《青年文学》第4期。

8月 长篇小说《故乡天下黄花》由中国青年出版社出版。小说由四个大故事组成：一是"民国初年"，从"村长的谋杀"开始讲述孙、李两家的明争暗斗；二是写"一九四〇年""鬼子来了"以后，孙、李两家后代的故事；三是发生在"一九四九年""翻身"中的故事；四是写"一九六六年至一九六八年"的"文革"故事。每个故事套着故事，而且这些故事都是以人

《故乡天下黄花》封面

物的命运贯穿始终。从普通村民的视角，审视马村半个多世纪以来的风云变幻：民国初年，为了村长一职，李家不惜雇杀手杀死了现任村长孙殿元，由此引发了孙李两家的世代仇杀。40年代日本人来了，为争夺对马村的支配权，汉奸、八路、中央军、土匪几路人马相互咬斗，村民惨遭荼毒、饱受蹂躏。1949年翻身闹土

① 苏桂宁：《走向世俗的知识分子——谈刘震云〈一地鸡毛〉〈手机〉中的知识分子形象》，《当代文坛》2022年第6期。

改，地主李家、孙家被斗倒，贫农赵刺猬、癞和尚、李葫芦、卫东、卫彪诸人为取得村子的实际控制权又开始了新一轮的野蛮争斗，马村再度陷入混乱。"祸乱历史的渊薮则被指向劣质的民族文化及这种文化下的病态的国民人格构成，颇有几分民族'宿命'色彩。文中孙殿元、李老喜的猝死，李文闹、孙毛旦的横祸，马村村民遭日军残害的悲剧及后来李文武等地主被斗、赵刺猬与癞和尚诸人'翻身'事宜几乎就是愚顽、自大、怯懦、盲从、偏狭、势利、自欺、奴性、暴虐等病态国民人格和蛮横低俗、委顿空疏、非理性而崇尚暴力的劣质民族文化的图解。"①

"残酷地揭去以往人类关于自身认识的各种幻想，突入人的理性盲区，发掘理性层面下的非理性淤泥和集体无意识的文化沉淀，从而展露人性的幽暗，成为《故》（故乡天下黄花）中的一种特异景观。人性的畸形和丑恶是作家刘震云寻访故乡历史时的重要收获。小说以不做任何评判的笔调叩问人性的真实。"②

"但刘震云的这部作品却没有顺延既定的写作模式，而是将以往史书中很少问津或不曾问津的话题渲染铺衍开来，使我们看到了另一种历史，其间充满了生活的偶然性，人物性格及行为的反复无常，事件和巧合，以及隐藏在复杂的事件下面的，叙述者对人的贪婪本性和近乎原始的欲望的揭示。历史在这一系列

---

①　张霆：《故乡历史的两种言说——〈白鹿原〉与〈故乡天下黄花〉的比较解读》，《当代文坛》2002 年第 1 期。

②　张霆：《故乡历史的两种言说——〈白鹿原〉与〈故乡天下黄花〉的比较解读》，《当代文坛》2002 年第 1 期。

充满新奇、生动感受的叙事中被消解了，在叙述者对人性的揭示和感叹中断裂成无数碎片。换言之，使我们恰如身临其境的首先不是小说构制的历史概念，而是它关于人性的精彩的故事。"① 总体来讲，"刘震云的'故乡系列'小说借助'戏谑'精神的自由无羁，充分表达了他对中国乡村历史现实文化精神的反思，勾勒了一幅诡谲的乡村精神图画，刘震云在这里不是布施'历史规律'的真理，而是追求虚拟与真实的契合。它自然有解构，有批判，但与其说写作是为了批判，不如说是批判的眼光成就了刘震云的写作。解构的状态给他带来了叙事的无限自由，但解构并不是最后的写作憩栖地"②。

  同月　《读鲁迅小说有感：学习和贴近鲁迅》发表于《中国现代文学研究丛刊》第3期。刘震云在文中说："鲁迅是个伟大的作家。像他那么严厉、尖刻、咄咄逼人者，在中国历史的文人中还没有过。鲁迅对中国传统文化的背叛，不只表现在白话等外在形式上，而主要表现在这种文字的内在性格上。但鲁迅又是一个与他的思想解剖力相对而言艺术感受力不太丰厚的作家，他小说的艺术感染力主要是通过作品的思想内涵散发出来的。我们只能看到寒冬中几株秃桠桠的杨树。鲁迅小说的色彩可是有点单调。当然，也并不妨碍鲁迅是一个伟大的作家，

---

  ① 董之林：《向故事蜕变的历史——刘震云的〈故乡天下黄花〉及其他》，《当代作家评论》1995年第1期。

  ② 周罡：《乡村叙事：戏谑与重构——论刘震云"故乡"系列小说的戏谑品格》，《小说评论》2002年第3期。

或者我们毋宁把它看成是鲁迅小说的艺术个性和艺术风格。"①

本年度重要论文：

高秋：《感伤的人生三部曲——刘震云小说类型剖述》，《当代文坛》1991 年第 2 期。

王立：《〈一地鸡毛〉的意蕴》，《文学自由谈》1991 年第 3 期。

黄毓璜：《生活实感和文化品位——〈故乡天下黄花〉的一种读解》，《当代作家评论》1991 年第 5 期。

何志云：《读〈故乡天下黄花〉》，《当代作家评论》1991 年第 5 期。

---

① 刘震云：《读鲁迅小说有感：学习和贴近鲁迅》，《中国现代文学研究丛刊》1991 年第 3 期。

1992年　35岁

1月18日至2月21日，邓小平视察武昌、深圳、珠海、上海等地并发表著名的"南方谈话"。

2月28日，中共中央将邓小平南方谈话作为中央1992年二号文件下发，并发出通知，要求尽快逐级传达到全体党员干部。

3月，余秋雨的散文集《文化苦旅》由知识出版社出版。

4月，中国社科院文学所、《文学评论》编辑部、华中师范大学等单位在武汉联合召开中国当代文学史讨论会。

同月，唐浩明的长篇历史小说《曾国藩》由湖南文艺出版社出版。

8月，中国当代文学学会第十一届年会在山西大同举行，就新时期文学如何更好地反映改革开放和社会主义现代化建设等问题进行探讨。会议决定将"中国当代文学学会"更名为"中国新文学学会"。

9月12日，北京大学中国语言文学研究所与《作家报》联合举办"后新时期：走出八十年代的中国文学"讨论会，《当代作家评论》第6期、《文艺争鸣》第6期先后发表讨论会文章，"后新时期文学"的说法逐渐流行。

同月，贾平凹主编的散文月刊《美文》在西安创刊。

10月14日，散文家秦牧在广州逝世。

10月19日，中共十四届一中全会选举江泽民为中央委员会总书记，决定江泽民为中央军委主席，批准尉健行为中央纪委书记。

11月17日，作家路遥在西安逝世。

同月，格非的长篇小说《边缘》、余华的中篇小说《活着》、苏童的中篇小说《园艺》、孙甘露的中篇小说《忆秦娥》、韩东的短篇小说《母狗》在《收获》第6期发表。

12月14日，作家沙汀在成都逝世。

1月　《整体的故乡与故乡的具体》发表于《文艺争鸣》第1期。

5月　《官场》（小说集）由华艺出版社出版，主要包括《单位》《一地鸡毛》《头人》《官场》《官人》。

6月　《一地鸡毛》（小说集）由中国青年出版社出版，主要包括《新兵连》《头人》《单位》《官场》《一地鸡毛》。

11月　短篇小说《土塬鼓点后：理查德·克莱德曼——为朋友而作的一次旅行日记》发表于《芳草》第11期。

12月　《官人》（小说集）由长江文艺出版社出版，主要包括《塔铺》《单位》《一地鸡毛》《官场》《官人》《温故一九四二》。

本年度重要论文：

陈晓明：《漫评刘震云的小说》，《文艺争鸣》1992年第1期。

王必胜：《刘震云的意义》，《文艺争鸣》1992年第1期。

潘凯雄：《此系身前身后事，倩谁记去作奇传——刘震云小说漫评》，《文艺争鸣》1992年第1期。

白烨：《生活流 文化病 平民意识——刘震云论》，《文艺争鸣》1992年第1期。

张业松：《写实内外——说刘震云》，《上海文学》1992年第3期。

金慧敏：《走向永恒的黑暗：刘震云小说历程》，《北京社会科学》1992年第4期。

阎建滨：《生存之累与信仰之轻——论新写实的精神价值取向》，《当代文坛》1992年第4期。

陈旭光、翁志鸿：《视角、语体、模式与作家心态——刘震云小说文本叙事批评》，《小说评论》1992年第5期。

林道立：《论"新写实"小说——新时期小说类型研究之一》，《河北学刊》1992年第5期。

1993年　36岁

3月11—13日，北京大学、中国社会科学院文学所、中国比较文学学会等单位，在京联合举办后现代文化与中国当代文学国际研讨会。

3月15—31日，八届全国人大一次会议举行。会议通过的《中华人民共和国宪法修正案》肯定我国正处于社会主义初级阶段；国家实行社会主义市场经济。会议通过《关于设立中华人民共和国澳门特别行政区的决定》、《中华人民共和国澳门特别行政区基本法》等。会议选举江泽民为国家主席、国家中央军委主席，荣毅仁为国家副主席，乔石为全国人大常委会委员长，决定李鹏为国务院总理。

同月，王安忆的长篇小说《纪实与虚构——创造世界方法之一种》发表在《收获》第2期。

4月，王蒙的长篇小说《恋爱的季节》由人民文学出版社出版。

6月7日，著名剧作家阳翰笙逝世。

同月，贾平凹的长篇小说《废都》由北京出版社出版。

同月，陈忠实的长篇小说《白鹿原》由人民文学出版社出版。

同月，《上海文学》第 6 期发表王晓明、张闳、徐麟、张柠、崔宜明的对话《旷野上的废墟——文学和人文精神的危机》，开始引发人文精神讨论。

7 月，李洱的中篇小说《导师死了》在《收获》第 4 期发表。

8 月，刘恒的长篇小说《苍河白日梦》由作家出版社出版。

10 月 8 日，诗人顾城在新西兰的威赫克岛杀妻自尽。

10 月 18 日，作家秦瘦鸥逝世。

11 月 5 日，中共中央、国务院印发《关于当前农业和农村经济发展的若干政策措施》，指出以家庭联产承包为主的责任制和统分结合的双层经营体制，是我国农村经济的一项基本制度，要长期稳定，并不断完善。原定的耕地承包期到期之后，再延长 30 年不变。

11 月 11—14 日，中共十四届三中全会召开，通过《关于建立社会主义市场经济体制若干问题的决定》，勾画了社会主义市场经济体制的基本框架。

12 月 23 日，中国文联在京举行纪念毛泽东同志诞辰一百周年座谈会。

2 月 中篇小说《温故一九四二》在《作家》第 2 期发表。

作为一部新闻纪实体小说，刘震云在《温故一九四二》中以1942年河南大旱灾为社会背景，主要运用当事人访谈和历史调查的方式，依据客观历史事实，以新闻实录的叙述方式，全面展现蒋介石国民政府、日本侵略者、美国记者和外国传教士等不同力量对1942年大灾荒的基本立场，深刻揭露社会历史的复杂性和矛盾性。刘震云虽然围绕着重大历史事件展开叙述，但客观来讲，《温故一九四二》在小说构成元素方面并不明显，缺乏小说文体的典型人物形象和曲折故事情节，这就直接给其带来许多叙述困难。作为一个没有经历过那场灾难的人，刘震云通过调查采访以及阅读文献资料，逐渐将碎片化的历史轮廓拼凑出完整清晰的画面，中间重点采访的人物有姥娘、被抓壮丁的花爪舅舅、逃荒过程中死了一家人的郭有运、被迫当妓女的蔡婆婆等。1942年，由于天灾（旱灾、蝗灾、风灾、霜灾、雹灾等等）和人祸（国民政府拒绝救灾），加上日本帝国主义疯狂侵略中国，许多灾民被迫四处逃荒。当时，据《大公报》派驻河南的战地记者张高峰在《豫灾实录》中记载：有的灾民把树叶吃光之后，被迫捣花生皮和榆树皮混合蒸着吃；有的灾民在吃了"毒花"的野草之后，脸部中毒并且严重浮肿；有的灾民不得不卖儿卖女维持生计，河南地区几乎陷入了"人间地狱"。"《温故一九四二》，是刘震云站在普通农民立场对一九四二年河南大灾这桩史实所作的'重写'。作品通过对被历史尘封湮没的史料的挖掘和重新演绎，力图还原一个农民文化视野中的历史本相。作品一方面真实地再现了当时灾区的惨酷状貌，同时，更着力于对灾害主要原因的深刻揭示和强烈批判。在作品中饿殍遍地、易子而食的凄惨灾民场景与奢侈豪华、荒淫宴乐的统治者生活形成了鲜明对比。作者对历史的黑暗本质和历史传统诠释者的虚伪冷漠作了强烈的控诉和辛辣的讽刺。"①

　　除此之外，刘震云在小说中大量使用具有幽默和反讽色彩的个性化语言，这不仅有助于讲述历史事件，还彰显了刘震云小说语言特色。"反讽在荒诞派作家笔下成了一件工具，经常被用来颠覆传统文学，揭示荒诞性本质。刘震云在创作作品时，反讽技巧被他使用得游刃有余。"② 比如，"在死三百万的同时，历史上还发生着这样的一些事：宋美龄访美、甘地绝食、斯大林格勒大血战、丘吉尔感冒"③。当一些较为重要的国际大事放在一起，却突然出现了丘吉尔感冒，这种对比反差体现出强烈的反讽意味。"（蒋）委员长思索：中国向何处去？世界向何处去？他们思索：我们向哪里去逃荒？"④ 这句话富有幽默感，同时又带有反讽色彩，给人一种语言落差感，实在引人深思。"总之，祝愿《时代》和《生活》杂志发挥更大的影响，祝愿《幸福》杂志长寿、和平！……在河南，老百姓将永远把你铭记在心。有些人憎爱分明时分舒畅地怀念你，但也有一些人咬牙切

　　① 贺仲明：《独特的农民文化历史观——论刘震云的"新历史小说"》，《当代文坛》1996 年第 2 期。
　　② 罗长英：〈《温故一九四二》叙事研究〉，硕士学位论文，广东技术师范学院，2017，第 24 页。
　　③ 刘震云：《温故一九四二》，长江文艺出版社，2012，第 4 页。
　　④ 刘震云：《温故一九四二》，长江文艺出版社，2012，第 25 页。

齿，他们这样做是不奇怪的。"① 这三种人的态度对比说明了不同立场的人的做法。"这些杂事中，我最感兴趣的，是从当时的《河南民国日报》上，看到的两则离异声明。这证明大灾荒只是当年的主旋律，主旋律之下，仍有百花齐放的正常复杂的情感纠纷和日常生活。我们不能以偏概全，一叶知秋，瞎子摸象，让巴掌山挡住眼。"② 在小说结尾部分，刘震云以补录形式把普通小人物的离婚事件竟然冠冕堂皇地刊载在河南重要的报纸之

上记录下来，但是，1942年河南大灾荒却不见报端，静悄悄地在公众视野之内消失，可见国民党政府在有意遮蔽重大历史事实，其反讽意味也就不言自明。

《故乡相处流传》封面

同月 创作谈《狭隘与无知》发表于《作家》第 2 期。

3 月 长篇小说《故乡相处流传》由华艺出版社出版。小说包含四个部分，分别涉及历史和政治大事：曹操、袁绍之争，朱元璋移民，慈禧下巡和太平天国的失败，以及 1958 年的大炼钢铁和 1960 年的自然灾害。小说采取横截面的手法，主要人物有

---

① 刘震云：《温故一九四二》，长江文艺出版社，2012，第52页。
② 刘震云：《温故一九四二》，长江文艺出版社，2012，第68页。

曹成、袁哨、小刘儿、孬舅、猪蛋、沈姓小寡妇、白蚂蚁、白石头等，他们都是从古活到今的人物。由写实形态转化成为一个看似荒诞不经的寓言故事，整部小说看起来就是一部乡村闹剧。刘震云说："之前写的那些小说，我觉得借助的只是生活的百分之五的层面。从《故乡到（相）处流传》开始，我突然发现那样认识生活特别不对。落下百分之九十五不管不顾，对一个生活中的自然人来说，是没有问题的；但作为一个以文字为生的人，我觉得过去的写作是非常不负责任的，因为那百分之九十五的东西支撑着整个民族的生存、生活。"[1] 小说出版之后，引起许多文学评论家热议，可谓褒贬不一。张新颖认为，"站在特别高的高度，以大智大慧的眼光俯看尘界烟火，或许会觉得一切皆是徒劳，一切皆是空幻，一切皆无意义。但是刘震云显然不是这样的大智大慧者，与其说他居高临下看世界，倒不如说他是从比平常的高度更低，并且尽可能低的层面看历史、看现实、看人生的，不料想从更低处看，却看出了更多的破绽和真相"[2]。"《故乡相处流传》的特殊效果事实上正导源于对一切的'庸俗化'，对历史、对世界、对伟人，太正经、太严肃、太当回事，历史、世界、伟人往往就可能太不把你当回事，甚至把你压垮或者把你玩弄于股掌之间，刘震云反其道而行之，即何不把历史、世界、伟人玩弄于股掌间？但区区一个写字的，

---

① 《刘震云：把写作当做一辈子的长跑》，《新民周刊》2022 年第 21 期。
② 张新颖：《乱语讲史 俗眼看世——刘震云〈故乡相处流传〉漫评》，《小说评论》1994 年第 4 期。

能有这么大的本事？刘震云的做法就是先把这些庄严的东西'庸俗化'，'世界观'先确定了，剩下来的大多属于技术操作层面，是基本功，相对好办得多。"① "与《温故一九四二》、《故乡天下黄花》相比，《故乡相处流传》更突出地从文化层面上对权力历史加以剖析评判，它对统治者在物质上压迫奴役农民的历史进行深透的揭露，同时，更侧重于对统治者在精神、文化方面腐蚀、毒害农民进行尖锐的批判——事实上，对这一深刻联系农民前途命运和文化本身的根源性问题，刘震云此前已有所关注……作品中的广大农民，是权力的受害者，但是，在权力的压迫、欺凌下，他们却丝毫没有反抗和觉醒的意识，他们对于权力，在恐惧之外，更奇怪地有着敬畏、渴慕、依附的复杂心理，他们臣服于权力统治之下，更千方百计去讨掌权者的欢心，为掌权者的怜恤垂顾而感恩流涕。"② "《故乡相处流传》，更充分地体现了作者的历史悲凉感和荒谬感，漫长的千年历史，其内核如出一辙，人物虽异，但权力、欲望、欺诈与杀戮，却是'历史'永恒的主题，而被压迫的农民，永远没有——他们甚至没有想到过——摆脱他们苦难的命运。荒诞的历史形式，万劫不复的历史本真，使农民们的千年历史沦入毫

　　① 张新颖：《乱语讲史　俗眼看世——刘震云〈故乡相处流传〉漫评》，《小说评论》1994 年第 4 期。
　　② 贺仲明：《独特的农民文化历史观——论刘震云的"新历史小说"》，《当代文坛》1996 年第 2 期。

无希望的幻灭之中。"①

11 月 短篇小说《新闻》发表于《长城》第 6 期。

本年度重要论文：

李书磊：《刘震云的勾当》，《文学自由谈》1993 年第 1 期。

陈旭光：《刘震云与新写实小说的终结》，《文学自由谈》1993 年第 2 期。

金健人：《"新写实"的美学品格》，《小说评论》1993 年第 3 期。

王干：《新时期文学的晚钟暮鼓——"新写实"小说漫论之一》，《天津社会科学》1993 年第 4 期。

周政保：《"新写实"小说的审美品格》，《小说评论》1993 年第 5 期。

董之林：《回到本文：刘震云小说的"双声话语"及其它》，《当代作家评论》1993 年第 5 期。

---

① 贺仲明：《独特的农民文化历史观——论刘震云的"新历史小说"》，《当代文坛》1996 年第 2 期。

1994年　37岁

1月11日，著名作家吴组缃逝世。

1月19日，著名作家葛洛逝世。

1月28日，《中华人民共和国个人所得税法实施条例》正式实施。

同月，郑敏的长诗《诗人之死》发表在《人民文学》第1期。收入集子时改名为《诗人与死》。

同月，《大家》（双月刊）在昆明创刊，创刊号上发表了于坚的长诗《0档案》。

2月12日，著名作家路翎逝世。

3月4日，著名作家李束为逝世。

同月，张贤亮的长篇小说《烦恼就是智慧》（上）发表在《小说界》第2期。6月由作家出版社出版，改名为《我的菩提树》。

同月，林白的长篇小说《一个人的战争》发表在《花城》第2期。

4月2日，中国当代诗史写作研讨会暨《诗探索》新刊座谈会在京举行。

同月，韦君宜的长篇小说《露沙的路》发表在《当代》第2期。

5月5日，诗人韩笑逝世。

同月，王蒙的长篇小说《失恋的季节》发表在《小说》第3期。

5月28日，剧作家陈白尘逝世。

6月11日，著名作家骆宾基逝世。

8月，昌耀的诗集《命运之书》由青海人民出版社出版。

10月6日，"世纪之交：中国当代文学的处境与选择"研讨会在京举行。

10月11日，著名作家、文艺理论家秦兆阳逝世。

11月，第七届世界华文文学国际学术讨论会在云南召开。

12月14日，三峡工程正式开工。

同月，陈思和、王晓明策划的"'火凤凰'新批评文丛"由学林出版社出版，出版了陈思和、胡河清、蔡翔等7位上海年轻批评家的论文选集。

9月 散文《我们需要什么样的贵族》发表于《北京纪事》第9期。

是年 《塔铺》《官场》《一地鸡毛》《单位》由中国文学出版社出版的"熊猫丛书"实现在英语世界传播。

本年度重要论文：

李万武：《强化昏暗：一种"削平价值"的小说智慧——评刘震云的〈故乡相处流传〉》，《高校理论战线》1994年第1期。

林漫宙、郭宝亮：《尴尬中的超越：新写实小说现状的思考》，《海南大学学报（人文社会科学版）》1994年第1期。

陈广录：《略论刘震云的两大系列小说创作》，《当代文坛》1994年第2期。

胡河清：《王朔、刘震云：京城两利嘴》，《当代作家评论》1994年第2期。

葛胜华：《沉重的轻佻　泣血的玩耍——评刘震云长篇新作〈故乡相处流传〉》，《当代作家评论》1994年第3期。

吴文薇：《论当代小说的反讽叙述》，《当代文坛》1994年第3期。

张新颖《乱语讲史　俗眼看世——刘震云〈故乡相处流传〉漫评》，《小说评论》1994年第4期。

曹书文《生活、人物、情感的"还原"——刘震云小说简论》，《河南师范大学学报（哲学社会科学版）》1994年第6期。

1995年　38岁

2月6日，著名剧作家夏衍在北京逝世。

2月19日，著名作家魏钢焰逝世。

3月，陈思和、李辉策划的"'火凤凰'文库"开始由上海远东出版社出版，收入了巴金的《再思录》、贾植芳的《狱里狱外》、沈从文与张兆和的《从文家书》等回忆录和论著。

5月6日，中共中央、国务院作出《关于加速科学技术进步的决定》，确定实施科教兴国战略。

5月22日，中国文联在京举办"百名文艺家万里采风"活动启程仪式。

6月，何申的短篇小说《年前年后》发表在《人民文学》第6期。

9月3日，首都各界举行纪念抗日战争暨世界反法西斯战争胜利50周年大会。

9月4—15日，联合国第四次世界妇女大会在北京举行。会议通过《北京宣言》和《行动纲领》。

9月5日，著名文艺批评家冯牧、诗人邹荻帆逝世。

11月16日，京九铁路全线贯通。京九铁路北起北京，南至深圳，连接香港九龙，总长 2372 千米。

同月，莫言的长篇小说《丰乳肥臀》发表在《大家》第6期。

同月，余华的长篇小说《许三观卖血记》发表在《收获》第6期。

同月，河南省文学院成立。

12月11日，著名作家杨沫逝世。

同月，河南新时期小说创作研讨会在北京举行，此后，河南作家群被中国文坛称为"文学豫军"。

11月 散文《长篇小说就像世界杯足球赛》发表于《出版广角》第6期。刘震云指出，"文学是一个古老和新鲜的话题，就像这句话本身也已古老没有什么创造性一样，但它又是那么新鲜。从历史和公众的角度看，文学是太多太滥和太没有必要了。但对每一个从事创作的人来说，文学又永远是第一次。长篇小说相对于短篇和中篇小说来说，也许更能全面地反映我们的这种努力。短篇就像是打乒乓球，中篇就像是打排球，长篇呢？就像是世界杯足球赛了。它除了更加需要人的智慧和大的场面的把握能力外，还需要人的体力、韧性和在复杂情况下处理射门的本领。一切都是未知的，一场球奔跑下来，到底能不能进球，不知道。这和乒乓球、排球靠固定的分数来衡量是不一样的。因为它的未知，所以它也更加神秘和更加激起人的兴奋。剩下的问题是，你这种兴奋能保持多久呢？你不断涌现的智慧会不会永远新鲜呢？你上半场可以，你下半场是不是也可以呢？如果你在下半场表现得懒洋洋，虽然你不是故意的，但是这本身就使你在上半场的进球黯然失色了。我们要的是一个全部而不是一个部分，这是球员和每一个创作者在创作的过程中所要知道的。"①

本年度重要论文：

董之林：《向故事蜕变的"历史"——刘震云的〈故乡天下黄花〉及其他》《当代作家评论》1995 年第 1 期。

陈志英：《由〈一地鸡毛〉看新写实主义小说》，《西南民族大学学报（人文社科版）》1995 年第 3 期。

段大明：《剖析社会病灶的手术刀——刘震云"官场系列小说"初论》，《武陵学刊》1995 年第 4 期。

---

① 刘震云：《长篇小说就像世界杯足球赛》，《出版广角》1995 年第 6 期。

1996 年　39 岁

1月，谈歌的小说《大厂》在《人民文学》第 1 期发表。

同月，刘醒龙的小说《分享艰难》在《上海文学》第 1 期发表。

同月，史铁生的长篇小说《务虚笔记》在《收获》第 1 期发表。

2月，王晓明编选的关于"人文精神"讨论的论文集《人文精神寻思录》由文汇出版社出版。

3月，陈染的长篇小说《私人生活》在《花城》第 2 期发表。

同月，关仁山的小说《大雪无乡》在《中国作家》第 2 期发表。

5月5日，著名诗人艾青逝世。

5月20日，著名作家梁斌逝世。

同月，《多味人生》（《人民文学》1949～1994 小说选萃）由漓江出版社出版。

8月23日，被誉为河北"三驾马车"的何申、谈歌、关仁山作品讨论会在京召开。

9月，叶兆言的长篇小说《一九三七年的爱情》在《收获》第5期发表。

同月，韩少功的长篇小说《马桥词典》由作家出版社出版。

10月5日，著名作家端木蕻良逝世。

10月7—10日，中共十四届六中全会召开，通过《关于加强社会主义精神文明建设若干重要问题的决议》。

10月23日，中共河南省委作出《关于开展向吴金印同志学习活动的决定》。

10月25日，著名文艺理论家陈荒煤逝世。

12月11日，香港特别行政区第一届政府推选委员会第三次全体会议在香港举行，董建华当选为香港特别行政区第一任行政长官。

12月13日，著名诗人、报告文学家徐迟逝世。

同日，著名剧作家曹禺逝世。

12月16日，国务院召开第十一次全体会议，对香港特别行政区筹备委员会报请国务院任命特别行政区第一任行政长官一事作出决定。会后李鹏签署国务院第二百零七号令，任命董建华为香港特别行政区第一任行政长官，于1997年7月1日就职。

同月，周梅森的长篇小说《人间正道》在《当代》第6期发表。

3 月 《刘震云文集》（四卷）由江苏文艺出版社出版，主要包括《一地鸡毛》《温故流传》《向往羞愧》《黄花土塬》。

10 月 散文《告别》发表于《黄金时代》第 10 期。

本年度重要论文：

蔡兴水：《20 世纪末期风情民生的实录——"新写实"小说论》，《新疆师范大学学报（哲学社会科学版）》1996 年第 2 期。

贺仲明：《独特的农民文化历史观——论刘震云的"新历史小说"》《当代文坛》1996 年第 2 期。

马睿：《徘徊于人文主义与历史主义之间——论"新写实主义"小说对历史的审视》，《四川大学学报（哲学社会科学版）》1996 年第 2 期。

曹书文：《刘震云小说创作论》，《河南师范大学学报（哲学社会科学版）》1996 年第 2 期。

沈嘉达：《历史寓言与个人话语——评〈故乡天下黄花〉兼及其它》，《湖北大学学报（哲学社会科学版）》1996 年第 3 期。

黄柏刚：《孤高的灵魂，沉静的目光——从视角与声音的差异看刘震云的小说〈新兵连〉》，《湖北民族学院学报（哲学社会科学版）》1996 年第 4 期。

1997年　40岁

1月24日，著名诗人苏金伞逝世。

同月，毕淑敏的长篇小说《红处方》在《大家》第1期发表。

同月，李锐的长篇小说《万里无云》在《钟山》第1期发表。

2月14日，著名作家乔典运逝世。

2月19日，邓小平逝世。

3月12日，著名作家刘绍棠逝世。

3月19日，著名作家张弦逝世。

4月，王蒙的长篇小说《踌躇的季节》在《当代》第2期发表。

5月4日，著名作家、翻译家李霁野逝世。

5月16日，著名作家汪曾祺逝世。

同月，林白的长篇小说《说吧，房间》在《花城》第3期发表。

同月，鲁彦周的长篇小说《双凤楼纪事》在《清明》第3期发表。

6月30日午夜至7月1日凌晨，中英两国政府香港政权交接仪式在香港举行，宣告中国政府对香港恢复行使主权。中华人民共和国香港特别行政区成立。

7月，苏童的长篇小说《菩萨蛮》在《收获》第4期发表。

8月13日，国内第一座为健在作家建造的文学馆——冰心文学馆，在冰心的祖籍地福建省长乐市开馆。

9月12—18日，中国共产党第十五次全国代表大会举行。

同月，刘醒龙的长篇小说《爱到永远》在《收获》第5期发表。

同月，叶兆言的中篇小说《故事：关于教授》在《大家》第5期发表。

10月6日，著名文学评论家唐因逝世。

10月28日，黄河小浪底水利枢纽工程成功实现大河截流。

11月6日，著名儿童文学作家陈伯吹逝世。

11月8日，第九届世界华文文学国际研讨会在北京举行。

同月，第四届茅盾文学奖在京揭晓。王火《战争和人》（一、二、三）、陈忠实《白鹿原》（修订本）、刘斯奋《白门柳》（一、二）、刘玉民《骚动之秋》等四部作品获奖。

12月24日 电影《甲方乙方》公映，刘震云在电影中扮演了一个失恋青年的角色，本电影标志着国产电影商业化开始进入新阶段。关于电影《甲方乙方》片名的最早来源，导演冯小刚说："当时想了很多名字，最早就想影片能顺利通过，起了个很正的名《比我还热心》，但广电部领导认为既然是喜剧就不必太正了，还是得乐一点。于是又起了个《成全你，陶冶我》，投资人又说这太调侃。最后投资人说了句《甲方乙方》，冯小刚觉得这名字表面上干巴巴，但细琢磨还有点意思，一是比较容易记住，二是有悬念，也比较准确地概括了影片里的故事形式。让一些人实现自己的人生梦想，过一天'好梦'瘾，'客户'很多，这之间就会有协议，这种协议却又体现了一种人生的移位，通过参与者的换位思考，展开了一连串能让人捧腹的情节，所以叫《甲方乙方》。"[①] "这部影片在中国电影史上创下了两个'第一'：1949 年以来第一部为特定档期所拍摄的影片；第一部采取导演不领取片酬而于影片利润中提成的'风险共担'形式。并就此掀起了中国贺岁片的风潮。"[②] "《甲方乙方》在北京发行超过 500 万后煞住，在情理之中；发行到 700 万时，就不只是他们创作的缘故，与市场操作有关了；票房到了 900 万、1000 万，这样的数字其实和导演本人没有什么关系，很大程度是缘于人为的宣传和操作。"[③] 可以说，电影取得票房巨大成功，真正做

---

① 舒克：《就是想拍一部好看的电影——导演冯小刚谈〈甲方乙方〉》，《电影评介》1998 年第 2 期。

② 李晨哲：《浅析〈甲方乙方〉——中国内地第一部贺岁电影》，《青年文学家》2012 年第 23 期。

③ 李晨哲：《浅析〈甲方乙方〉——中国内地第一部贺岁电影》，《青年文学家》2012 年第 23 期。

到了雅俗共赏。影片采用大众喜闻乐见的通俗表演形式"小品"来展开故事情节，创造出轻松、幽默、热闹的氛围，真正拉近了观众与影片的距离。除此之外，影片还深刻表现了雅的内涵，正如鲁迅所说的"喜剧是将人生无价值的东西撕破给人看"，"影片对人生无价值东西的剖析与揭示，显得酣畅淋漓而又恰到好处，用平稳的镜头语言揭示故事人物的浮躁不安的动荡心态，表现了影片编导成熟而有理性的创作思想，影片对读书人、胖厨子、富豪、明星、失恋青年的嘲讽是显而易见的"①。总体来讲，作为一部充满世俗化色彩的贺岁片，"《甲方乙方》无疑是一部将商业与艺术完美结合的电影，既达到了商业化发展的目标，开创了内地贺岁片的先河，赚取了极高的票房；同时也很好地兼顾了艺术上的审美追求，真切地打动了观众。冯小刚把对生活的调侃，对人生的戏谑和对主流文化的揶揄推向极致，假定式的游戏情节透露出对生存、生命的反思，寓真情于娱乐之中，追求对当下老百姓的生存状态的描述，以最大限度地满足平民阶层的心理欲望和消费需求。"②

本年度重要论文：

张均：《沉沦与救赎：无根的一代——重读莫言、刘震云》，

---

① 叶敏捷：《大雅大俗大成功——评电影〈甲方乙方〉》，《阅读与写作》1998年第6期。

② 李晨哲：《浅析〈甲方乙方〉——中国内地第一部贺岁电影》，《青年文学家》2012年第23期。

《小说评论》1997年第1期。

卢焱：《略论刘震云中篇小说的审美指向》，《郑州大学学报（哲学社会科学版）》1997年第3期。

贺仲明：《放逐与逃亡——论刘震云创作的意义及其精神困境》，《中州学刊》1997年第3期。

郑春：《试论刘震云小说的文体形态》，《山东大学学报（哲学社会科学版）》1997年第4期。

李辉：《从鸡毛、豆腐到历史——漫说刘震云》，《书城》1997年第6期。

1998 年　41 岁

3 月，李洱中篇小说《午后的诗学》在《大家》第 2 期发表。

4 月 3 日，著名诗人张志民逝世。

4 月 29 日，江泽民到北京大学考察工作。

4 月 29 日，著名作家方纪逝世。

同月，阿来的长篇小说《尘埃落定》在《当代》第 2 期发表。

5 月 4 日，北京大学百年庆典在人民大会堂举行。

7 月 1 日，香港特别行政区政府举行盛大集会。

同月，余华因其作品《活着》而获意大利"格林扎纳·卡佛"文学奖。

同月，周大新长篇小说《第二十幕》（上、中、下）在人民文学出版社出版。

8 月 30 日，著名文学评论家、编辑家周介人逝世。

9 月，李佩甫的中篇小说《败节草》发表在《十月》第 5 期。

10月7日，著名作家茹志鹃逝世。

10月12日，著名作家陈登科逝世。

10月21日，"新生代作家小说创作学术研讨会"在南京举行。

10月30日，著名诗人、学者公木逝世。

11月，中国作家协会鲁迅文学院创建的"今日作家国际互联网站"开通。

12月19日，著名学者、作家钱锺书逝世。

1月　长篇小说《故乡面和花朵·王喜加》发表于《青年文学》第1期。

同月　长篇小说《故乡面和花朵·插页》发表于《天涯》第1期。

2月　《故乡面和花朵·娘舅》发表于《作家》第2期。

同月　《故乡面和花朵·东西庄的桥》发表于《上海文学》第2期。

9月　长篇小说《故乡面和花朵》（四卷）由华艺出版社出版。

小说故事展开背景是河南省延津县王楼，主要人物有孬舅、瞎鹿、白蚂蚁、小麻子、袁哨、曹成、六指等。小说完全打破了传统的线型或板块组合的叙事结构，它的结构方法也不限于时空交错和线型，而似立体交叉等等。它建立在一种崭新的小说观念的基础上，把传统和现代糅合在一起，把叙事、议论、

《故乡面和花朵》封面

抒情熔于一炉，把故乡延津的"老庄"与整个世界的大舞台融合起来，采用某种物景描述，插进书信、电传、附录以及歌谣、俚曲等各种可以调动的叙述形式，组成一种使人眼花缭乱然而又井然有序的新的结构形式，这种新的结构形式的特点和意义，令人为之喝彩。这部小说写作时间长达六年，修改两年，全书近两百万字。在后期修改阶段，刘震云曾经产生过强烈的自我怀疑："不知道 6 年前的是对的，还是现在的是对的。它就像走夜路一样，前边有个影子在走，你在追他，你走他也走，你停他也停，你不知道那个是对的还是这个是对的。这个自己追自己的过程比自己追别人的过程要痛苦。"① "《故乡面和花朵》和我以前的写作非常不一样。过去的写作打通的是个人情感和现实的关系，表达的是现实世界映射到他心上的反映，从心里的一面镜子折射出一种情感；《故乡面和花朵》让我摆脱现实的束缚、进入人内心的潜意识、心灵空间，在叙事上摆脱严格的时空限制，把乡土中国的现实，与后现代的未来的空间杂糅在一起，以极端荒诞的手法来解构历史与未来。"② 小说发表之后，曾经得到诸多文学评论家的不同评价。比如，陈晓明认为，"它把过去/现在随意叠加在一起，特别是把乡土中国与现阶段历经商业主义改造的生活加以拼贴，以权力和金钱为轴心，反映乡土中国在漫长的历史转型中，人们的精神所发生的变异——用那些可笑的凡人琐事消解庞大的历史过程，让历史淹没在一连串的无止境的卑微欲望中"③。周罡指出，"刘震云把创作从以往的社会关系，人物行为乡村事件的关注上，进一步深入到乡村人物精神意识领域，通过对古往今来乃至未来的穿梭呈述，使历史和现实、行为和语言、思想和情节紧紧地糅在一起，绕在一起。《故乡面和花朵》，实际上成为一个难以尽释的线团，万花筒般的文本意象无疑是对转型期中国纷繁文化镜像的深层

---

① 张英：《刘震云：把写作当做一辈子的长跑》，《新民周刊》2022 年第 21 期。
② 张英：《刘震云：把写作当做一辈子的长跑》，《新民周刊》2022 年第 21 期。
③ 陈晓明：《故乡面与后现代的恶之花——重读刘震云的〈故乡面和花朵〉》，《解放军艺术学院学报》2004 年第 3 期。

隐喻"①。

10 月　散文《我对世界所知甚少》发表于《时代文学》第
5 期。刘震云在文中说："不仅仅是年龄关系。我还没有达到对
自己发生强烈怀疑的阶段和境界——怀疑的指向往往还是外在
世界。但我分明看到自己的过去和作品变得陌生了——像困兽
一样躲在阴凉的角落瑟瑟发抖、迷惑不解地看着我。相互的爱
怜和同情油然产生。我们相互抚摩着知道自己对世界所知甚
少——这个世界、人的世界、人的内心世界、凌驾于内心之上
的情绪的翻腾和游走及白天和夜晚的区别，以及你怎么控制你
的梦特别是白日梦，当然还有永远不可触摸的万物生灵相对你
的情感流淌方式。当我们想起我们曾经蜷缩在对世界的误会的
自己的投影里沾沾自喜时，我们除了无地自容更想做的是失声
大号。你比以前脆弱多了。想起温暖的朋友和往事，还有那些
冰凉的现实，当你们想聚首一隅相互诉说时也往往是一语未终，
潸然泪下。甚至你对往事的真实过程发生了怀疑。你变成了一
个存在主义者。你对许多简单的话语想作幽远和深情的注释。
你周围的世界和情感像风雨中的泥片颓倒一样在飞速地解体和
掉落——你试图挽留它们或是在梦中抓住它滑溜的尾巴但梦醒
时分你发现留在原地的只有你自己——虽然你留下一把岁月的
青丝那确是一把好头发。虽然你的亲人每天都在说汉语，但你

　　① 周罡：《乡村叙事：戏谑与重构——论刘震云"故乡"系列小说的戏谑
品格》，《小说评论》2002 年第 3 期。

对汉语像对这个世界和这个世界上的其他语言一样所知甚少。你有些口讷和犹豫，你不知道将自己的脚步放在灶台的什么位置合适——所有的人和语言在你面前都变得陌生。你掉到荆棘棵子里浑身挣扎不动的时候你只好浑身是汗地挣扎着醒来，大梦初醒的时候往往太阳正当头，别人告诉你这就是正午。我是一个业余作者。我幻想不久的将来我能成为专业作家，用写作挣的钱来养活自己。这才是一个人在现实光彩的开始。"①

本年度重要论文：

张冠夫：《论刘震云的反讽叙事特征》，《北京社会科学》1998 年第 2 期。

陶敏：《刘震云小说的言语修辞透视》《南京师大学报（社会科学版）》1998 年第 2 期。

摩罗、杨帆：《刘震云：奴隶的痛苦与耻辱》，《当代作家评论》1998 年第 4 期。

毕新伟：《漫说"权力哲学"——刘震云小说论》，《文艺评论》1998 年第 4 期。

李国文：《闲话震云》，《时代文学》1998 年第 5 期。

何镇邦：《杂说震云》，《时代文学》1998 年第 5 期。

---

① 刘震云：《我对世界所知甚少》，《时代文学》1998 年第 5 期。

1999 年　42 岁

1 月，叶兆言的长篇小说《别人的爱情》在《钟山》第 1
期发表。

同月，刘心武的长篇小说《树与林同在》在《中国作家》
第 1 期发表。

同月，周梅森的长篇小说《中国制造》在《收获》第 1 期
发表。

同月，莫言的长篇小说《红树林》在《江南》第 1 期发表。

同月，铁凝的中篇小说《永远有多远》在《十月》第 1 期
发表。

1 月 29 日，中共中央隆重召开纪念瞿秋白诞辰一百周年座
谈会。

2 月 11 日，著名作家、翻译家萧乾在北京逝世。

2 月 28 日，著名作家冰心逝世。

4 月 29 日，著名作家姚雪垠逝世。

5 月 12 日，著名文艺理论家、翻译家程代熙逝世。

6月26日，著名美学家、复旦大学教授蒋孔阳逝世。

7月6日，著名作家高晓声逝世。

同月，李佩甫的长篇小说《羊的门》发表在《中国作家》第4期。

8月，李昂的中篇小说《杀夫》在《台港文学选刊》第8期选载。

9月24日，作家王西彦逝世。

9月29日，中共中央发出《关于加强和改进思想政治工作的若干意见》。

11月22日，民盟中央等在北京举行纪念闻一多诞辰一百周年座谈会。

同月，阎连科的中篇小说《耙耧天歌》发表在《收获》第6期。

12月8日，《乔木文丛》出版座谈会在京举行。

12月19日午夜至20日凌晨，中葡两国政府澳门政权交接仪式在澳门举行，宣告中国政府对澳门恢复行使主权。中华人民共和国澳门特别行政区成立。

是年，中原作家文丛（刘庆邦、张宇、李佩甫、杨东明、阎连科、郑彦英）在河南文艺出版社出版。

1月 长篇小说《故乡相处流传》节选部分发表于《名作欣赏》第1期。

4月 散文《我在人民大会堂给铁凝看过堆儿》发表于

《英才》第 4 期。刘震云在文中说："一段时间以前，铁凝曾经写过两个优秀的中篇：《麦秸垛》和《棉花垛》。从这两篇作品和她后来的《玫瑰门》中我知道铁凝是一个非常懂得中国农村生活和中国生活'趣味性'的人。她不同的作品中反复出现一个孩子——多么孤立无援，几个孩子——多么寂寞板结——在模仿成年人做着打酱油灌醋或迎来送往——多么熙攘纷繁——甚至是送亲迎亲的游戏的场面。每当看到这里，我比看到排山倒海鼓角轰鸣的宏伟的已经成人的人生话剧都更加感动、刺心、温暖和震颤。也是一段时间之前，我和铁凝有了第一次交往。记得是在人民大会堂由主办单位给作者发奖。除了奖金和证书，还发了一堆由纸盒子包装的其他物品。由于是冬天，大家又脱下了棉衣——每人都抱着一堆属于自己的物体在运动，这时铁凝突然把自己的一堆物品放到会堂大厅的中央，仔细码好，四处寻人，终于把目光落到了我的身上：'你替我看好东西，我要去厕所。'我立即想到俺村几个孩子一块去地里割草，一个女孩要到蓖麻地里去方便，找一个自己信任的男孩子给她看堆儿一样——一股暖流立即涌遍了我的全身。我鹤立鸡群大义凛然地留下看堆儿，铁凝就急急忙忙地放心地不见了。这'堆儿'最后看得完好无损，我也知道了铁凝所以是铁凝。"①

7 月　与邱华栋、王朔、张英在京泰大厦渝信酒楼对电影《看上去很美》进行了自由交流，本次访谈内容发表于《作家》

---

① 刘震云：《我在人民大会堂给铁凝看过堆儿》，《英才》1999 年第 4 期。

第 7 期。

11 月　散文《灵魂在清晨的菜市场上飘荡》发表于《文化月刊》第 11 期。

同月　《刘震云》（小说集）由香港明报出版社出版。

12 月　散文《她是迟子建》发表于《时代文学》第 6 期。刘震云在文中说："从《北极村童话》《沉睡的大固其固》到《晨钟响彻黄昏》，再到《雾月牛栏》和《清水洗尘》，迟子建已经发生了很大的变化——从纯净弥漫到氤氲；当然也有坚定不变的骨和髓：对于生活缝隙的独特发现及对场景、气氛、气味及世间微妙情绪的偏爱。当然生活缝隙中飘落的不只是洁白的雪花，还有人们不断脱落和偏爱的皮屑。由于迟子建的存在，一片苍茫的北国便呈现在我们面前。通过迟子建的作品，我知道了什么是雪、大雪纷飞和包裹中的童年、成年、老年、灯笼、狗、牛、鸡、森林、轮渡和冰嘎，及她对生活的善意、仁慈、宽厚、嘲弄和仇恨。作品中最具油画色彩和浓郁生活气氛及地域特色的作家，我心目中仰慕的有两位，恰好她们都出自东北并且都是女性：萧红和迟子建。从笔法的成熟和现代讲，迟子建已经在雪地和荒原上远远走过了萧红。"[1] "生活中的迟子建，好像永远是开朗、沉静、厚道和不计小节的女孩。善良的人都能成为迟子建的朋友。去年在北京的一次聚会中，她突然在饭桌上告诉铁凝、池莉、方方、莫言、王朔和我说：她结婚了。

---

① 　刘震云：《她是迟子建》，《时代文学》1999 年第 6 期。

这时我们才恍惚感到，她已经长大了。迟子建的作品很早就成熟于她的年龄。"①

本年度重要论文：

沈浩波：《刘震云访谈》，《东方艺术》1999 年第 2 期。

李敬泽：《通往故乡的路——刘震云〈故乡面和花朵〉》，《南方文坛》1999 年第 3 期。

沈梦瀛：《论刘震云小说创作的多面性》，《中州学刊》1999年第 5 期。

程光炜：《在故乡的神话坍塌之后——论刘震云九十年代的小说创作》，《文学评论》1999 年第 5 期。

---

① 刘震云：《她是迟子建》，《时代文学》1999 年第 6 期。

2000 年　43 岁

2 月 25 日，江泽民在广东考察工作听取省委工作汇报时明确提出"三个代表"重要思想。

5 月 23 日，中国现代文学馆新馆正式开馆。

同月，刘庆邦的中篇小说《神木》发表在《十月》第 3 期。

10 月 19 日，第五届茅盾文学奖揭晓。张平的《抉择》、阿来的《尘埃落定》、王安忆的《长恨歌》和王旭烽的《茶人三部曲》（一、二）四部作品获奖。

10 月 26 日，文化部举办座谈会，纪念杰出的革命文艺家夏衍诞辰一百周年。

12 月 2 日，著名诗人、翻译家、文学研究家卞之琳在北京逝世。

12 月 27 日，《国务院关于实施西部大开发若干政策措施》正式出台，标志着我国实施西部大开发战略迈出实质性的步伐。

2 月　散文《铁凝和她的小说》发表于《对外传播》第

2 期。

9 月　《刘震云》（小说集）由人民文学出版社出版，主要收录《塔铺》《新兵连》《头人》《单位》《一地鸡毛》《官人》《非梦与花朵》等 9 篇中、短篇小说。

本年度重要论文：

官东红：《反思与突围——读刘震云〈故乡面和花朵〉》，《当代文坛》2000 年第 2 期。

郭宝亮：《反乌托邦：〈故乡面和花朵〉试解》，《小说评论》2000 年第 4 期。

傅元峰：《一种被推向极致的反讽叙述——试读〈故乡面和花朵〉》，《小说评论》2000 年第 4 期。

2001 年　44 岁

2 月 19 日，中共中央、国务院举行第一届国家科学技术奖励大会。

4 月，宗璞的长篇小说《东藏记》在人民文学出版社出版。

6 月 25 日，北京市第一中级人民法院举行了向巴金、王蒙等 25 位作家交付著作权侵权案赔偿款仪式。

8 月，九丹的长篇小说《乌鸦》引热议。

9 月 19 日，"鲁迅诞辰 120 周年纪念座谈会"在中国现代文学馆举行，首都文学界人士 200 多人参加。同时，《世界之鲁迅》的绘画展览在该馆开展。

9 月 22 日，第二届鲁迅文学奖颁奖典礼在绍兴举行。《鞋》（刘庆邦）、《吹牛》（红柯）、《年月日》（阎连科）、《落泪是金》（何建明）等 35 篇（部）作品获得殊荣。

10 月 10 日，国家图书馆举行座谈会，隆重纪念杰出的革命家、文艺家、教育家冯乃超诞辰一百周年。

11 月，李洱的长篇小说《花腔》在《花城》第 6 期发表。

12月18—22日，中国文学艺术界联合会第七次全国代表大会、中国作家协会第六次全国代表大会在北京人民大会堂举行。著名作曲家周巍峙再次当选为新一届的文联主席。丁荫楠、才旦卓玛、王兆海、丹增、白淑湘、冯骥才、仲呈祥、刘兰芳、刘炳森、李牧、李世济、李树文、杨伟光、吴贻弓、吴雁泽、陈晓光、胡珍、夏菊花、覃志刚、靳尚谊、裴艳玲当选为副主席。文坛泰斗巴金再次当选为中国作家协会主席，王蒙、韦其麟（壮族）、丹增（藏族）、叶辛、李存葆、张平、张炯、陈忠实、陈建功、金炳华、铁凝（女）、黄亚洲、蒋子龙、谭谈当选为副主席。

7月 《大家·三问三答》（刘震云访谈录）发表于《大家》第4期。

9月 长篇小说《一腔废话》发表于《大家》第5期。

同月 《刘震云自选集》（上下卷）由文化艺术出版社出

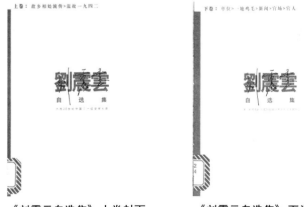

《刘震云自选集》上卷封面　　　《刘震云自选集》下卷封面

版，上卷主要收录《故乡相处流传》《温故一九四二》，下卷收录《单位》《一地鸡毛》《新闻》《官场》《官人》。刘震云在本书序言中说："《故乡相处流传》对我的写作具有决定性意义。通过并不成熟的它，我开始醒悟写作是海而不是河，是不动而不是动，什么、哪些是自己而不是别人。《温故一九四二》表明我潜在的对集体事件和情绪的关系关心。这种关心可能有一天会重新显现。"

同月　散文《巴掌与世界》发表于《北京文学》第 9 期。刘震云在文中说："阎连科脖子短，脸黑，说的可能是普通话，但没有一个音节能挣出河南口音。严格地说，阎连科是我的学生。多年前他在解放军艺术学院上学的时候，我到那里讲过课。后来在庐山碰到他，我向他求证这一点，他瞪着宋美龄坐过的马桶说：你讲课那天我根本没去听，怎么会是你的学生？马上与我平起平坐，信步走出美庐，去参观刀光剑影的庐山大会堂。后来与阎连科见面，大部分是在晚饭的餐桌上。阎连科总是坐在不起眼的角落，露出腼腆和羞涩的模样。但突然他会独自一笑，大概哪位发言人词语、词意和词语词意缝隙中的漏洞被他抓住了吧。抓住并不揭穿，大概是要留下再独享几天。喜欢阎连科小说的人越来越多。阎连科的小说充满着他性格中倔犟的成分，一个耧耙山脉，被他锲而不舍地在那里爬行。他的小说像大山一样坚硬和漫长，到处没有近路可以爬到山顶。最后，这块巴掌大的莫须有的地方，就被他演变成了一个世界。我知道这样写作的还有福克纳和莫言。当然他们三人各有不同。——韧性对于一个作家是多么重要啊。我喜欢阎连科的《年月日》、《日光流年》和刚刚出炉不久的《坚硬如水》。"①

本年度重要论文：

吕永林：《刘震云小说叙事的向"黑"现象》，《青年文学》2001 年第 1 期。

贺仲明：《"农民文化小说"：乡村的自审与张望》，《文学评论》2001 年第 3 期。

李敬泽：《结束于沉默——读〈一腔废话〉》，《大家》2001 年第 5 期。

陈戎：《对话刘震云》，《北京日报》2001 年 10 月 28 日。

俞悦：《温故：大师刘震云》，《北京日报》2001 年 10 月 28 日。

王际兵、陈利娟：《刘震云"新写实"小说的夸诞艺术》，《写作》2001 年第 12 期。

---

① 刘震云：《巴掌与世界》，《北京文学》2001 年第 9 期。

2002 年　45 岁

1 月 10 日，著名民俗学、民间文艺学界享有盛誉的百岁老先生、北京师范大学教授钟敬文在北京逝世。

1 月 28 日，中国作家协会党组书记、副主席，著名诗人、编辑家张光年在北京逝世。

3 月 12 日，戴来获春天文学奖。

4 月 1 日，"神舟"三号飞船在完成空间科学和技术试验任务后，于北京时间 16 时 51 分，在内蒙古中部预定区域准确降落，我国载人航天工程第三次飞行试验获得圆满成功。

4 月 9 日，中国出版集团成立大会在北京举行。

8 月 15 日，《文艺报》在《经典名著不容亵渎》的通栏标题下，发表了陈漱渝、刘厚生等人的文章，就名著改编中存在的问题发表自己的看法。

9 月 9 日，鲁迅文学院举行首届中青年作家高级研讨班开学典礼。谈歌、关仁山、曾哲、荆歌、雪漠、孙惠芬、北北、马丽华、徐坤、柳建伟、东西、红柯等人入班。

10月22日，《无字》（张洁）、《蒙面之城》（宁肯）、《神木》（刘庆邦）、《一年级二年级》（曾哲）、《初三初四看月亮》（衣向东）获第二届老舍文学奖优秀长篇小说奖。

12月5日，中国文联和文化部在北京举行座谈会，纪念优秀的马克思主义文艺战士、中国新文化运动的先驱者之一和文艺界卓越领导人阳翰笙诞辰一百周年。

1月 长篇小说《一腔废话》由中国工人出版社出版。小说主要讲述一个名叫"五十街西里"的地方中的各色人等，比如修鞋的、卖肉的、搓澡的、卖菜的、捡破烂的、卖杂碎汤的、歌舞厅三陪等等，他们在时空错置中不断变换身份，行走于历史与现实之间，不断寻找人们变疯变傻的主要原因。在现实生活中，他们尝尽了各种酸甜苦辣，却又超越了现实规定性。在文本中间，刘震云频繁运用夸张、变形、隐喻等各种技法，有效颠覆了时空逻辑，打破了叙事因果关系，真实呈现出现实生活的游戏性、虚拟性和荒诞性。可以说，刘震云"放纵想象，沉醉内心，以嘲讽的语调质疑现实的生存，以荒谬的形式

《一腔废话》封面

凸显存在的本质。这使得它既虚泛又灵动，既荒诞不经又直指真实，既凌乱无序又布局严谨"①。在看似"一腔废话"的唠叨叙述中，却折射出刘震云对现实生存状态的无限忧虑。在小说中，刘震云运用了反讽手法呈现了人性的乖张、生存的悖谬以及世界的荒诞。比如，老杜和老蒋都想通过老马的外出远行寻找，分别为自己成为"五十街西里"的实际统治者制造托词，但最终结局都是被现实残酷地淘汰出局；女主持人企图按照自己的预设目标让老冯配合搞一场"恳谈"电视节目，然而在具体"访谈"过程中，老冯却运用种种手段让女主持人当众脱下衣服，从而使女主持人陷入了尴尬境地；老郭成为梦幻剧场的导演之后，极力想让卖菜的小白举办一个模仿秀表演，但是小白模仿的并不是那些明星大腕，而是在歌舞厅当三陪女的小石，后来，随着模仿秀的不断深入，小白毅然放弃了早期的模仿愿望，终于回归到卖菜的小白自己，而使老郭的导演目的最终失败；在辩论赛进行过程中，主持人老侯被正方辩手三陪女小石和反方代表老杨搞得不可收场……事实上，在"五十街西里"这一充满"魔幻现实主义"的特殊空间中，并不存在真正意义上的变疯变傻。之所以出现这些奇怪称谓，基本都是强势者对他们进行硬性认定的直接结果。正如洪治纲所说："他将一个卑微的、被彻底忽视了任何存在意义的人群推向某种权力意志或神力意志的巅峰，让他们在似于诡辩术的过程中斗智斗勇，最

---

① 洪治纲：《一个怀疑论者的内心独白》，《大家》2001 年第 5 期。

后失败得面目全非。"①

　　在故事结尾，为了能够拯救"五十街西里"，以及最终寻找到制造他们"疯傻"的根本原因，真正的导演水晶金字塔不得不派出自己的三个姐姐，其中，她们"一个信佛，一个信基督，一个信真主"。"尽管这部小说名为《一腔废话》，尽管小说中也确实在滔滔不绝地说废话，但《一腔废话》真正要说的是'不说'，或者说，它滔滔不绝地说出了绝对的'沉默'。"②"《一腔废话》在叙事方式上彻底打破了客观时空的一维性，使时间失去了在现实生存中的任何制约作用，空间也变成了一种虚设的人生舞台。所有的话语，都来自作者对自我内心生活的激活，都膺服于创作主体的主观想象。在很长一段时间，我一直对中国当代小说家的想象能力持以某种怀疑的态度。因为当我读卡尔维诺，读胡安·鲁尔福，读君特·格拉斯，读福克纳，我总是被他们那种丰沛的想象击打得无地自容，而当我读中国作家的作品，却无法洞悉那种想象的美妙。我们感受到的，只是对经验的重复，对常识的依恋，对记忆的忠实贞贰。现在，刘震云以及少数晚生代作家，终于让我看到了这种蜕变的希望。"③

　　5月　散文《散点透视》发表于《时尚》第5期。

　　①　洪治纲：《一个怀疑论者的内心独白》，《大家》2001年第5期。
　　②　李敬泽：《结束于沉默——读〈一腔废话〉》，《大家》2001年第5期。
　　③　刘震云：《一腔废话》，中国工人出版社，2002，封底。

本年度重要论文：

姚晓雷：《故乡寓言中的权力质询——刘震云故乡系列小说的主题解读》，《文学评论》2002 年第 1 期。

摩罗：《喜剧姿态与悲剧精神——从王朔、刘震云、王小波谈起》，《社会科学论坛》2002 年第 1 期。

张霆：《故乡历史的两种言说——〈白鹿原〉与〈故乡天下黄花〉的比较解读》，《当代文坛》2002 年第 1 期。

周罡：《乡村叙事：戏谑与重构——论刘震云"故乡"系列的戏谑品格》，《小说评论》2002 年第 3 期。

周罡、刘震云：《在虚拟与真实间沉思——刘震云访谈录》，《小说评论》2002 年第 3 期。

王爱松：《日常生活叙事的双重性》，《文艺评论》2002 年第 4 期。

梁鸿：《试论刘震云小说的闹剧冲动》，《河南社会科学》2002 年第 6 期。

2003 年　46 岁

3月，李佩甫的长篇小说《城的灯》在长江文艺出版社出版。

同月，迟子建获澳大利亚"悬念句子文学奖"。

4月9日，著名剧作家吴祖光在北京逝世。

5月，牛汉获马其顿政府颁发的"文学节杖奖"。

6月，贾平凹获法国文化交流部颁发的"法兰西共和国文学艺术荣誉奖"。

7月，杨绛的新书《我们仨》由生活·读书·新知三联书店出版。

8月14日，《曾国藩：血祭·野焚·黑雨》（唐浩明）、《梦断关河》（凌力）、《张居正·木兰歌》（熊召政）、《汴京风骚：晨钟卷·午朝卷·暮鼓卷》（颜廷瑞）、《乾隆皇帝》（二月河）获首届"姚雪垠长篇历史小说奖"。

10月10日，著名作家李锐、张石山辞去山西省作家协会副主席职务并退出中国作家协会。

11月19日，著名文学家、翻译家、教育家、华东师范大学中文系教授施蛰存在上海逝世。

11月25日，文学巨匠巴金诞辰100周年，国务院授予巴金"人民作家"荣誉称号，中国文化界举行了多种形式的庆祝活动。

12月5—7日，中共中央召开全国宣传思想工作会议。

12月22日，中国作家出版集团在北京正式挂牌成立，这是经中央有关部门批准的中国首家大型专业性文学出版集团。新成立的集团由中国作家协会领导，由作家出版社、《文艺报》、《人民文学》、《诗刊》、《民族文学》、《中国作家》、《小说选刊》、《作家文摘报》、《中国校园文学》、《环球企业家》和中国作家网等11家单位组成。

3月 散文《童年读书》发表于《语文教学与研究》第6期。

12月18日 冯小刚任导演、刘震云任编剧的电影《手机》正式搬上荧幕。影片主要讲述担任访谈类电视节目《有一说一》的主持人严守一的故事，严守一事业可谓如日中天，在一个偶然机会忘记带手机上班，被妻子于文娟发现其和陌生女子之间的重要秘密。影片保留了小说故事的原型，男主人公严守一是《有一说一》这个谈话节目的著名主持人，围绕着手机讲述了一段纠结的都市情感故事，揭示了当今社会存在的现实问题。刘震云在小说中塑造了于文娟、沈雪、伍月等三位女性人物形象。

"她们分别代表了现代社会中女性的三种不同生存状态，但是这三个女性都是受到伤害的，并没有摆脱弱者的地位，不同仅仅在于对男权社会、男性带来的伤害她们采取了怎样的态度和怎样的做法来维护已经觉醒了的自我意识。刘震云并非女权意识的代言人，作品的意义在于对生活真实的揭示，这种揭示是勇敢的，却也是残忍的，引发的思考也应该是深入的。"① 另外，电影的叙事性与叙事风格往往比小说更为精简和多变，在小说中作者刘震云叙述了多元化的主题，包括家庭与婚姻、社会身份的争斗、文化阶层的沉沦、科技发展的负面影响、背叛与谎言，这些元素使小说的叙事风格具有了多样性，由最初的沉闷、肃穆（因为手机谎言的揭穿）转变成嘲讽、戏谑的文风。而改编后的电影在叙事上则与小说文本形成了良好的互动，两者的配合使影片更具表现力，更能触动观众的内心世界。可以说，手机在给严守一带来快乐和爱情的同时，也直接带来了婚姻危机，这是一部让人笑过之后感到浑身发冷的进而引起深度思考的影片。"严守一的尴尬处境以及他最后表现出的对于现代科技文明的恐惧与逃避似乎也有意无意地触动了现代都市人在冷峻的外表下依然温热而柔软的心灵。在都市的喧嚣中，人之为人的意义逐渐被日益高涨的物欲悄然置换，在现代文明的欲望列车上，人如傀儡般地被裹挟，跟跄而行，注定了还会在某个不

---

① 黄怀平：《三种存在方式的共现——电影〈手机〉的女性主义文学阐释》，《陕西师范大学学报（哲学社会科学版）》2004 年第 A1 期。

知名的车站如尸首般被抛下。"①

《手机》封面

同月　长篇小说《手机》由长江文艺出版社出版。《手机》先有电影剧本，后有小说文本出版。小说主要讲述电视台谈话类节目主持人严守一与原配于文娟、情人伍月、新女友沈雪等之间的感情纠葛问题，人与人之间的感情关系围绕着"手机"展开。手机表面是一个通信工具，背后却充斥着许多谎言，这显示出现代人精神上的焦虑与迷失。客观来讲，手机是我们现在日常生活中的交际工具，也是有效衔接人与人之间关系的重要媒介。在小说中，手机却出人意料地成为谎言交集的关键地带，刘震云非常巧妙地运用手机作为谎言的集结地，以表现知识分子的另外一面。只要有一个谎言出现，就需要使用无数个谎言来尽力掩盖。手机就是上述矛盾的纠结点，所有的社会场景以及心理矛盾都在这个纠结点上呈现出来。在小说中间，刘震云确实显示出他对典型人物形象心理把握的基本功力。"首先小说和电

---

　　①　魏鹏举：《现代困境与主体责任——电影〈手机〉所引起的信任危机反思》，《文艺理论与批评》2004 年第 3 期。

影不一样，电影的结构重视手机在时代的作用这一部分，而小说里，这只是其中的一部分；另外一部分是严守一小的时候和他爷爷的事。其实小说里不只是写手机，主要是写人的说话，是三个不同的话语时代。一个时代是严守一小时候他爹的说话的样子：一天说不了十几句话，慢吞吞的。第二部分写严守一说话的时代，语速快，话语量大。因为他是一个以说话为生的人，什么东西变成以它为生，就成为工作，就会变为推销的商品。成为商品后，就离真正的话语远了。严守一的节目叫《有一说一》，以说真话见长，其实，《有一说一》的本身就是一个商品，当把它推销给观众时，《有一说一》就是商品化的'有一说一'了，这时，它话语的真实度就很让人怀疑了。第三部分写严守一话语的物质来源。这是因为一句话通过千山万水的传递发生了错误，就使得严守一他爷找的是这个姑娘而不是那个姑娘。找'错'了姑娘就生下了'错误'的爹和'错误'的严守一——这就是严守一的生命来源。"① "《手机》热卖后，'小说＋电影'的跨界操作、双轨运行模式基本在刘震云的创作（包括构思、书写、宣传、推广等）中固定下来。与之相应的是，他对幽默的运用和书写手段，包括'不是……而是'的缠绕叙述，也日趋风格化。这是刘震云对和平岁月大众趣味、日常审美的创造性满足与贡献。"②

---

① 张洁：《刘震云：手机的"语速"》，《人民论坛》2004年第3期。
② 李丹梦：《乡土与市场，"关系"与"说话"——刘震云论》，《中国现代文学研究丛刊》2021年第10期。

与此同时，小说《手机》也成为许多文学批评家深度反思的重要文本。正如秦剑英所说："手机是信息社会里技术的象征，极大地方便了人们的日常生活，满足了人们对信息的巨大需求。但技术是一把双刃剑，既能造福人类，又能给人类带来灾难。手机也一样，它在使人们的信息传达越来越准确而迅速的同时，又制造了人们之间更多的误解与隔阂。对于严守一和费墨来说，手机最终带给他们的都是痛苦。技术把人与人之间的距离拉得很近，但又把人与人之间的距离推得很远。信息化技术越来越发达，人与人之间心灵的沟通却变得困难起来，在信息化社会里情感的交流又成了一个难题，这也是信息化社会里人们普遍经历的尴尬境遇。通信技术的发达并没有如人们原先想象的那样美好，反而由于交流过于方便，极大地将时空进行压缩，实现了零距离零时差的'实时监控'，就'近得人喘不过气来了'。人们通过手机或电话或短信编织着应付交际的谎言，掩饰着生活中真实的自己，事实上同时也就失去了讲述真话的权利。"① 值得注意的是，部分文学评论家围绕着小说《手机》给出迥然不同的评价，李建军说："这部小说是一个被同名电影挤压得扭曲变形的文本。它虽然具有小说的形式，但是本质上依然是烙有'冯氏'徽章的电影剧本。它不仅缺乏小说的文学品质，而且，还缺少一个深刻的主题。如果我们一定要给这部缺乏深度的小说概括出一个可能的主题的话，那么，这个

---

① 秦剑英：《从〈手机〉看刘震云小说叙事策略的转变及主题的多元性》，《中州学刊》2006 年第 2 期。

主题似乎只能是：手机给人们提供了交流和沟通的方便，但也因其便于随时询唤，严重地挤压了私人空间，从而导致人们以伪陈述（即说谎）来逃避突如其来的询唤，并最终造成被询唤者的情感紧张和道德扭曲。如果这个主题能得到有力量的表达，那么，这部小说将有助于人们反思一种高度现代化的通信工具的弊端。然而，刘震云对这个主题不感兴趣。他的眼光很快就滑向另外的地方。他把人们的注意力吸引到了男女之间的那点小事情上去了。他把自己的趣味、想象力和兴奋点，统一、化约到了冯小刚的道德视境和价值水准上。"①

本年度重要论文：

李继伟：《刘震云：权力场上的人性探寻者》，《湖北大学学报（哲学社会科学版）》2003 年第 1 期。

冯清贵：《中国狂欢化诗学的建构——评刘震云小说〈一腔废话〉》，《当代文坛》2003 年第 2 期。

吴茂林：《矛盾地带：还原与反讽之间——刘震云小说创作小论》，《当代文坛》2003 年第 2 期。

王为生：《鲁迅、刘震云历史小说比较论》，《徐州师范大学学报（哲学社会科学版）》2003 年第 3 期。

姚晓雷：《"侉子性"——河南乡土小说呈现中的一种民间个性》，《当代作家评论》2003 年第 3 期。

---

① 李建军：《尴尬的跟班与小说的末路——刘震云及其〈手机〉批判》，2004 年第 2 期。

2004 年　47 岁

1月6日，巴金获2003年度的"文学先生"称号，杨绛摘得2003年度"文学女士"桂冠。

同月，阎连科的长篇小说《受活》在春风文艺出版社出版。

同月，著名作家王辛笛、周而复、马烽先后逝世。

2月5日，著名诗人、作家臧克家在北京逝世。

同月，国家新闻出版总署表示，全国现有的568家国有出版社将进行大规模的体制改革，在3至7年内，除人民出版社和各省级人民出版社以外，其他所有出版社都将转型为经营性企业体制。

同月，余秋雨等作家入榜《福布斯》杂志"2004年中国名人榜"。

4月4日，新华社报道：国务院近日批准中国出版集团转制为中国出版集团公司，主要成员包括人民文学出版社、商务印书馆、中华书局、大百科全书出版、三联书店、新华书店、中国图书进出口总公司等12家出版发行单位。原属中国出版集团的人民出版社仍保持事业单位性质。

4月18日，由南方都市报和《新京报》联合举办的第二届"华语文学传媒大奖"颁奖。莫言获得2003年度杰出成就奖。

6月9日，《鲁迅全集》修订工作委员会宣布，《鲁迅全集》修订工作结束。目前的修订工作从2001年6月正式启动，以1981年版为基础。新版《鲁迅全集》由原来的16卷增至18卷，其中，创作10卷，书信4卷，日记3卷，索引1卷，总字数约700万。

7月，余秋雨在《收获》杂志第4期上选载自传"童年"及"文革"两卷，随后推出传记《借我一生》。

同月，刘庆邦的长篇小说《平原上的歌谣》在《当代》第4期发表。

9月19日，中国内地第一个文学节——"北京文学节"开幕。

11月11日，著名美学家、雕塑家王朝闻逝世。

12月9日，山西省作家协会恢复赵树理文学奖，同时启动长篇小说特别奖评选。

1月16日　长篇小说《手机》作品研讨会在北京举行。著名文学批评家何镇邦、陈晓明、李敬泽、白烨、孟繁华、贺绍俊、施战军、阎晶明、梁鸿、梁鸿鹰、彭学明、胡平等参加会议，并分别作主题发言。

同月　《手机》获新浪网2003年"年度文学奖"。

同月　获"2003 年度中华文学人物"。

同月　《手机》被《中华读书报》评为 2003 年"年度最佳小说"。

2 月　散文《脱掉外衣》发表于《时代教育》第 6 期。刘震云在文中说："从发表第一篇作品起，我的写作已经有二十多个年头了。与周围的朋友相比，我是一个愚笨的人。我从来没有灵光闪现，写作的提高和变化，是在写作过程中一点一滴顿悟的结果。我一开始以为写作是一条河，后来才知道是一个海。但笨就笨在，在海里游了四十多公里才知道，我身上穿着几层厚厚的外衣。外衣经过海水的浸泡，比我本身的体重还重。这些外衣有些是我自己穿上的，有些是从小别人给我穿上的。时代的、社会的、民族的，哪一件都是东北羊皮袄，海水中拖得我好累呀！这时我才知道，我的写作过程是什么？就是在海水的浸泡中，一件件挣扎着脱掉外衣。麻烦在于，外衣本身也是有生命的，脱掉一件，它还会再长出一件。脱了穿，穿了脱，麻烦死了。这本身也是一种顿悟，这种顿悟促使我像一个疲惫的将军一样，决定重新集结自己的旧部。这时的集结就和过去的揭竿而起不一样了，它有了一个新的角度，那就是让大家和我一起检讨过去。"[①]

3 月　《一地鸡毛》（小说集）由长江文艺出版社出版，主要包括《塔铺》《新兵连》《头人》《单位》。

---

① 刘震云：《脱掉外衣》，《时代教育》2004 年第 6 期。

4月 长篇小说《手机》由台湾九歌出版社出版。

11月7日 在海南新国宾馆金色大厅参加"中国青年文化发展论坛"活动谈到青年问题之时,刘震云说:"作为青年,我觉得每个时代的青年,都不同于别的时代的青年,因为一代青年嘴里吃的东西、手里使用的东西、身上穿的衣服,包括留的发型,和上一个时代的青年完全不一样。我看到台下坐着大学生,我突然感觉自己有点老了,我上大学的时候仿佛还在昨天。我上大学时女同学的头发留得特别长,都是两条辫子,长的能够达到腰际,更长的往下走。男孩子的头发都非常的短,现在在大学生里,我看女孩子的头发比较短,男孩子的头发都比较长。每个时代的青年由于嘴里吃的东西、手里使用的东西、穿的东西、发型不一样,心里想的东西也是非常不一样的,这就叫时代变了。但是有两个是不变的东西,一个是每一个人都有自己的青年时代,另外,青年作为一个时代就像童年时代、中年时代、老年时代一样,非常容易过去,有一个词'青春易逝'。一个人在做事做人的时候,这个人看一天看十天跟看一个月一年跟看十年,做出事情的质量,和他自己本身做人的质量是非常不一样的。因为这个人能够看十年,他心里就能够包含更多的艰难困苦,我觉得所有的欢乐都是建立在艰难和痛苦之后。"[①] "说起文化这个概念,不管是青年,还是老年,我觉得文化里有一个非常重要的元素是语言。不同的语言放在一起比

---

① 《中国青年文化发展论坛——嘉宾访谈》,《中国青年研究》2005年第2期。

较就会出现语种，我觉得任何民族，任何民族的作家，是语种负责的人。我热爱这个民族，我也热爱这个地方的生活，我也热爱生活在其中的人，我热爱我的朋友和朋友之间的情意。我觉得这个民族有不同于其他民族的情感表达方式，我想将小说写得比原来好一些，使我们语种的声音在这个世界更大一些。"①

是年　电影《手机》获第 27 届大众电影百花奖最佳影片奖。

本年度重要论文：

吕永林：《写实不懈与艰难救度——刘震云论》，《当代文坛》2004 年第 1 期。

西元、雪冰：《"文革反思"写作中的存在主义影响——刘震云长篇小说的政治—历史阐释》，《当代作家评论》2004 年第 1 期。

李建军：《尴尬的跟班与小说的末路——刘震云及其〈手机〉批判》，《小说评论》2004 年第 2 期。

梁鸿：《所谓"中原突破"——当代河南作家批判分析》，《文艺争鸣》2004 年第 2 期。

张洁：《刘震云：手机的"语速"》，《人民论坛》2004 年第 3 期。

梁鸿：《论刘震云小说的思维背景》，《中国青年政治学院学

---

① 《中国青年文化发展论坛——嘉宾访谈》，《中国青年研究》2005 年第 2 期。

报》2004 年第 4 期。

党艺峰:《小说叙事空间及其文化意味——刘震云论》,《小说评论》2004 年第 6 期。

徐彦利、李哲:《1990 年代刘震云的另类叙事》,《兰州大学学报(社会科学版)》2004 年第 6 期。

2005 年　48 岁

1月13日，第三届老舍文学奖揭晓，阎连科《受活》等六部作品获奖。

1月28日，著名诗人唐湜逝世。

2月8日，著名杂文家、红学研究专家蓝翎在北京逝世。

3月1日，《全国性文艺新闻出版评奖管理办法》颁布实施。

同月，张炜在《上海文学》第1期发表《精神的背景——消费时代的写作和出版》。

4月，贾平凹推出长篇小说《秦腔》。

5月31日，楼适夷诞辰100周年纪念座谈会在上海鲁迅纪念馆举行。

同月，王安忆长篇小说《遍地枭雄》出版。

6月2—5日，"新世纪文学五年与文学的新世纪"研讨会在沈阳师范大学召开，会议提出并论证了"新世纪文学"的概念。

6月26日，第三届鲁迅文学奖颁奖典礼在深圳举行，毕飞宇的《玉米》等六部作品获中篇小说奖。

6月26—27日，中国当代都市文学研讨会在深圳召开。

6月30日，著名书法家、文史学家启功在北京逝世。

7月9日，著名作家陆文夫在苏州逝世。

7月20日，著名作家严文井在北京逝世。

7月26日，第六届茅盾文学奖颁奖典礼在浙江乌镇举行，熊召政的《张居正》、张洁的《无字》、徐贵祥的《历史的天空》、柳建伟的《英雄时代》、宗璞的《东藏记》分别获此殊荣。

8月，余华推出长篇小说《兄弟》（上）。

9月15日，冯至诞辰100周年纪念座谈会在北京举行。

10月17日，著名作家巴金在上海逝世。

11月18—22日，"全国校园文学论坛"在深圳举行。

11月26—27日，"全国打工文学论坛"在深圳举行。

同月，新版《鲁迅全集》在人民文学出版社发行。

12月1日，中共中央决定胡振民任中国文学艺术界联合会党组书记，免去李树文的中国文学艺术界联合会党组书记职务。

4月 《那些微小又巨大的人》（小说集）由台湾九歌出版社出版。

8月 《刘震云自选集》（小说集）由现代出版社出版，主要包括《故乡天下黄花》《故乡相处流传》。

本年度重要论文：

姚爱军：《信息化时代的一个文化符码——评〈手机〉》，《名作欣赏》2005年第1期。

姚晓雷：《刘震云早期小说文本的再解读》，《齐鲁学刊》2005年第2期。

李丹梦：《乡土理念的嬗变与持守：话语·价值·权力——析"中原突破"的深层意蕴》，《上海文学》2005年第2期。

叶君：《意义的流失——刘震云故乡系列小说的一种解读》，《贵州师范大学学报（社会科学版）》2005年第2期。

陈振华：《异化·沉沦·荒谬——刘震云小说"存在"主题阐释》，《晋阳学刊》2005年第4期。

孙先科、黄勇：《"鸡毛与蚂蚁"的隐喻：个人的磨损与丧失——对〈一地鸡毛〉中"鸡毛与蚂蚁"意象的精神分析与文化释义》，《名作欣赏》2005年第5期。

2006年　49岁

1月9—11日，中共中央、国务院召开全国科学技术大会，部署实施《国家中长期科学和技术发展规划纲要（2006—2020年）》。

1月12日，中共中央、国务院颁布《关于深化文化体制改革的若干意见》。

1月31日，国务院印发《关于解决农民工问题的若干意见》。

2月24日，著名文史学家张中行在北京逝世。

3月，余华推出《兄弟》（下）。

5月20日，长江三峡大坝全线建成，全长2309.47米。

6月14日，中华文学基金会成立20周年暨第十届庄重文文学奖颁奖典礼在北京举行，邱华栋、东西、梅卓、魏微、吴义勤、潘向黎、李东华、李洱等荣获此荣誉。

7月，莫言获第17届福冈亚洲文化奖。

8月，苏童《碧奴》全球首发，15个国家买下版权。

11 月 10—14 日，中国文学艺术界联合会第八次全国代表大会、中国作家协会第七次全国代表大会举行。孙家正当选为中国文联主席，铁凝当选为新一届中国作家协会主席。

11 月，叶匡政发表《揭露中国当代文学的十四种死状》，引起热议。

12 月，著名作家洪峰宣布退出中国作家协会。

1 月　《一地鸡毛》（小说集）由人民文学出版社出版，主要包括《一地鸡毛》《温故一九四二》。

5 月　《刘震云精选集》（小说集）由北京燕山出版社出版，主要包括《塔铺》《土塬鼓点后：理查德·克莱德曼》《口信》《新兵连》《头人》《单位》《一地鸡毛》《温故一九四二》《非梦与花朵》。

同月　在日华人女作家刘燕子把《温故一九四二》（监修：竹内实）翻译为日文，并由福冈的中国书店出版发行。刘震云说，这部小说的用意决不是要美化抗日战争中日军的侵略行为，而是要通过中国农民的粮食被中国军队夺走，反而由日本侵略军"返还"的奇怪现象，来揭示战争的愚蠢荒谬。他还进一步指出，这部小说还有助于读者理解中国的现代历史进程，因为蒋介石政权的失败原因正在于他无论是在抗战还是在内战之中，都忽视了尊重农民的必要性。

12 月 18 日　以 250 万元的版税收入荣登第一届中国作家富豪榜第 25 位。

本年度重要论文：

秦剑英：《从〈手机〉看刘震云小说叙事策略的转变及主题的多元性》，《中州学刊》2006 年第 2 期。

姬杰锋：《刘震云小说创作的困境》，《写作》2006 年第 7 期。

赵勇：《从小说到电影：〈手机〉的硬伤与软肋》，《理论与创作》2006 年第 1 期。

2007 年　50 岁

1月3日，著名诗人蔡其矫在北京逝世。

1月24日，由中国作家协会主办的《诗刊》创刊50周年座谈会在京举行。

6月16日，中共中央政治局召开会议，研究加强公共文化服务体系建设。

9月25日，第三届北京文学节闭幕式暨颁奖典礼举行。林斤澜获得终身成就奖，史铁生获得杰出贡献奖。

10月28日，第四届鲁迅文学奖在绍兴举行颁奖典礼，蒋韵的《心爱的树》等五部作品获全国优秀中篇小说奖；范小青的《城乡简史》等五部作品获全国优秀短篇小说奖；韩少功的《山南水北》等四部作品获全国优秀散文杂文奖；李敬泽的《见证一千零一夜——21世纪初的文学生活》等五部作品获全国优秀文学理论评论奖。

11月1日，李洱的长篇小说《石榴树上结樱桃》在江苏文艺出版社出版。

6月16日 导演王威根据刘震云同名小说《塔铺》改编的电影公映。

7月 散文《不要直腰》发表于《名人传记》（上半月）第7期。

11月17日 参加由长江文艺出版社和《重庆晚报》主办的文化体验系列活动之《名人堂》第四课，并发表"从《手机》到《我叫刘跃进》"的主题演讲。

同月 长篇小说《我叫刘跃进》由长江文艺出版社出版。小说主要描述一个在北京打工的河南民工刘跃进被抢了包，包里藏着一张6万元的欠条。在找包的过程中，刘跃进一脚踏进北京的小偷界，并捡到一个女式手包，里面有一个U盘存有"盖了半个

《我叫刘跃进》封面

北京城"的大地产商严格和国家高层领导贾主任等之间钱权交易及龌龊勾当的录像，此事关涉几条人命，各路人马开始疯狂寻找刘跃进。于是，作为工地厨子的刘跃进顿时成为都市中的重要人物，故事充满着荒诞性和喜剧性。故事被讲述者编织成一张网，细密，盘结，环环相扣。如果把它拆开来看，再加以归类整理，按照寻找的目的大致可以划分为五大类：为了事业，

为了保命，为了生活，为了钱，以及为了好奇心。这 U 盘是严格的，里面存储了一些视频，都是他贿赂贾主任和老蔺的凭证，包括送钱和送女人。"从技巧的角度来看，故事的讲述方式也带着刘震云的印记——绕来绕去，丝绕成了线，线绕成了网，这是刘震云的特点。从小说中可以看到，这种讲述方式与所要表达的主题是相得益彰的，一张荒诞的网罩着刘跃进，罩着所有人。这张网不是事先就有的，乃是大家合力织成的，人与人产生了关系，就是在结网，关系愈错综，网越密实复杂，人的自主性就越小。如此一来，人生的荒诞情形就越清楚。那么，他人即地狱吗？也许可以这样解读，不过，这里可能着重探讨的主题是：人的不自在状态是怎样造成的？是单单由自己造成的，还是由他人造成的？恐怕都不是，抑或二者兼而有之。小说展示的这张网表明，自我与他人合力织就了这张结实的网，罩住自己，也网罗了他人。在这个网中，谁都不自在，谁也别想自在。照此看来，他人即地狱确乎顺理成章了——他人把我绕进困境，我也将他人绕进来，每个人都是别人的'他人'。"① "刘跃进性格的形成既有历史遗传的因素，也是现实无数次侮辱与欺凌的教训带来的结果。作者没有简单潦草地把一切罪恶归于城市文明，来建构一个城乡二元对立的认知模式以缅怀乡土文明的美好，刘跃进的乡土家园显然也是充满了敲诈、蒙骗、自

---

① 姚亮：《论刘震云的"反荒诞"书写——以〈我叫刘跃进〉为例》《名作欣赏》2017 年第 4 期。

欺欺人以及生存艰难。"①

本年度重要论文：

杨士斌：《论道家文化在刘震云小说中的渗透》，《中州学刊》2007 年第 1 期。

廖斌：《从〈官场〉到〈沧浪之水〉——论官场小说在新时期的深化与发展》，《文艺理论与批评》2007 年第 2 期。

苗祎：《传统人格理想的消隐与重建——论刘震云小说中的当代知识分子形象》，《河南师范大学学报（哲学社会科学版）》2007 年第 4 期。

吕永林：《我们离苦难很近，离善良很远——温故〈温故一九四二〉及其他》，《名作欣赏》2007 年第 8 期。

石一枫：《机关算尽——读刘震云〈我叫刘跃进〉》，《当代》2007 年第 6 期。

姚晓雷：《刘震云论》，《文艺争鸣》2007 年第 12 期。

苗炜：《一声叹息——对转型期小林形象的另一种思考》，《电影文学》2007 年第 12 期。

---

① 黄轶：《在"华丽"与"转身"之间——评刘震云〈我叫刘跃进〉》，《扬子江评论》2008 年第 1 期。

2008 年　51 岁

1月3日，著名文艺理论家，原中国文联党组书记、执行副主席林默涵在北京逝世。

1月4日，周晓枫、戴来、谢有顺、温亚军、石舒清、郑小琼、张者七位青年作家获得第十一届庄重文文学奖。

1月22日，中国作家协会主席铁凝当选为中华文学基金会长。

同月，王朔推出《和我们的女儿谈话》。

2月20日，著名作家、北京作家协会名誉主席浩然在北京逝世。

3月31日，著名诗人、学者彭燕郊在长沙逝世。

4月8日，著名翻译家、文艺评论家傅雷诞辰一百周年纪念座谈会在北京人民大会堂顺利举行。

4月24日，复旦大学教授、中国现代文学著名学者、比较文学学科奠基人贾植芳在上海逝世。

4月29日，著名作家柏杨在台北逝世。

5月9日，著名学者王元化在上海逝世。

5月12日，四川省汶川县发生里氏8.0级特大地震。

6月，阎连科长篇小说《风雅颂》在江苏人民出版社出版。

8月8—24日，第29届夏季奥林匹克运动会在北京成功举办。

8月24日，著名作家魏巍在北京逝世。

10月18日，著名导演谢晋在浙江上虞逝世。

10月23日，余华长篇小说《兄弟》获得首届"国际信使外国小说奖"。

10月24日，中国新时期文学三十年国际学术研讨会在济南举行。

同月，贾平凹的《秦腔》、迟子建的《额尔古纳河右岸》、周大新的《湖光山色》、麦家的《暗算》等四部长篇小说获第七届茅盾文学奖。

11月8日，著名诗人、翻译家、英美文学专家袁可嘉在美国逝世。

11月12日，中国文联、文化部、中国作家协会在北京人民大会堂举行周扬诞辰一百周年座谈会。

12月，中共中央决定李冰同志任中国作家协会党组书记。

1月18日 由马俪文导演、刘震云编剧的电影《我叫刘跃进》公映，刘震云在电影中客串了一个小角色。

1月28日 由中央人民广播电台主办、中央人民广播电台文艺之声承办的年度公益项目"雪域书香"活动启动仪式在北京举行。刘震云被主办方特邀为形象大使。

同月　散文《我向往的是"雪山下的幽默"》发表于《晚报文萃》第1期。

3月　长篇小说《我叫刘跃进》由台湾九歌出版社出版。

同月　《一地鸡毛》（小说集）由台湾九歌出版社出版。

5月15日　在井冈山传递奥运圣火并发表火炬手感言。

7月24日　在香港参加名作家系列讲座，并作了"相同的世界，不同的文学"的主题演讲。

8月　散文《纯洁的力量》发表于《杂文选刊》（职场版）第8期。

10月3日　散文《生活就是"一地鸡毛"》发表于《楚天都市报》。

11月20日　电影《桃花运》公映，刘震云在电影中客串了一个角色。

12月　散文《复调的新阶层》发表于《中国企业家》第24期。

本年度重要论文：

黄轶：《在"华丽"与"转身"之间——评刘震云〈我叫刘跃进〉》，《扬子江评论》2008年第1期。

卢焱：《生命的叙述：从写真到媚俗——论刘震云现实生活题材小说的嬗变》，《郑州大学学报（哲学社会科学版）》

2008 年第 1 期。

刘宏志：《"超越主义"与中国生活批判——谈几位豫籍作家的寓言式写作》，《文艺争鸣》2008 年第 3 期。

沈河清：《刘震云早期小说创作指向》，《求索》2008 年第 5 期。

杨士斌：《论小说〈我叫刘跃进〉对道家文化的具象解析》，《郑州大学学报（哲学社会科学版）》2008 年第 5 期。

2009 年　52 岁

1月22日，著名作家、新派武侠文学大师梁羽生在澳大利亚逝世。

3月4日，金庸获2008年"影响世界华人终身成就奖"。

4月11日，著名作家林斤澜逝世。

4月14日，阿来获"第七届华语文学传媒大奖·年度杰出作家"。

同月，张爱玲自传体小说《小团圆》由北京十月文艺出版社出版。

同月，由王蒙、王元化担任总主编的《中国新文学大系》第五辑（1976~2000）30卷，由上海文艺出版社编纂完成，全部出齐。大系第五辑增设了微型小说卷和儿童文学卷，使这两大文学样式正式进入文学大系的殿堂。

6月，金庸加入中国作家协会。

7月11日，著名学者、翻译家季羡林在北京逝世。

7月15—25日，由中国作家协会鲁迅文学院与盛大文学有限公司共同举办的"网络文学作家培训班"正式开班,这是鲁迅文学院首次举办网络作家班,参加本次培训活动的网络作家合计29名。

7月17日,纪念中国文学艺术界联合会成立60周年大会在人民大会堂召开。

9月19—20日,首都师范大学文学院、中国当代文学研究会和《文艺争鸣》杂志社共同举办的中国当代文学六十年国际学术研讨会在北京召开。

10月26日,由中华文学基金会主办的第十二届庄重文文学奖揭晓并在京举行颁奖典礼,本届评委会以无记名投票的方式进行评选,最终,乔叶、徐则臣、李浩、金仁顺、鲁敏、李朝全、李美皆、李骏虎等八位作家获奖。

同月,长篇历史小说《刘志丹》出版。

12月18日,中国作家协会为维护中国作家的合法权益,郑重向谷歌公司发出维权通告。

2月至3月 长篇小说《一句顶一万句》连载于《人民文学》第2、3期。

3月 长篇小说《一句顶一万句》由长江文艺出版社出版。小说主要分"出延津记"和"回延津记"两大部分,分明是对《圣经》故事情节的直接模仿。小说前半部分主要讲述20世纪早期河南农村延津地区,卖豆腐的老杨的儿子杨百利(杨摩西)由于生活窘迫,加上内心孤独苦闷,幻想能够寻找"说得着"

《一句顶一万句》封面

的人。后来，自己的老婆吴香香和邻居老高私奔，养女巧玲又在寻找途中不幸丢失，杨百利最后被迫逃离延津。后半部分主要讲述了杨百利的养女巧玲（曹青娥）的儿子牛爱国，为了寻找与别人私奔的老婆庞丽娜，被迫离开了山西老家，回到了母亲生前朝思暮想的延津，以求获得灵魂安顿。表面上看，牛爱国几乎"重复"着祖先们走过的生活道路。在"逃离故土"和"回归故土"之间，他们始终生活在痛苦的压抑状态，寻找不到安顿灵魂的基本方式。小说中的所有情节关系和人物结构，所有的社群组织和家庭和谐乃至性欲爱情，都和人与人能不能对上话，对的话能不能触及灵魂、提供温暖、纾解仇恨、化解矛盾、激发情欲有关。毫无疑问，老詹是全篇故事情节的关键人物，同时也给小说增添了些许神秘色彩。作为一位意大利籍的外国传教士，老詹在延津鼓励人们信仰天主教，幻想通过宗教来消解人们的各种忧愁，从而获得心灵慰藉。可悲的是，老詹在延津地区传教四十多年，不但地方官员不予支持，而且普通老百姓也冷眼相看。老詹用于传教的天主教堂，就曾经被两任县长小韩和老史霸占。与此同时，延津地区普通老百姓对信仰天主教也没有丝毫兴趣。比如，老詹在鼓励杀猪匠老曾信教之时，老曾说："跟他一袋烟的交情都没有，为啥信他呢？"老詹说："信了他，你就知道你是谁，从哪儿来，到哪儿去。"老曾又说："我本来就知道呀，我是一杀猪的，从曾家庄来，到各村去杀猪。"毫无疑问，老詹和老曾的对话充满了滑稽感，他们并不是在同一层面上探讨问题。

实际上，延津地区仅仅是 20 世纪早期中国农村的真实缩影。这些普通民众在"简单"活着的同时，都幻想能够寻找到真心朋友。在他们看来，只有和那些"说得着"的进行交流，才能完全敞开心扉。比如，杨百利和牛国兴之间经常"喷空"，县长老史和戏子苏小宝夜间手谈，老鲁一个人在心里面默默"走戏"，牛爱国和李昆妻子章楚红偷情之时无话不谈，庞丽娜和姐夫老尚情投意合竟然最后私奔，公鸭嗓老马和猴子现实对话等诸多情节，都是为了寻找到那些"说得着"的人。许多人之所以冲破各种道德禁忌和法律规范，直接目标就是能够和"说得着"的人在一起。然而，这也是要付出惨重代价的。老詹在延津坚持传教四十多年，仅仅发展了八个信徒。当老詹试图用宗教来拯救人们的精神世界之时，却经常遭到各种冷遇。长期压抑和现实困境也让老詹变得憔悴起来："老詹来延津时二十六岁，高鼻梁，蓝眼睛，不会说中国话。转眼四十多年过去，老詹七十岁了，会说中国话，会说延津话，鼻子低了，眼睛也浑浊变黄了，背着手在街上走，从身后看过去，步伐走势，和延津一个卖葱的老汉没有区别。"① 事实上，老詹在延津地区传教期间，几乎没有遇到真正知音。但是，他仍然没有选择中途放弃，直到死亡为止。毫无疑问，老詹的坚持传教精神是值得敬仰的。因此，刘震云说："写《一句顶一万句》的时候，我最大的体会就是写作其实不是写作的事，倾听书里的人物在说什么比作者要说什么重要得多，这个出发点是你对书里人物的尊重。我发现有一些作家、主持人和导演，他们对书里、电影里的人物，包括对节目中的嘉宾，仅仅是一种利用，我看不到他们对书里和电影里的人物有任何的感触。他们可能确实想写一本好书，想拍一部特别好的电影，但是除了懂小说和懂电影外，一定还要懂许多别的东西。有时候他们占尽了书里和电影里人物的便宜，却没见他们自己掏出来一点点真情。而比真情更重要的，是他们自己有什么独特的见识，我们也没有看到。这也是有时候我们对一些书籍和电影失望的一个重要原因。"②

值得注意的是，小说出版后得到许多文学批评家高度赞誉，并一举获得第八届茅盾文学奖。比如，孙郁认为："在这里他把智慧发挥到了极致。小说以白描手法写人间万态，但笔触颇有控制，留下许多空白让人思考。他以睿智的眼睛，看出人世间的荒谬。那些可笑、可叹、可感的存在，都从文字里淡淡流出。宽恕人间、超越伦常的诗意的灵光，暖着读者的心。他这种智性令人欣慰着。生活的诸多不幸，所以还能被克服和超越，大

① 刘震云：《一句顶一万句》，长江文艺出版社，2009。
② 刘震云：《我们缺的是见识》，《理论学习》2012 年第 10 期。

抵因为世间还有智慧所发出的光来。而有光在，我们便充实，便有努力下去的勇气。"① 程德培指出："二元论是刘震云小说叙事的方法论，整部长篇一分为二，出走和回归，既是小说的结构也是认识世界的方法。而小说的内容也是围绕这一结构行走，话多和话少，有话和没话，虚虚实实。剃头的老裴在要杀娘家哥的路上救了杨百顺，而杨百顺在杀赶车老马的路上则又救了来喜，杀人和拯救就这么走到一起来了。还有那具有颇多争议的'一句话'和'一万句话'更是作为彼此对立的东西遭遇了，它们相互揣度，彼此纠缠不休、摩擦不断，以现在流行的话来说，那可是'世界性的邂逅'。事物总是以一种悖逆的方式与我们谋面。坚持一方面又要依附另一方面，离开就意味着回归，记忆是为了忘却，只有相互折磨才能使我们想起我们所生活的一切。"② "这是一部'立人'之作。作者先做了减法，先把小说家和评论家习惯的看人看事的条条框框拆了去。没了这些条框，很多小说家大概就不会写小说了，很多人也不会读小说了，抓了条框，白手描之，刘震云是要'及物'、要触摸条框下兀自跳动的人心。"③ 正如张旭东教授所说："《一句顶一万句》的书名为读者怎样进入作品预先提供了暗示和指引，虽然读者只有在阅读进程中，甚至只能在阅读的终点才能具体领悟

① 孙郁：《刘震云其文》，《前线》2013 年第 4 期。
② 程德培：《我们谁也管不住说话这张嘴——评刘震云的长篇〈一句顶一万句〉》，《上海文化》2011 年第 2 期。
③ 程德培：《我们谁也管不住说话这张嘴——评刘震云的长篇〈一句顶一万句〉》，《上海文化》2011 年第 2 期。

并把握到它们。书名首先向我们表明，这部作品并不是在人物、情节、社会背景和戏剧性矛盾发展及其'解决'的常规框架中运行，而是就其终极性写作手法而言，展现为'一句话'找'另一句话'，'一句'变成'一万句'的语言自身的运动，表现为这种运动建立关系、传递能量和结构经验世界的能力。换句话说，决定这部作品终极文学品质的关系是一种自我关系"，"它们虽不再可能具有古典小说制式所传达的自然与宿命意义上的经验整体和道德训诫，但却也因此得以更灵活深入地同个别的人及其特殊经验的近乎无限的随机性、丰富性与复杂性持续地纠缠在一起。这种纠缠本身具有文学表现的方法意义。现代小说的方法和观念架构，就其概念本质而言，乃是根植于现代世界的物质实体和经验实体之中，并以这种客观现实的内在形式作为其内容。"[①]

4 月 16 日　参加由北京大学中文系主办的"中国作家北大行"活动，并在英杰交流中心阳光大厅发表题为"从《手机》到《一句顶一万句》"的主题演讲。

4 月 23 日　中央人民广播电台文艺之声在王府井书店特别策划"飞扬五月，书香校园"作家进校园大型文化活动，刘震云作为嘉宾出席本次新闻发布会并致辞，谈论自己的"萝卜哲学"。

6 月 2 日　由中国作家协会创研部、人民文学杂志社、长江文艺出版社、北京长江新世纪文化传媒有限公司联合主办的刘

---

①　张旭东：《叙事摹仿的真理与方法：读刘震云〈一句顶一万句〉》，《中国现代文学研究丛刊》2023 年第 4 期。

震云长篇小说《一句顶一万句》作品研讨会在北京召开。著名文学批评家、《人民文学》杂志主编李敬泽主持本次会议。雷达、陈晓明、张清华、张颐武等知名文学评论家参加并作主题发言。与会评论家一致认为，《一句顶一万句》是中国长篇小说创作的重要收获，是一部以原创性书写中国人心，深刻表达中国经验，具有鲜明中国风格、中国气派的重要作品，这部作品的创作对现有艺术思维构成了新的挑战；这是刘震云最具想象力的作品，也是超越自我的最为坚韧的努力的成果；这部小说仍然保持着刘震云奔放的想象力和不羁的风格，用不同时代的两段故事和具有血缘关系的不同时代的普通人的命运，讲述了人生的"出走"和"回归"的大主题，由此试图追问横在东西古今之间的现代中国的"大历史"。看起来故事都有具体的、实实在在的展开，却又异常饱满地充溢了深刻的"寓言性"。

同月　长篇小说《故乡天下黄花》由作家出版社再版。小说主要叙述一个村庄半个多世纪有关权力的历史故事，从开始到结束，权力构成了唯一的、肆行无忌的统治者，其影响着村庄的每一个人，孙殿元、李老喜、许布袋、赵刺猬、赖和尚、卫东、卫彪等是小说主要人物形象。正如姚晓雷所说："小说特意选取民国、抗战、土改、'文革'四个最能代表中国现代史上风云变幻的特殊历史时期来进行表现。它使我们看到，乡土权力向国家权力机制的靠拢是必然的，因为它本来就和时代环境密切相连，或者说是国家权力更迭在乡土民间的派生物。这部小说一开始，就没有了《头人》开始那种自足的民间原始场景，展现给人的直接是和国家权力变更纠结在一起的权力斗争。"①
"当所有行为的出发点都成了为权力而权力、不去考虑至少也是
不必考虑这种权力到底应该为民众负多大责任时,它在运作中
实际上鼓励的只能是人性中最卑鄙、最恶劣的那部分私欲。它
注定了那些在权力运作中能浮出水面的胜利者,通常必然是那
些敢于冒天下之大不韪,敢于强梁民众和欺世盗名之徒。"②
"透过民族近现代社会的历史,作家刘震云洞析的是民族丑恶生
存世相的不断反复。小说中,作家有意以马村村民的视角来旁
观这种荒诞的反复,实际上无声地宣告了种种'庄严正史'的
虚美隐恶的本质。可以看出,作家在这里以个人化的立场成功
地对抗住了官方意识形态进而实现了在平民意识下对故乡(民
族)历史的一种新演绎。"③ 与此同时,刘震云在塑造主要人物
形象之时,综合运用新历史主义的文学创作手法,让历史叙述
在复杂矛盾关系中得到全面彰显,小说反叛意识明显,这既是
对权威的政治——历史话语的反叛,也是对自身文学创作的一
次重要反叛。因此,"《故乡天下黄花》的作者有意识地模糊、
混淆甚至颠倒正、反两派人物间的阵线与界限,摈弃了二元对
立划分,描绘了多元的人物关系。比如还原了原本在乡村占主

---

① 姚晓雷:《故乡寓言中的权力质询——刘震云故乡系列小说的主题解读》,
《文学评论》2002 年第 1 期。

② 姚晓雷:《故乡寓言中的权力质询——刘震云故乡系列小说的主题解读》,
《文学评论》2002 年第 1 期。

③ 张霆:《故乡历史的两种言说——〈白鹿原〉与〈故乡天下黄花〉的比
较解读》,《当代文坛》2002 年第 1 期。

导地位的宗法、血缘关系，家族意识，像李家与孙家的数代恩仇、权力斗争；再现村民中的各种错综复杂的人际关系、历史恩怨，以及互相渗透的阶级关系等，这些关系，并不像简单的阶级关系那样只能推导出压迫/反抗这样简单而明晰的因果关系，因而与'必然性'和决定论思想拉开了距离，这使得所谓正义和非正义、进步和非进步的分野在无形中消弭"①。

同月　王奕开导演、刘震云编剧的电视剧《我叫刘跃进》开始拍摄。

7月23日　由上海比较文学学会主办的中韩著名作家刘震云、崔秀哲作品研讨会在上海外国语大学举行。与会专家、学者与两位作家共同就他们的具体作品与中韩文学的异同展开讨论。其中，上海外国语大学谢天振教授对于作家身后中韩文化的类似背景进行了阐释；上海师范大学杨剑龙教授则从写作方式与描写手段等方面出发，对比分析了刘震云的短篇小说《塔铺》与崔秀哲的《冰炉》，并类比了两位作家在作品中所表现出的追问意识与责任感；长期致力于推进中韩文学交流的韩国小说家、翻译家朴明爱博士指出，两位作家的作品是对于传统小说框架的突破，他们在新形式与新写法上的尝试对于中韩文学各自产生了推动作用。在学者交流之外，刘震云和崔秀哲就各自对于小说写作的理念进行了阐述。最后，刘震云指出，在中韩小说中，对于意识流写作均存在一定误解。意识流并非一种

---

①　黄勇：《土改的两张面孔——〈暴风骤雨〉〈故乡天下黄花〉叙事比较》，《小说评论》2006年第1期。

艺术手法，而存在于每个人的日常思维、理智与逻辑中。脱离叙事框架的写作方式是在形式与内容上的创新，不应过多批判。

7 月 24 日　接受《中国图书商报》记者访谈，有关访谈内容以《手机新文学：无线风光在掌间》为题发表于《中国图书商报》。

同月　长篇小说《手机》由作家出版社再版。

8 月　长篇小说《一句顶一万句》由台湾九歌出版社出版。

9 月　散文《我在德国小镇》发表于《博客天下》第18 期。

11 月 30 日　以 180 万元的版税收入荣登第四届中国作家富豪榜第 16 位。

12 月 3 日　在清华大学做客新人文讲座，并作了"我所理解的文学与电影"的主题演讲。

本年度重要论文：

严运桂：《刘震云小说中知识分子的生存状态思考》，《小说评论》2009 年第 3 期。

安波舜：《一句胜过千年——读刘震云〈一句顶一万句〉》，《出版广角》2009 年第 4 期。

卢焱：《后现代语境下作家的社会责任——刘震云批判角度的嬗变》，《郑州大学学报（哲学社会科学版）》2009 年第 6 期。

张清华：《叙述的窄门或命运的羊肠小道——简论〈一句顶一万句〉》，《文艺争鸣》2009 年第 8 期。

曹霞：《滔滔的话语之流与绝望的生存之相》，《文艺争鸣》2009 年第 8 期。

孟繁华：《说话是生活的政治——评刘震云的长篇小说〈一句顶一万句〉》，《文艺争鸣》2009 年第 8 期，

贺绍俊：《怀着孤独感的自我倾诉——读刘震云的〈一句顶一万句〉》，《文艺争鸣》2009 年第 8 期。

张颐武：《书写生命和言语中的"中国梦"》，《文艺争鸣》2009 年第 8 期。

2010 年　53 岁

1 月 14 日，"中国文学海外传播"工程启动仪式在北京师范大学举行。

4 月 7 日，苏童获"第八届华语文学传媒大奖·年度杰出作家"。

4 月 25 日，郑渊洁宣布退出中国作家协会。

10 月 11 日，《人民文学》启动"非虚构写作"计划。

10 月 19 日，第五届鲁迅文学奖获奖作品产生，其中中篇小说、短篇小说、诗歌、散文杂文、文学理论评论各 5 篇（部）、报告文学有 7 篇（部）获奖。车延高诗歌获鲁迅文学奖，引争议（被戏称为"羊羔体"）。

11 月 23—26 日，由中国作家协会、河南省委宣传部主办的"坚守与突破——2010 中原作家群论坛"在郑州举行。中国作家协会主席铁凝出席论坛并致辞，李佩甫代表中原作家宣读以"坚守与突破"为题的中原作家宣言。

11 月 27—29 日，中国当代文学研究会第十六届年会在海口举行。

同月，《钟山》评出"30年（1979—2009）十大诗人"——北岛、西川、于坚、翟永明、昌耀、海子、欧阳江河、杨炼、王小妮、多多。

12月31日，著名作家史铁生逝世。

1月　长篇小说《一句顶一万句》由香港明报出版社出版。

2月　散文《雨中，想起顾城和谢烨》发表于《半月选读》第3期。

5月10日　导演沈严、王雷根据刘震云同名长篇小说拍摄的电视剧《手机》首播。

5月30日　第一届《人民文学》长篇小说双年奖在浙江慈溪市隆重颁发。中国作家协会党组成员、书记处书记、《人民文学》主编李敬泽，著名作家莫言、刘震云、阿来、苏童、严歌苓等作家、评论家五十多人，共同参加了本次颁奖会。其中，刘震云的《一句顶一万句》、莫言的《蛙》、苏童的《河岸》、严歌苓的《小姨多鹤》、阿来的《格萨尔王》获此殊荣。同时，还举办了慈溪作家作者作品研讨会和文学专题讲座。据悉，《人民文学》长篇小说双年奖是由人民文学杂志社、中共慈溪市委、慈溪市人民政府主办，由中共慈溪市委宣传部、慈溪市文联、慈溪市作家协会等单位承办，旨在表彰当下汉语长篇小说的卓越成就。该奖项每两年颁发一次。评选范围为颁奖年度前两年内在中国大陆首次发表和出版的原创长篇小说，颁奖地点永久定为慈溪市。

6月 长篇小说《故乡天下黄花》由台湾九歌出版社出版。

同月 散文《俺村、中国和欧洲》发表于《人民文学》第6期。

同月 散文《从生活到文学》发表于《上海采风》第6期。

7月24日 参加河南郑州"中原人文讲坛"活动并发表主题演讲。

同月 电视剧《手机》获得由搜狐视频、搜狐娱乐、《综艺报》共同主办的"2010夏季电视剧互联网盛典""最佳网络点击TOP5"奖。

8月13日 电视剧《我叫刘跃进》在山东卫视播出。该剧根据刘震云同名小说改编，主要讲述了一个最普通的进城厨子刘跃进，因为极为偶然的命运，一举改变了贪官、地产商、大流氓等的命运的幽默故事。对于《我叫刘跃进》的故事，刘震云是那么概括的："一只羊，意外地闯入了狼群，最后几头狼自杀了。"

刘震云说的那只"羊"，就是剧中的第一男主角刘跃进，他是个脑子慢半拍却不愚笨的小人物：他是个厨子，不小心丢了一个包，里面装着他的全部财产，他在找包的过程中，无意中又捡到另外一个包，这个包里装着一个U盘，牵涉到上层社会的几条人命，于是许多人又开始找刘跃进。因此，刘震云说："《手机》主要写的是人的嘴和心之间的关系，《我叫刘跃进》写的是羊和狼之间的关系；《手机》里的主人公严守一是一个非常著名的公众人物，刘跃进是一个工地的民工，一个小人物，更能代表大多数。《我叫刘跃进》会比《手机》还好看。"① 不只如此，与电影版"刘跃进"相比，刘震云说自己更喜欢电视剧版的，它不但还原了电影版因篇幅限制被迫删减的情节，而且"这次电视剧拍出了小说的精髓，导演王奕开、演员张立都是我的好朋友，他们拍得很用心，我也很认可"②。

8月18—19日　参加在北京由中国作家协会主办，美国、英国、法国、德国、西班牙、日本、俄罗斯、意大利、荷兰、乌克兰、韩国、埃及等十几个国家汉学家联合举办的"中国文学翻译经验和建议"的主题活动。会上，各国翻译家、汉学家和中国作家一起，就当前中国文学翻译过程中的现状和经验、翻译与汉学、中国当代文学在世界的传播、文学翻译在跨文化交流中的作用等话题展开讨论。中国作家协会主席铁凝在会上作了《心与心的彩虹》的致辞。

9月　散文《写作是世上最容易的事》发表于《语文教学与研究》第27期。

10月4日　参加"瑞士文化风景线艺术节活动"，在瑞士日内瓦大学发表以文学为主题的演讲。

10月23日　参加北京大学中文系建系一百周年庆祝大会，

---

① 《电视剧版〈我叫刘跃进〉热播，刘震云再玩黑色幽默》，《都市快报》2010年8月19日第B13版。

② 《电视剧版〈我叫刘跃进〉热播，刘震云再玩黑色幽默》，《都市快报》2010年8月19日第B13版。

并作发言。

11月 参加《北京文学》创刊60周年庆典纪念活动，并作《你们才是中国文学的脊梁》的主题演讲，该演讲稿发表于《北京文学》第11期。刘震云在演讲中指出："《北京文学》60年能够取得这么丰硕的成绩，是因为《北京文学》有中国文学一代一代的一流的编辑家：赵树理先生、老舍先生、李清泉先生、王蒙先生、林斤澜先生、李陀先生、赵金九先生、陈世崇先生、方明先生、章德宁女士、刘恒，包括现在的杨晓升。20年前我曾经写过一个中篇小说，得到过《北京文学》，特别是对我有帮助的大编辑家陈世崇老师的指教。我在写《单位》之前，曾经到《北京文学》去过一趟，这是30多年以前的事情了。我觉得《北京文学》北大的人特别多，陈世崇老师、傅用霖老师、章德宁老师，那个时候章德宁老师还是如花似玉的少女。写《单位》时，并没有传统小说的写法，没有完整的故事性。《单位》交给陈世崇老师后，我就问他：'小说这样写可以不可以？'陈世崇说：'可以。小说并不一定非要故事性，小说最重要的是它的人物关系，是它的细节。你通过这个小说，可以锻炼你的基本功。'小说发表之后，陈世崇老师还写了一篇评论，叫《单位里发生了什么》。这篇评论对我的影响也非常大，它区分了传统小说和现代小说的三个最大标志：第一个，这个人不一定非此即彼；第二个是对世界的独特看法；第三个是小说中作者的'消退'，这个'消退'到现在我还没有完全完成。《单位》被《小说选刊》选载的时候，我第一次见到李国文老师。李国文老

164

师是我上研究生时的指导老师，对我非常地亲切，我还见到了李敬泽老师，是我的师兄。我想在此代表作家谢谢这些伟大的编辑家，你们才是中国文学真正的脊梁。"①

同月　被《时尚先生》杂志评为 2010 年度"时尚先生"。

本年度重要论文：

梁鸿：《"中国生活"与"中国心灵"的探索者——读〈一句顶一万句〉》，《扬子江评论》2010 年第 1 期。

彭学明：《新写实：概念的错误与实践的收获》，《小说评论》2010 年第 4 期。

汪杨：《我们还能怎么"说"？——刘震云〈一句顶一万句〉读札》，《小说评论》2010 年第 4 期。

赵淑梅：《生活的权力化与权力的生活化——刘震云小说的权力观》，《齐鲁学刊》2010 年第 5 期。

郭少然：《非英雄主义的写实叙事及其意义——〈新兵连〉再解读》，《当代文坛》2010 年第 5 期。

宋剑华：《论〈一地鸡毛〉——刘震云小说中的"生存"与"本能"》，《文艺争鸣》2010 年第 11 期。

马云鹤：《消解孤独的两种方式——浅析刘震云的〈一句顶一万句〉》，《当代文坛》2010 年第 6 期。

---

① 刘震云：《你们才是中国文学的脊梁》，《北京文学》2010 年第 11 期。

2011 年　54 岁

1 月 18 日，由人民文学出版社主办的《当代》长篇小说论坛在京举行。

1 月 21 日，第二届中法文学论坛在中国现代文学馆拉开帷幕。

3 月 15 日，贾平凹、刘心武、阎连科、熊召政、麦家、韩寒、郭敬明、李承鹏等 50 位作家联名发表《"三一五"中国作家讨百度书》，打响了中国作家与盗版侵权的第一战。

3 月 28 日，人民文学出版社成立 60 周年庆祝大会在人民大会堂举行。

4 月 21 日，《人民日报》发表《2010 年中国文学发展状况》。

5 月 7 日，张炜获"第九届华语文学传媒大奖·年度杰出作家"。

7 月，周大新《21 大厦》在《钟山》第 4 期发表。

8 月 20 日，《你在高原》（张炜）、《天行者》（刘醒龙）、

《蛙》（莫言）、《推拿》（毕飞宇）、《一句顶一万句》（刘震云）获第八届茅盾文学奖。

9月15日，《鲁迅大全集》（总计1500多万字）在北京首发。

9月23日，鲁迅诞辰130周年纪念座谈会在人民大会堂举行。

11月22—25日，中国文学艺术界联合会第九次全国代表大会、中国作家协会第八次全国代表大会召开。孙家正当选为中国文联主席，铁凝当选为中国作家协会主席。

12月11日，著名作家柯岩在北京逝世。

12月12日，人民文学杂志社与盛大文学在京公布了"娇子·未来大家TOP20"的最终名单，冯唐、张悦然、笛安、乔叶、鲁敏、盛可以、魏微、葛亮、朱文颖、李浩、王十月、唐家三少、蔡骏、颜歌、计文君、滕肖澜、吕魁、路内、阿乙和张楚位列其中。

1月　散文《我们幸福着大学的幸福》发表于《中国青年》第2期。

2月　《手机》被中国制片人协会评为"最佳原著奖"。

4月　散文《"明星"外祖母》发表于《视野》第7期。

同月　散文《艺术的来源是消遣？》发表于《中国国家旅游》第2期。

5月　受聘中国人民大学文学院教授。

7月 散文《一片叶掉到北大的日子》发表于《教师博览》第 7 期。

8月 长篇小说《一句顶一万句》获得第八届茅盾文学奖。

8月23日 在长篇小说《一句顶一万句》获得茅盾文学奖之后，刘震云首次接受媒体采访。他认为，本届茅奖实行实名制、大评委制的评选机制，使得评选机制更加民主、公正，评选方法的改变使得茅奖评选由一个文学事件变成了一个社会事件。回望本届茅奖的评选过程，刘震云称整个评选形式有点像选超女，看着一轮轮出炉的评选名单，有种像坐过山车般的刺激。

10月15日 参加第三届中意文学比较研讨会第三场作家交流会。笛安、冯唐、万方、梅拉妮娅·玛祖科、费德里科·莫恰、瓦莱丽娅·帕莱拉、多米尼科·斯塔诺内等中外作家参会。在研讨会上，刘震云和多米尼科·斯塔诺内以"爱的审美——东西方之辩"为主题，对中意两国文学作品中的爱情观进行了深度阐释。其中，刘震云对中国古典名著《红楼梦》进行了精辟的分析，他调侃说贾宝玉是贾府中唯一干净的人，成就了一桩爱情悲剧。贾宝玉的爱情没有肉体的欲望，是纯洁的男女感情，但这样一位纯洁的富家子弟最终被贾府的淤泥污染，最终无法战胜强大的封建宗族体制。与《红楼梦》不同的是，意大利文学名著《十日谈》中尽是赤裸裸的男欢女爱。对此，意大利作家斯塔诺内则解释说，人类从神坛走向人坛，始终无法回避人类的本性。走下神坛的人类要回归人性，回归正常，任何形式的教育也不能压制人类的本性。随后，刘震云总结了两部意中文学的共同点：曹雪芹与薄伽丘对爱情的本质认识是相同的，那就是人类对美好生活的追求。

11月21日 以160万元的版税收入荣登第六届中国作家富豪榜第26位。

12月19日 受聘河南大学文学院兼职教授，并作关于文学创作的学术讲座。

12月28日 参加中国人民大学通识教育大讲堂活动，并作了"梦回宋朝：林冲遇见了'拼爹'的人"的主题演讲。

同月 散文《童年读书》发表于《小学教学研究》第33期。

同月 获得《北青周刊》BQ红人榜"年度文化名士"。

本年度重要论文：

程德培：《我们谁也管不住说话这张嘴 评刘震云的长篇〈一句顶一万句〉》，《上海文化》2011年第2期。

程光炜：《〈塔铺〉的高考——1970年代末农村考生的政治经济学》，《上海文化》2011年第2期。

周全星：《〈一句顶一万句〉：言语建构的民间史》，《小说评论》2011年第S2期。

王春林：《围绕"语言"展开的中国乡村叙事——评刘震云长篇小说〈一句顶一万句〉》，《南京师范大学文学院学报》2011年第2期。

姚晓雷：《"都市气"与"乡土气"的冲突与融合——新世

纪以来刘震云的"说话"系列小说论》,《文学评论》2011年第5期。

程革:《中国经验下的乡土另类叙事——评刘震云长篇小说长篇〈一句顶一万句〉》,《文艺争鸣》2011年第16期。

马俊山:《刘震云:"拧巴"世道的"拧巴"叙述》,《当代作家评论》2011年第6期。

2012 年　55 岁

1 月至 2 月，李佩甫的长篇小说《生命册》在《人民文学》第 1、2 期发表。

4 月 23 日，《人民日报》发表《2011 年中国文学发展状况》。

5 月 21 日，在毛泽东同志《在延安文艺座谈会上的讲话》发表 70 周年之际，作家出版社推出了《毛泽东同志〈在延安文艺座谈会上的讲话〉百位文学艺术家手抄珍藏纪念册》。

5 月 23 日，全国各地举行纪念毛泽东同志《在延安文艺座谈会上的讲话》发表 70 周年庆祝活动。

6 月 28 日，由中国作家协会主办的网络文学作品研讨会在京举行。

7 月 26 日，《天香》（王安忆）获红楼梦文学奖首奖。

同月，周大新的长篇小说《安魂》在《当代》第 4 期发表。

8 月 29 日，作为第十九届北京图博会"中国作家馆"河南主宾省系列主题活动的重头戏之一，由中国作家协会和中共河南省委宣传部共同主办的"中原崛起——中原作家群论坛"在京举行。以齐整阵容参加此次系列主题活动的数十位河南籍作家与部分在京评论家共聚一堂，回顾总结中原作家群的创作成就和经验，分析交流河南作家作品的创作风格、文学特色与时代使命，共同展望中原文学的未来。

10月11日，瑞典文学院宣布将2012年诺贝尔文学奖授予中国作家莫言。

11月15日，中共十八届一中全会选举习近平、李克强、张德江、俞正声、刘云山、王岐山、张高丽为中央政治局常委，习近平为中央委员会总书记，决定习近平为中央军委主席。

1月　散文《理让别人讲》发表于《特别关注》第1期。

同月　散文《关于幽默》发表于《语文教学与研究》第1期。

4月16—18日　参加英国伦敦"中国书展"系列活动，并和铁凝、Louise Doughty、莫言、阿来一起作了"中英文学的新视角"的主题演讲。

同月　散文《阿克曼　外祖母和德累斯顿》和《土耳其人和河南胖子》发表于《中学生阅读（高中版）》（上半月）第4期。

5月　《我不是潘金莲》节选部分发表于《花城》第5期。

6月30日　参加"'中国梦'回顾与展望论坛：纪念77、78级毕业30年"系列活动。

7月6—7日 由中华人民共和国国务院新闻办公室、中华人民共和国新闻出版总署、中国作家协会指导，五洲传播中心五洲传播出版社、西班牙三角传媒有限公司承办的2012年中国当代作家及文学作品国际出版（西班牙语地区）研讨会在北京隆重举行。著名作家莫言、刘震云、麦家、李洱、刘庆邦等都分别介绍了自己的新作，并与汉学家、翻译家分别对作品的创作意图、主旨思想、翻译进展情况等进行了长时间的沟通探讨。

8月17日 散文《大"知识分子"》发表于《解放日报》。

8月20日 参加上海书展组委会、上海市新闻出版局等共同举办的系列文学活动，和王安忆、莫言、毕飞宇等茅盾文学奖得主，与上海市作家协会副主席、复旦大学中文系主任陈思和一起探讨文学创作与阅读生活之间的关系。

8月21日 接受《中国图书商报》记者唐追远的访谈，采访内容以《刘震云：想纠正一句话比想说一句话更难》为题发表于《中国图书商报》。

同月 接受记者姜广平的采访，有关访谈内容后以《胡思乱想·胡说八道·冷幽默》为题发表于《西湖》第8期。

同月 长篇小说《我不是潘金莲》由长江文艺出版社出版。

《我不是潘金莲》封面

小说主要讲述农村妇女李雪莲在一个偶然机会怀了二胎，想生下来。为了避免在县城工作的丈夫被开除公职，两人决定先离婚，等到生下孩子再复婚。但是，等到孩子生下来之后，丈夫却已经跟别的女人结婚，并一口咬定当初离婚是真的，还诬陷李雪莲是潘金莲。然而，李雪莲却实在咽不下这口气，开始从县法院告到县政府，从县政府告到市政府，甚至一度告到人民大会堂，前后持续二十年。李雪莲之所以如此上访，直接目的仅仅在于求证一句假话的确是假话，但是最终却变成了真话，逼得自己没法生存下去，竟然以死来收拾残局。刘震云说："因为《我不是潘金莲》是《一句顶一万句》的姊妹篇。《一句顶一万句》讲的是在人群中想说一句话，但把这句话说出去非常困难，这种困难并不是说这句话我说不出来，而是我找不到听得懂我这句话的人，如果能找到他，哪怕飞越千山万水，我也一定要找到他，这是《一句顶一万句》。《我不是潘金莲》讲的是在人群中想纠正一句话，结果发现在人群中纠正一句话比说一句话更困难。书中的主人公想在人群中纠正一句话，就是这个书名，《我不是潘金莲》，但她用了一辈子的工夫，从村里一直纠正到北京，越纠正越糊涂，本来是一件特别小的事，是一个家庭离婚案，最后闹成了大事。"① 作品发表之后，许多文学批评家对其进行多维度阐释，比如，"作品充分说明了'平民'话语的残缺，其背后展现了社会的症结之所在：民间传统

---

　　① 刘震云：《我们缺的是见识》，《理论学习》2012 年第 10 期。

的舆论与官方权势者的打压。具体到小说作品中的人物李雪莲，受着民间和官方的双重压力，一是以丈夫秦玉河为代表的民间压力，他们在篡改着李雪莲的话语，把'假话'当'真话'；一是以各级官员为代表的官方压力，他们不给李雪莲话语权，把棘手问题悬置起来不予解决。诚然，社会若缺少公平、公正和正义，'平民'就没有了话语权，其生存价值的追寻也会困境重重，强大的社会病痛，令人审思，从中也可看出'平民'追寻个体价值和梦想任重而道远"①。"李雪莲的故事是改革时代中国故事的一个缩影，它呈现了普通中国人在日常生活中遭遇不测时可能采取的解决方案，折射出中国社会在现代化进程中人情物理与契约精神混沌共生的状态。小说没有将李雪莲的故事叙述成西方现代主义文学所表现的人对荒诞的生存境遇的反抗，而是经由文本的断续处理生成的悬念，即李雪莲在精神上超越了潘金莲之后如何回归世俗生活，将思考从个人婚姻困境与国家政治伦理的纠结引向了个体的生存之道。"② 当然，也有部分批评家对小说提出不同看法，"阅读《我不是潘金莲》，始终被两种相反的印象撕扯着。一方面，刘震云的这本新作塑造的人物不够丰满，营造的世界不够立体，涉及的问题也不深入，显得非常单薄。另一方面，小说叙事简洁流畅，对话生动风趣，

① 王萍：《个体价值的追寻与审思——以刘震云小说〈我不是潘金莲〉为例》，《文艺争鸣》2015 年第 3 期。

② 李从云：《中国故事中的人情物理——刘震云〈我不是潘金莲〉再解读》，《江汉论坛》2019 年第 4 期。

很多日常细节仿佛从生活中直接拿出来的，故事中的人和事须眉毕现，惟妙惟肖"①。

同月　长篇小说《我不是潘金莲》由台湾九歌出版社出版。

9月1日　在北京首都图书馆参加"大气人生——文学豫军读者见面会"系列活动，与河南著名作家周大新、李佩甫、柳建伟、何弘、王剑冰、张宇、南丁等人一起对谈文学。

10月19日　在北京师范大学文学院作"从《我不是潘金莲》说起——与北师大学生对谈当代文学"的主题演讲。

同月　散文《我们缺的是见识》发表于《理论学习》第10期。刘震云在文中指出，"我们国家的知识分子，我觉得脑子都挺灵光的，如果说他们出现问题的话，可能出现在眼睛上——知识分子到底能看多远。这里牵扯出一个特别重要的问题，就是知识分子存在的必要性。为什么一个民族，或者说我们人类需要知识分子？整天风吹不着、雨打不着，你在房间里读书，你在实验室里搞科研，这个民族要你干什么？我觉得就是要借用你的眼睛。知识分子的目光应该像探照灯一样，它照射的不是过去，也不是现在，而应该是未来。比如讲，你是一位科学家，苹果掉在你头上，你确实应该发现地球是有引力的。还有像发明蒸汽机、汽车、冰箱等等，这是知识分子应该给我们带来的。那么作为一位研究社会科学的知识分子，你确实应该考虑如何照亮这个民族的未来和未来的道路，而到底我们的知识

---

①　黄德海：《平面化的幽默陷阱——刘震云〈我不是潘金莲〉》，《上海文化》2012年第6期。

分子做了多少呢？"① "比如讲我们上学，知识和知识分子对于孩子的影响是关键的，因为我们的教育是知识分子在把持着。我曾经在我的母校就说过，中国教育最大的问题是中国教育本身就需要教育，我们通过传授标准答案的方式，把一百个孩子变成了一个孩子，但是在有些民族和有些国度，他们却把一百个孩子变成了二百个孩子。如果我们和人家比，不说在其他方面的较量，单是在智力上的较量，或者是对于世界认识的宽度和深度的较量上，我们确实存在一些问题。"②

11月3日　在河北师范大学作"我对文学的理解"的主题演讲。

11月4日　参加在中国人民大学国学馆报告厅举办的第三届世界汉学大会"中外文学获奖者论坛"，与沃莱·索因卡、西格丽德·努涅斯、朱莉亚·李、阎连科、张悦然等中外文学获奖者进行主题对话。

11月29日　以280万元的版税收入荣登第七届中国作家富豪榜第19位。

同日　由冯小刚导演、刘震云编剧的电影《一九四二》公映。刘震云说："当编剧是比作家还困难的职业。作家写作一个人说了算，编剧写作很多人说了算。这样的创作不像写小说那么自由自主；另外，电影受时间的限制。90分钟到2个多小时，

①　刘震云：《我们缺的是见识》，《理论学习》2012年第10期。
②　刘震云：《我们缺的是见识》，《理论学习》2012年第10期。

要完整表达故事，塑造人物形象，心路历程，比小说难。因为小说可长可短，不受篇幅的影响，可以自由地写。"① 客观来讲，作为纪实性调查体小说，《温故一九四二》"因为没有故事，没有人物，没有情节"②，其明显缺乏小说的特点。但是，小说要想成功改编为电影艺术，人物形象是非常重要的叙事元素，倘若脱离主要人物，就无法展开故事情节叙述，也就难以实现电影剧情推进。"小说原著《温故一九四二》在发掘真实史料的基础上辅之以意味深长的虚构，再现了 1942 年河南大饥荒这段长期被遗忘与忽视的中华民族苦难史，这种唤醒公共历史记忆的努力本身就极具启示意义与文化价值。"③ 基于此，编剧刘震云在改编电影剧本的时候，就大胆虚构许多主要人物形象，能够保证故事内容富有吸引力。于是，冯小刚和刘震云经过长期商议，在小说《温故一九四二》的基础之上，大胆虚构范殿元、瞎鹿、花枝、拴柱、老马、地主婆、星星等人物形象，重新增加地主老范、瞎鹿、拴柱等几家人向西逃难的故事情节，才最终形成电影脚本。可以说，《一九四二》的很多电影场景扣人心弦，引人深思，人的复杂性和矛盾性得到淋漓尽致的体现，电影主题得到有效升华。然而，这些人物并不是空穴来风的，而是有效整合《温故一九四二》中的新闻调查资料，比如，老东

① 张英：《刘震云：把写作当做一辈子的长跑》，《新民周刊》2022 年 6 月第 21 期。
② 刘震云：《温故一九四二》，长江文艺出版社，2012，第 3 页。
③ 高涵：《〈一九四二〉：电影与文学的良性互动》，《中国现代文学论丛》，2013 年第 1 期。

家范殿元就是以《温故一九四二》范克俭舅舅为基本原型，他在文中说："挑头的毋得安，拿着几把大铡刀、红缨枪，占了俺家一座小楼，杀猪宰羊，说要起兵，一时来俺家吃白饭的有上千人！"① 而在电影《一九四二》中还原此类情节，以孙刺猬为首的农民开始抢范家的粮食，并且造成了严重秩序混乱，这造成地主范殿元儿子的死亡，有效催生电影戏剧冲突，范殿元的女儿最后沦为妓女的电影情节，也是直接借鉴蔡婆婆的经历。因此，小说和电影之间的真实与虚构关系是非常密切的。因此，"电影《一九四二》增加了一些原著中没有的细节：瞎鹿憨直地孝顺着母亲；东家把珍贵的粮食分给更困难的瞎鹿；拴柱执着地保护着东家的女儿；花枝临走前把自己'囫囵一点'的棉裤换给了拴柱……"② 逃荒的流民图景苦难丛生，惨不忍睹，几乎都是苦难辛酸泪，但他们也是活生生的人，也有着鲜活的人性。

值得注意的是，拍摄电影《一九四二》曾经历曲折复杂过程，由于20世纪90年代初期意识形态的深层次原因，加上电影题材比较敏感，导演冯小刚多次向国家电影局申请拍摄，但都没有得到允许，其根本原因在于"为什么放着那么多好事积极的事光明的事不拍，专要拍这些堵心的事"③？直到2011年，国家电影局才最后批准《一九四二》正式立项，颁发电影拍摄许

---

① 刘震云：《温故一九四二》，长江文艺出版社，2012，第11页。
② 高涵：《〈一九四二〉：电影与文学的良性互动》，《中国现代文学论丛》，2013年第2期。
③ 刘震云：《温故一九四二》，长江文艺出版社，2012，第5页。

可证，前提是"拍摄时要把握住 1942 年摆在我们国家首位的应该是民族矛盾，不是阶级矛盾；第二表现民族灾难，也要刻画人性的温暖，释放出善意；第三，影片的结局应该给人以希望；第四，不要夸大美国记者在救灾上的作用，准确把握好宗教问题在影片中的尺度；第五，减少血腥场面的描写和拍摄"①。经过大约一年时间，电影《一九四二》历经千辛万苦终于被搬上荧幕，社会反响热烈，可谓好评如潮。电影以 1942 年河南大旱灾期间千百万民众外出逃荒的历史事件为背景，主要分两条线索展开叙述："一条是逃荒路上的民众，主要以老东家范殿元和佃户瞎鹿两个家庭为核心；另一条是国民党政府，他们的冷漠和腐败、他们对人民的蔑视，推动和加深了这场灾难。"② 小说《温故一九四二》被导演冯小刚改编成电影《一九四二》，在中国大陆电影市场深受好评，票房收入也相当可观。值得注意的是，在那个物质生活匮乏的时代语境下，《一九四二》的很多电影场景扣人心弦，引人深思，人的复杂性和矛盾性得到淋漓尽致的体现，电影主题得到有效升华。

12 月 5 日　与著名导演冯小刚携新片《一九四二》来到中国人民大学明德堂与大学生见面。一千余名人大学子现场观看了影片并与冯小刚导演、刘震云老师进行了互动。同学们通过观看影片和与主创人员对话交流，增强了对历史、对民族的责

---

① 刘震云：《温故一九四二》，长江文艺出版社，2012，第 5 页。
② 张英：《刘震云：把写作当做一辈子的长跑》，《新民周刊》2022 年 6 月第 21 期。

任意识和悲悯情怀。

12月6日 接受《南方周末》记者张英采访，并以《"黑暗的地方不一定全是黑暗"——〈一九四二〉拍出和没拍出的》为题发表于《南方周末》。

同日 由长江文艺出版社出版的调查体长篇小说《温故一九四二》首发式在北京国家会议中心举行。《温故一九四二》是一部新闻纪实体小说，刘震云以1942年河南大旱灾为社会背景，主要运用当事人访谈和历史调查的方式，真实呈现不同力量对1942年大灾荒的基本立场，深刻揭露社会历史的复杂性和矛盾性。刘震云在《温故一九四二》

《温故一九四二》封面

中借助第一人称"我"的叙述视角，把历史事件重新拉回到现实面前，运用当事人回忆的特殊方式，亲自调查采访灾难亲历者——姥娘、花爪舅舅、郭有运、蔡婆婆等，又紧紧结合历史文献资料《大公报》《豫灾实录》等来有效验证灾难回忆的可靠性。刘震云在小说中把时间和空间进一步压缩延展，把叙事焦点汇聚于蒋介石国民党政府、美国记者、日本侵略者、外国传教士等不同力量，以他们迥然不同的政治立场和救灾态度分别展开叙述，大量引用历史文献和报章新闻材料，对1942年河南大饥荒进行全方位呈现，生动描述历史事件背后的复杂性和悖论性。刘震云通过调查采访以及阅读文献资料，逐渐将碎片化的历史轮廓拼凑出完整清晰的画面，中间重点采访的人物有姥娘、被抓壮丁的花爪舅舅、逃荒过程中死了一家人的郭有运、被迫当妓女的蔡婆婆等。除此之外，小说运用不同视角展现各方对待河南大饥荒的具体看法，比如，蒋介石为什么早期没有重视河南大饥荒问题？在小说中，作者具体交代国际上出现许多重大意义的历史事件，正是在多种力量相互博弈的过程中，饥荒问题似乎已经不能成为当务之急。因此，国民党政府一开始的态度是不承认和不关注。与此同时，外国传教士们从宗教教义出发，基于人道主义立场，不包含任何的政府旨意自发救助灾民群体。但是，日本侵略者的救济初衷可谓带有险恶用心，直接目的就是让民众放弃抵抗，收买人心。一言以蔽之，《温故一九四二》从多条线索展现了河南大旱灾和日本侵略给河南老百姓带来的深重灾难。

刘震云在《温故一九四二》中运用第一人称叙事视角，从不同维度审视 1942 年河南大饥荒，层层分析历史事件的深层逻辑，把碎片化的历史融进文本叙述之中，彰显历史事件背后的复杂性和荒诞性。面对 1942 年河南大饥荒，国民党政府高层和新闻记者之间就出现明显思想分歧，"其实在梦中的是书生，清醒的是委员长。那么为什么心里清楚说不清楚呢？"① 对历史的

① 刘震云：《温故一九四二》，长江文艺出版社，2012，第 19 页。

进一步研究也使得许多答案扑朔迷离，通过层层抽丝剥茧和调查研究，诸多棘手问题的答案也逐渐浮出历史地表。详细来说，由于蒋介石当时面临着同盟国地位问题、抗日问题、国民党内部纷争问题、美军的信任问题等，使得他对待救灾问题上的早期态度是："上述哪一个问题，对于一个领袖来讲，都比三百万人对他及他的统治地位影响更直接。"① 然而，在外国记者曝光狗吃人事件之后，蒋介石的基本立场也不得不发生转变，开始被动发放救灾款项和粮食。值得注意的是，日本侵略者对待河南大饥荒表现出反常态度，在河南灾区大量赈灾，究其实质，日本侵略者的赈灾并不是为了帮助灾民，而是怀有凶险的狼子野心，希望大量灾民放弃抵抗转向日本帝国主义者，"日本发军粮的动机绝对是坏的，心不是好心"② 。与此同时，外国记者白修德是小说文本重要的叙事视角，他的大声呼吁和新闻实践可谓具有特殊意义。为了引起国民党政府对河南灾害的重视，呼吁全社会要竭尽全力进行救灾，"白修德作为一个美国知识分子，看到'哀鸿遍野'，也激起了和中国知识分子相同的同情心与愤怒"③ 。最后，他通过宋庆龄的引荐帮助面见蒋介石，并给蒋介石带来多张狗吃人的照片，将河南的真实灾情告知蒋介石，才有了后来的救灾。外国传教士的做法在当时也是叙事视角的一部分，"尽管美国人和意大利人正在欧洲互相残食，但他们的

① 刘震云：《温故一九四二》，长江文艺出版社，2012，第 21 页。
② 刘震云：《温故一九四二》，长江文艺出版社，2012，第 65 页。
③ 刘震云：《温故一九四二》，长江文艺出版社，2012，第 46 页。

神父在我的故乡却携手共进，共同从事着慈善事业，在尽力救着我多得不可数计得乡亲的命"①。基于人道主义立场，外国传教士为河南灾区广设粥棚，为许多灾民解决燃眉之急，实在令人无比敬仰。

12 月 26 日　由人民文学出版社《当代》杂志举办的"当代·长篇小说年度论坛"在京举行。由与会作家、评论家、媒体和出版社代表等评选出的"长篇小说（2012）年度五佳"分别是刘震云的《我不是潘金莲》、周大新的《安魂》、格非的《隐身衣》、叶广芩的《状元媒》和马原的《牛鬼蛇神》。

12 月 27 日　在杭州师范大学作了"漫谈我对文学的理解"的主题演讲。

同月　《我不是潘金莲》获"中国娇子新锐榜"推委会特别大奖。

同月　电影《一九四二》获"中国娇子新锐榜"年度电影。

同月　《我不是潘金莲》获《北青周刊》BQ"红人榜""年度文学作品"。

同月　电影《一九四二》获《北青周刊》BQ"红人榜""年度经典作品"。

同月　《我不是潘金莲》获腾讯网"2012 年年度好书"第一名（网友投票）。

同月　《我不是潘金莲》获《当代》长篇小说论坛 2012 年

① 刘震云：《温故一九四二》，长江文艺出版社，2012，第 53 页。

度五佳奖。

同月 获得《FAMOUS》杂志"年度作家"。

同月 《温故一九四二》当选新浪"中国好书榜"2012年度十大好书。

本年度重要论文：

梁鸿：《中原作家的意义与可能性》，《小说评论》2012年第2期。

王永祥：《"顶"的奇观——评刘震云长篇小说〈一句顶一万句〉》，《文艺理论与批评》2012年第3期。

谷海慧：《英雄叙事的观念嬗变——论〈新兵连〉对于当代军旅文学史的独特意义》，《解放军艺术学院学报》2012年第3期。

郭嘉：《如此"说话"所谓哪般——评刘震云的长篇小说〈一句顶一万句〉》，《贵州社会科学》2012年第3期。

刘颋：《"三人行，必有我舅"——刘震云畅谈小说之道》，《文艺报》2012年9月19日第3版。

曾军：《拧巴式幽默——民间社会生活视野下的刘震云创作》，《中国现代文学研究丛刊》2012年第10期。

徐兆寿：《人学的困境》，《小说评论》2012年第5期。

徐勇、徐刚：《芝麻、西瓜和历史——评刘震云的〈我不是潘金莲〉》，《文艺评论》2012年第11期。

吕永林：《谁是刘震云小说世界恒久的主人公》，《上海文化》2012年第6期。

黄德海：《平面化的幽默陷阱：刘震云〈我不是潘金莲〉》，《上海文化》2012年第6期。

孙伟：《怎么画也画不成的圆》，《中国社会科学院研究生院学报》2012年第6期。

2013 年　56 岁

2 月 14 日，著名诗人雷抒雁在北京逝世。

3 月，梁鸿的非虚构作品《出梁庄记》在花城出版社出版。

4 月 28 日，中国作家协会召开干部大会，钱小芊同志任中国作家协会党组副书记。

5 月 1 日，第十一届华语文学传媒大奖在广东揭晓。

5 月 18 日，王蒙长篇小说《这边风景》研讨会在北京中国现代文学馆举行。

9 月 2 日，由国务院新闻办公室、中国作家协会和中国外文局联合主办，"中国图书对外推广计划"工作小组、中国翻译协会、中国作家协会创研部和《人民文学》杂志社承办的"2013 中国当代优秀作品国际翻译大赛"启动仪式在京举行。

9 月 29 日，七月派代表诗人牛汉逝世。

10 月 11 日，由河南省作家协会、河南省文学院、河南省诗歌创作研究会、河南省大河文业有限公司共同主办的"第三届中原诗群高峰论坛"在郑州举行。

11月12日，著名诗人、散文家、中国诗歌学会会长韩作荣在北京逝世。

同月，阎连科长篇小说《炸裂志》在上海文艺出版社出版。

12月30日，由人民文学出版社《当代》杂志主办的"当代长篇小说年度论坛"在京举办。贾平凹的《带灯》、林白的《归去来辞》、黄永玉的《无愁河的浪荡汉子》、韩少功的《日夜书》，以及苏童的《黄雀记》获得"年度五佳"。

1月　散文《老汪》发表于《文苑》第1期。

同月　散文《外祖母》发表于《语文教学与研究》第3期。

同月　《在北京大学中文系百年系庆大会上的演讲》发表于《语文教学与研究（教研天地）》第2期。

同月　被中国传媒大学有声媒体语言监测与研究中心及中国广播电视年鉴评为2012年媒体最关注的十大文化人物。

同月　长篇小说《我不是潘金莲》获新华网"2012年度中国影响力图书"奖。

同月　《我不是潘金莲》被香港《亚洲周刊》评为"2012年十大中文好书"之首。

2月4日　电影《一九四二》获第31届伊朗国际电影节最佳编剧奖。

同月　长篇小说《我不是潘金莲》获"尚星阅读榜"2012年好书。

3月　长篇小说《我不是潘金莲》获《南方周末》2012年

中国文化原创榜年度图书。

同月　《我不是潘金莲》获《广州日报》第四届"中国图书实力榜"年度好书。

4月23日　电影《一九四二》荣获第3届北京国际电影节"最佳视觉效果"奖和"最佳影片"奖。

同月　女儿刘雨霖申请获取美国纽约大学电影学院导演系硕士研究生入学资格，推荐人为李安和冯小刚。刘雨霖说："我从小就接触冯小刚老师，王朔老师。从我的家庭来说，从小就不认为拍电影是一个很大的事情。如果是在别人家，它是一个事儿；但是在我们家，它不是一个事儿；就像刘老师经常说的，你作为导演，把电影拍好，就跟电影《一句顶一万句》中牛爱国作为鞋匠，把鞋修好是一样的。只不过你是不是花了你的真功夫，是不是诚心诚意地做了你的作品，就好像你去一个鞋店，看一眼你就知道这个鞋匠是不是用心修了。道理是一样的简单。"[1] "我从小是在国内长大，接受的是东方的世界观和方法论，当然北京电影学院和中央戏剧学院的老师也很棒，但是我当时真的没有犹豫过要去纽约大学学电影。我想去接受西方的世界观和方法论，因为我觉得，如果东西方的世界观和方法论都能够融合，会让我有'第三双眼睛'和对这个世界的看法，有了这个看法，以后看待自己，看待电影，看待生活，看待创

---

[1]　《专访刘震云女儿刘雨霖：感谢我的家庭对我精神上的滋养》，北晚新视觉，2016年11月4日。

作，它就会发出自己不同的声音。"①

　　同月　电影《一九四二》获得第 32 届香港电影金像奖"最佳两岸华语电影"。

　　同月　电影《一九四二》获中国电影家协会第四届"中国影协杯"优秀电影剧本奖。

　　同月　被国家新闻出版广电总局聘为"全民阅读活动形象代言人"。

　　同月　电影《一九四二》获中国导演协会 2012 年"年度电影"奖。

　　5 月 4 日　在纽约大学发表"中国馒头和美国面包"的演讲。

　　5 月 13 日　电影《一九四二》荣获第 20 届北京大学生电影节最佳影片奖。

　　5 月 29 日　在北京国家会议中心参加由法兰克福书展和中国出版集团主办的第二届"故事驱动中国大会"并发表题为"讲故事的艺术"的主题演讲。

　　5 月 31 日　参加西北师范大学主办的"文化名人进校园活动"暨著名作家创作谈。

　　同月　散文《布拉格，面对坦克的英雄》发表于《幸福（下半月悦读版）》第 5 期。

---

　　①《专访刘震云女儿刘雨霖：感谢我的家庭对我精神上的滋养》，北晚新视觉，2016 年 11 月 4 日。

6月1日　参加在兰州大学举行的"雷达的文学评论与中国化批评诗学建设研讨会"。与会者通过研讨认为，雷达是新时期文学的见证者、参与者、推动者，是新时期文学批评具有标志性的独特存在，是第三代文学评论的杰出者，是新时期以来最具影响力的文学评论家之一，他的文学评论影响了新时期以来文学创作的发展。

6月11日　在新疆塔城参加名人名家讲堂活动，并作"文学与时代"的专题讲座。

6月21日　与纽约大学张旭东教授一起受聘河南师范大学特聘教授岗位，并共同作了"文学与现实的距离——当代中国文学创作中的语言动机与社会母题"的讲座。其中，刘震云通过对《红楼梦》《水浒传》《西游记》这三部作品及其主要人物的解读，谈了自身对文学与现实之间关系的认识和对文学作品中的好与坏、美与丑等问题的理解，受到热烈欢迎。

同月　接受央视主持人崔永元的采访，访谈录以《我们的时代最缺乏的是远见》为题发表于《视野》第12期。该文后被2013年第9期《教师博览》转载。

同月　散文《没见识的知识分子》发表于《兰台内外》第3期。刘震云在文中指出："现在有的知识分子是'知道分子'。他从幼儿园小班开始到博士毕业，考试成绩都非常好，别人和他提到的事情，他全知道。但他缺的是见识，是远见。就像我们修马路，往往第二年就要挖开看一看，可能前一年施工的时候，把什么宝贝给落进去了；我们的很多座大桥，寿命超不过

20 年。未必是读过书的人是知识分子，有些不识字的人，见识特别深远，在我看来就是非常好的知识分子。"①

8 月 18 日 电影《一九四二》荣获第 13 届华语传媒大奖最佳编剧奖。

9 月 2 日 参加在中国人民大学举办的中德作家论坛，与德国作家马塞尔·巴耶尔、尤迪特·库卡特围绕"技术、交流与变化"的主题展开对话，其间，刘震云作"创作自由与社会"的主题演讲。

9 月 3 日 参加北京大学 2013 级新生开学典礼，以北京大学中文系 1978 级校友身份发表主题演讲，并且寄语北大要"擦亮北大这盏灯"。

9 月 10 日 与莫言、阿来、苏童一起签约腾讯文学大师团，为网络文学保驾护航。

9 月 28 日 电影《一九四二》获第 29 届中国电影金鸡奖最佳剧本改编奖、最佳摄影奖、最佳录音奖、评委会大奖。

同月 在西北师范大学的演讲稿《文学梦与知识分子》发表于《甘肃社会科学》第 5 期。刘震云在演讲中指出："一个民族为什么需要知识分子？这是需要论证探讨的一个问题，我觉得知识分子最大的作用不仅是过去和现在，更应该是未来，它们的目光应该像探照灯一样，共同聚焦，照亮这个民族的未来。五四的知识分子做到了，他们觉得这个民族衰落，被八国联军，

---

① 刘震云：《没见识的知识分子》，《兰台内外》2013 年第 3 期。

被那么多的外人欺辱、凌辱，为什么？不是因为缺洋枪洋炮，不是因为缺兵舰，缺什么呢？缺思想。所以五四的时候，曾经有一个口号叫'打倒孔家店'，那个时候的知识分子就认为中国没有产生过大的思想家，孔子、孟子、老子和庄子只是发出了一些人生的无用的感叹，这不是我的观点，这是五四的时候，知识分子的感叹，没有产生像康德、叔本华、亚里士多德、尼采、库赛，这些哲学家最大的特点，它是能透过人的层面、生活的层面到达社会政治的层面，能搭建成社会和政治目的的架构。所以他们在寻找思想，到哪里寻找思想呢？到欺负我们的狼那里去寻找思想，所以当时一大批知识分子东渡日本，西去欧洲，有好多党和国家领导人都是从那里过来的。他们去的国家就是八国联军的国家，最后缺的思想找到了吗？找到了。因为现在我们社会的架构并不借助于中国人的思想和哲学体系，而是借助于一个德国的思想家，他是一个犹太人，叫卡尔马克思。所以我看现在欧洲，或者是美国攻击中国的社会制度，其实我们中国人完全可以不负责任，因为这个思想并不是我们发明出来的。在这样黑夜如磐的日子里，我们民族产生了好几位像巨星一样的作家，像鲁迅，鲁迅一辈子塑造了好几个典型的中国人的形象。首先他塑造了一个父亲的形象，就是阿Q，阿Q这个人最大的特点是什么呢？总被人欺负，就说阿Q走到哪都被人欺负，作为一个被列强欺辱的民族里边的一个作者，鲁迅先生一定有切肤之痛。阿Q最大的特点是记吃不记打，打了马上就忘了，不但忘了而且还有精神了。第三个特点呢，特别爱

193

欺负比他弱的人，这个父亲最大的特点是没有老婆。他还塑造了一个母亲的形象，那就是祥林嫂，最大的特点是没有丈夫，有一个孩子哪去了？被狼吃了。她整天的工作是在干嘛？叙述她的孩子是怎么被狼吃了。这是这个时代的作家对他心爱的民族发出来的最深切的悲鸣和同情。他还塑造了一个知识分子的形象，就是孔乙己，最大的特点是穷，那现在中国的知识分子呢，依然是孔乙己，还是穷。"① "一个民族的知识分子除了要考虑这个民族的过去、当下，最重要的是考虑未来。每一个知识分子的眼睛也像探照灯一样，更多的知识分子像更多的探照灯一样，要照亮这个民族的未来。如果这些探照灯全部都熄灭了，这个民族的前方是黑暗的，用孙中山先生的话，'这个民族会跌入万劫不复的深渊'。"②

10 月 24 日　在法国巴黎第七大学孔子学院，与中法汉学爱好者们共同观看电影《一九四二》，并在放映结束后与观众进行了关于影片及文学创作的探讨。

11 月 26 日　参加由墨西哥国立自治大学孔子学院主办的"中国作家论坛"系列活动，这是刘震云首次访问墨西哥。之后，刘震云访墨新闻发布会和签售会在墨西哥国立自治大学外语教学中心举办，揭开了其访墨行程的序幕。刘震云作品西语版译者、墨西哥学院莉莉亚娜教授与现场听众分享了其对于刘

---

①　刘震云：《文学梦与知识分子》，《甘肃社会科学》2013 年第 5 期。

②　刘震云：《我们民族最缺的就是笨人——2017 年 7 月 1 日在北大毕业典礼上的演讲》，《中外文摘》2017 年第 17 期。

震云作品的翻译体会和对其作品的理解和感受。随后，刘震云也在会上与读者及现场文学爱好者分享了此次赴墨感受，探讨中墨文学的共同与相异之处，以及中墨之间的文学和文化交流状况。

11 月 27 日　在墨西哥学院召开主题讲座。其间，刘震云向现场众多的中国文学和文化爱好者介绍了其对于中国文学的认识，以及其作品的创作动机与历程。

12 月 3 日　在中国驻墨西哥大使馆内作了关于中国文学的主题演讲。

12 月 26 日　电影《一九四二》获第 15 届中国电影华表奖优秀剧作奖、优秀故事影片奖、优秀导演奖、优秀电影摄影奖、优秀电影技术奖。

12 月 30 日　《一句顶一万句》获《当代》长篇小说论坛五年（2009—2013 年）最佳奖。

本年度重要论文：

贺仲明、祁春风：《文学本土化的多方位探索——评刘震云的〈一句顶一万句〉》，《百家评论》2013 年第 1 期。

张维：《荆棘后的温情——从〈温故一九四二〉到〈一九四二〉》，《中国图书评论》2013 年第 1 期。

高涵：《〈一九四二〉：电影与文学的良性互动》，《中国现代文学论丛》2013 年第 1 期。

张晓琴：《千年孤独　中国经验——论〈一句顶一万

句〉》，《中国现代文学研究丛刊》2013年第2期。

孙郁：《刘震云其文》，《前线》2013年第4期。

周全星：《论刘震云的故土叙事及其脉络》，《小说评论》2013年第3期。

孙伟：《评刘震云的〈我不是潘金莲〉》，《中国社会科学院研究生院学报》2013年第3期。

白烨：《中国经验与文学的个性表达》，《甘肃社会科学》2013年第5期。

贺彩虹：《试论刘震云小说〈一句顶一万句〉的"闲话体"语言》，《中国现代文学研究丛刊》2013年第6期。

汪树东：《民间精神与荒诞的权力运作机制——论刘震云〈我不是潘金莲〉的叙事伦理》，《海南师范大学学报（社会科学版）》2013年第8期。

李丹梦：《文学"乡土"的历史书写与地方意志——以"文学豫军"20世纪90年代以来的创作为中心》，《文艺研究》2013年第10期。

2014 年　57 岁

1月13日，中国作家协会原党组成员、副主席张锲在北京逝世。

4月9日，由中国作家协会创研部、人民日报文艺部、光明日报文艺部、文艺报、鲁迅文学院共同主办的"中国梦"与文学创作研讨会在京召开。

4月19日，由中国作家协会创作联络部与中国作家协会少数民族文学委员会共同主办的"中国少数民族文学发展工程"首批成果发布会在中国现代文学馆举行。

6月24—25日，第二次中国—西班牙文学论坛在北京举行。

8月18日，由中国作家协会主办的第三次汉学家文学翻译国际研讨会在京隆重开幕。本次会议的主题是"解读中国故事"。中国作家协会主席铁凝，著名作家莫言、麦家，以及达西安娜·菲萨克等汉学家代表现场致辞并发言。

9月27日，著名作家张贤亮在银川因病医治无效去世。

10月15日，习近平在北京主持召开文艺工作座谈会并发表了重要讲话。

10 月 24—25 日，由北京师范大学国际写作中心、北京师范大学文学院主办的"讲述中国与对话世界：莫言与中国当代文学国际学术研讨会"在京举行。

11 月，刘庆邦的长篇小说《黄泥地》在北京十月文艺出版社出版。

11 月 22 日，中国文学批评研究会在京成立。

1 月 13 日　散文《前行者邱华栋》发表于《文艺报》。

3 月 20 日　与著名作家毕飞宇一起在法国巴黎中国文化中心围绕"创作源于生活"的话题进行对谈。

3 月 21 日　参加在法国巴黎凡尔赛门展览中心举行的第 34 届法国巴黎图书沙龙活动，与王安忆、毕飞宇、李洱、孙甘露、赵丽宏、秦文君、金宇澄、袁筱一、小白等二十余位中国当代作家集体亮相书展，并在上海主宾市系列文化交流活动中拓展中国文学"走出去"的国际影响力。巴黎图书沙龙活动是最具影响力的国际书展之一，自 1980 年创办以来，每年举办一次，每次都设有主宾国或主宾市，重点推荐该国该市的文化、图书及作家。上海作为主宾市参加是 34 年来中国第二次成为巴黎图书沙龙的主角。

4 月 26 日　在湖北省图书馆报告厅作"当故事告诉现实——林冲遇到了'拼爹'的人"的主题演讲。

5 月 27 日　参加中国人民大学"通识大讲堂·作家谈创

作"系列公开讲座活动，并发表"当故事告诉现实——从貂蝉到潘金莲"的主题演讲。

同月 散文《中国教育的本身需要教育》发表于《书摘》第 5 期。

6 月 4 日 在中国人民大学文学院作"当现实告诉故事——从《一地鸡毛》到《我不是潘金莲》"的知识讲座。其中，刘震云通过自身的所见所闻，并结合《一地鸡毛》《一句顶一万句》《我不是潘金莲》等相关作品中的人物故事，对文学创作和现实世界的关系进行深入阐述，并鼓励有志于从事文学创作的同学们观察现实、感悟现实，从而创作出立意高远的文学作品，讲出有深度的故事。

6 月 8 日 第 41 届美国奥斯卡颁奖典礼（学生单元）在洛杉矶好莱坞导演工会剧院举行。刘震云女儿刘雨霖所拍摄的故事短片《门神》获得最佳叙事片。据悉，美国奥斯卡（学生单元）设立于 1972 年，与美国奥斯卡学院奖齐名，同是美国电影艺术与科学学院设立的电影奖项。该奖项是美国电影教育界最重要的奖项，代表美国学生电影作品的最高荣誉。

7 月 《我不是潘金莲》荣获香港第五届红楼梦奖（世界华文长篇小说奖）专家推荐奖。

本年度重要论文：

周显波：《走不出语言的层峦叠嶂——刘震云新世纪小说创作一瞥》，《文艺争鸣》2014 年第 1 期。

郝朝帅：《"由虚入实"的"说话"——从〈一句顶一万句〉到〈我不是潘金莲〉》，《人文杂志》2014年第7期。

谢建文：《试论刘震云乡土小说中的多重意蕴》，《河南师范大学学报（哲学社会科学版）》2014年第4期。

徐勇：《现实的表象与名实之惑——刘震云〈我叫刘跃进〉读札》，《长江丛刊》2014年第27期。

崔宗超：《"拧巴"与"绕"：生存伦理与语言逻辑的双重错位——刘震云小说主旨与风格探微》，《小说评论》2014年第4期。

林海曦：《刘震云：中国经验的极端叙述——以〈我不是潘金莲〉为例》，《文艺争鸣》2014年第9期。

张谦芬：《乡村书写的新路向——论〈一句顶一万句〉的民族化表达》，《当代作家评论》2014年第5期。

许相全：《后现代的"鬼火"能否点燃乡土文学的"灯"——以刘震云创作为例》，《当代文坛》2014年第6期。

樊星：《关注"说话"与"说法"的文学——从刘震云小说看一种文学新潮》，《名作欣赏》2014年第31期。

王振军：《巴别塔能否重建——论〈一句顶一万句〉的存在主义诗学》，《河南师范大学学报（哲学社会科学版）》2014年第6期。

左玉玮：《信任缺失的荒诞现实——评刘震云〈我不是潘金莲〉》，《名作欣赏》2014年第12期。

2015 年　58 岁

1 月 13 日，旅美学者沈睿在个人博客上发文《什么是诗歌？余秀华——这让我彻夜不眠的诗人》一文，称余秀华是"中国的艾米丽·帕金森"，自此之后，余秀华也成为网络红人。

同月，迟子建的长篇小说《群山之巅》由人民文学出版社发行。

2 月，电影《狼图腾》上映，姜戎原著同名小说再次引起热议。

3 月 13 日，著名诗人柳忠秧诉湖北省作家协会主席方方侵害名誉权案在广州市越秀区人民法院首次开庭。

4 月 26 日，著名诗人汪国真因患癌症逝世。

同月，青年作家双雪涛的中篇小说《平原上的摩西》发表于《收获》第 2 期。

同月，周大新的长篇小说《曲终人在》由人民文学出版社出版。

同月，何顿的非虚构文学作品《黄埔四期》发表于《收获》长篇小说专号（春夏卷）。

5月18—26日，国务院总理李克强出访巴西、哥伦比亚、秘鲁、智利四国，铁凝、莫言、麦家等随行，出席在哥伦比亚举行的中拉人文交流研讨会。

6月，刘庆邦的长篇小说《黑白男女》由上海文艺出版社出版。

8月16日，第九届茅盾文学奖公布结果。格非的《江南三部曲》、王蒙的《这边风景》、李佩甫的《生命册》、金宇澄的《繁花》、苏童的《黄雀记》等获奖。

8月23日，第73届雨果奖在美国西雅图揭晓，中国作家刘慈欣凭借科幻小说《三体》获奖，这也是亚洲人首次获得此奖。

同月，东西的长篇小说《篡改的命》由上海文艺出版社出版。

10月5日，中国中医科学院研究员屠呦呦因在青蒿素研究中的杰出贡献，获得2015年诺贝尔生理学或医学奖，这是中国科学家因为在中国本土进行的科学研究而首次获得诺贝尔科学奖。

10月14日，习近平总书记在文艺工作座谈会上的讲话发表一周年之际，新华社发布讲话全文。

4月15日　河南省新乡学院成立刘震云研究中心。

5月27日　随中国代表团参加2015年美国纽约书展。

6月　瑞典文《一句顶一万句》被瑞典文化部评为2015年

度上半年六十本好书之一。

同月　《一句顶一万句》有关私塾教师老汪的一段描写成为全国统一高考语文阅读题。

7月　散文《我是个文学青年》发表于《新读写》第7期。

9月21日　中国人民大学首届写作专业硕士班开学。刘震云与阎连科、梁鸿等任授课老师。本写作班属于全日制非脱产性质，学员属于国家承认的正式学术型研究生，但可保留原单位。

10月30日　文学评论《浑水澄清，需要时间》发表于《解放日报》。

11月　由刘震云编剧、刘震云之女刘雨霖执导的电影《一句顶一万句》在河南新乡老家开始拍摄，由毛孩、李倩、刘蓓、范伟、李诺诺、齐溪等主演。在谈及演员的具体表现之时，刘雨霖说："其实是跟所有演员的一个沟通。首先是基于一个共识，我们都喜欢里面的人物，都爱这个剧本；第二，我们也达成一个共识，就是要花笨功夫来准备这个电影。所有的演员都是提前两三个月去体验生活，这在目前的中国，是很罕见的。所有的演员，一招一式、一举一动和一颦一笑，都已经变成了牛爱国、牛爱香、宋解放、庞丽娜等人物，所以真正到拍的时候，就是一个开机和关机的过程。"① 该片取材于刘震云的同名小说，这是刘雨霖的第一部正式电影长片，她将该片定义为

---

① 《专访刘震云女儿刘雨霖：感谢我的家庭对我精神上的滋养》，北晚新视觉，2016年11月4日。

"一部类似《一次别离》的中国电影"。电影《一句顶一万句》依照电影艺术的基本原则对原著做了"减法"改编。"小说体量太大，我吃力的地方在于前期的选择。我也很现实，《一句顶一万句》这部小说的上部分《出延津记》发生在民国，这个我肯定不能拍。对于置景和资金这些方面，我的把控有限。我要在我的能力范围之内，就是拍现代的故事，就是牛爱国和牛爱香这条线，讲他们心中的情感。"① 就人物设置来看，舍去了诸多与"中心事件"关联度不大的人物，只推出了牛爱国、庞丽娜夫妇，牛爱香、宋解放夫妇的爱情婚姻故事，体现出了迥异于小说原作的叙事效果。影片讲述的是因女主角庞丽娜出轨婚纱店老板蒋九而引发的婚姻悲剧。但是细细考量却发现，并不是出轨引发了婚姻悲剧，而是婚姻出了问题之后，庞丽娜才试着去接触了蒋九，结果发现两人"说得着"，由此才有了牛爱国在宾馆抓住现行的结果。之后的庞丽娜便背上了"破鞋"的骂名，甚至连自己的亲生女儿也不敢见，小女儿在学校跟人打架被人抓伤这一细节更是凸显了一个婚姻有过污点的女性面临着怎样的尴尬境地。导演为了加大批判的力度，故意设置了蒋九的富人身份，他有能力带着庞丽娜去高档的餐厅吃饭，去高档的酒店旅行，而反观牛爱国，他去参加富人聚会一句话也不敢说，他跟踪老婆到酒店之后却因昂贵的住宿费而选择在门外偷听。除此之外，导演还故意设置了一个情节，那就是庞丽娜的理想

---

① 《专访刘震云女儿刘雨霖：感谢我的家庭对我精神上的滋养》，北晚新视觉，2016 年 11 月 4 日。

是去欧洲旅行，这些似乎都指向庞丽娜的出轨是出于对物质欲望的无限追求。

小说是一种语言的艺术，影视是一种影像的艺术，尽管两者之间存在着多重关联，譬如皆涉及人物、故事、主题等，但不可否认的是，影视在当下更多的是作为"大众艺术"而存在，而小说尤其是某些富有"个性"的小说，只能是作为"小众"服务对象。正是在这一意义上，刘震云说："从属性上说，我的小说和电影是完全不同的，或者说，我的小说不适合改成电影。"何以如此？"因为改成电影就需要基本的电影元素，比如相对完整的故事、跌宕起伏的情节和生动的细节。人物也要相对集中，电影中的主要人物最多不超过三个。我的小说基本上是相对碎片化的写作，没有完整的故事，更没有起承转合的情节。"①"当小说被改编成电影后，到底会影响到小说里面多少特性。特性也包括几个方面：首先是小说的精神实质，还有故事和人物……我认为改编后对这些方面产生影响和伤害是对的，没有影响和伤害小说的电影不是正常的，因为小说和电影是完全不同的。"② 但是，导演刘雨霖对此却具有不同看法："虽然是基于小说而改编，但到电影的时候它就是另外一个孩子了，这个孩子有自己的长相和命运，和原来的母体没有多大关系。

---

① 沈嘉达、沈思涵：《"减法"原则、叙事效果与电影改编——〈一句顶一万句〉小说与电影比较》，《电影文学》2021年第1期。

② 沈嘉达、沈思涵：《"减法"原则、叙事效果与电影改编——〈一句顶一万句〉小说与电影比较》，《电影文学》2021年第1期。

所以拍成影视剧对原著并不是消耗，因为它完全变成了另外一种生物。"① "《一句顶一万句》原小说也描绘了一种人性的隔膜与孤独，但是那是几百个鲜活人物所组成的真实人生，人与人之间、事与事之间有着来龙去脉，有着各种原委，因此人物的悲剧性命运并不显得生硬。电影因为容量的限制以及迎合卖点的要求，只能截取最富戏剧冲突的部分来进行演绎，为了刻意制造冲突，不得不进行夸张的表述，将种种生活的艰辛与残酷集聚到某一角色身上，由此造成了悲剧的过分夸大化。或许是怀着一种急功近利的心态，抑或是为了贴近大荧幕的表达，影片没有完全呈现原著，只是截取了最具卖点的关于婚姻破裂和男女出轨的故事。电影主题十分简单，是一个由出轨引出的杀人复仇的故事，这是老百姓喜闻乐见的题材，牛爱国怀疑老婆劈腿，他开始跟踪她。掌握证据后，他拿起了刀子。左思右想，他又放下刀，试图借刀杀人，最终杀人未果。因为与老同学的见面，或者是女儿的病，牛爱国放下了一切。影片在一直舒缓的节奏中戛然而止。"② 因此，导演刘雨霖在改编时没有选择对原著的正面强攻，不是完全忠实于原著的视觉呈现，而是选择了最能打动人心的对"说得着"的追寻，将个体孤独放在家庭环境中进行书写。文学作品的电影改编，是艺术上的一次再创

---

① 刘雨霖、刘震云、李迅：《质朴地拍一部电影——〈一句顶一万句〉编剧、导演访谈》，《当代电影》2017 年第 2 期。

② 刘小波：《国产电影的卖点制造与产业逻辑——以〈一句顶一万句〉和〈我不是潘金莲〉为例》，《四川戏剧》2017 年第 2 期。

造，也是一次解构和重述。正是在这一意义上，刘震云在电影发布会现场说："看了电影，我用游泳运动员傅园慧的一句话概括：我非常满意，他们（剧组）没有用洪荒之力，用了自己的才华。首先这部电影好看，惊心动魄，一句顶一万句的话绝对不是心灵鸡汤，绝对是一语点破梦中人的话。"①

同月 由冯小刚导演、刘震云编剧的电影《我不是潘金莲》开始拍摄。

12月2日 由庞好导演，宋万金编剧，根据刘震云小说《一句顶一万句》改编的36集电视连续剧《为了一句话》在中央电视台八套开播，该剧播出之后在社会上引起了巨大反响。《为了一句话》承载了《一句顶一万句》的主旨和核心表达，但电视剧剧本更加适应电视剧影像叙事的需要，对小说进行了大幅度的剪裁和改写，人物更具连贯性，故事更集中，空间更收缩，情节更简练。《为了一句话》全剧36集，除却片头和片尾，剧情叙事大约20个小时，作为改编于长篇小说的剧作，和当下一般的电视剧相比，篇幅没有无限铺展，剧情没有大开大合，没有更多的跌宕起伏，只是运用影像、声音、音乐、色彩等语言，耐心地给我们讲述着一段历史、一段久违的社会故事、一段个人苦苦追求的心路历程。"《为了一句话》的影像并不复杂，由于人物和场景大大简化，影像既不花里胡哨，也不变动不居；同时，影像的流动速度舒缓，无论是人物的活动，还是

---

① 《刘震云谈小说〈一句顶一万句〉拍成电影》，《成都商报》2016年8月30日第12版。

故事情节的演进，犹如静静的流水，川流不息而又有必要的节奏，具有一种历史的相对稳定感。与此相协调，电视剧表现的是日常的环境、日常的生活、平常人的故事，戏中的影像更多是近距离影像，并不多见长镜头，拉近了与观众的距离。"①

"需要指出的是，《为了一句话》的文本也是一个有着地域文化内涵的文本。其一，剧中体现了豫北中原地区的生活方式，包括生产劳作方式、饮食方式、衣着方式等。其二，语言和风俗习惯。剧中采用中原地区的话语方式，人物语言中融入了不少河南方言，语言简短，不拖泥带水，干脆活泛。为适合人物的出身和身份，在韩县长的语言中，加入了天津方言，凸显了人物的个性特点。剧中的年节、婚嫁则体现着中原地区的风俗习惯。其三，电视剧直接植入了中原文化，譬如社火，直接成为剧中的一个重要剧情，通过一个社火，耿专员与韩县长完成了一次交易，从而也成为剧情演进的爆发点；再就是豫剧，豫剧是电视剧中的戏中戏，丁县长的阴谋就是在剧场完成的，尤其是那段专门设置的画外豫剧唱段：'我翻过山，你蹚过水，心里有光哪儿里都美。'贯穿电视剧始终，体现着中原人的生存哲学，也为电视剧增添了韵味。"②

---

① 吴成熙：《〈为了一句话〉的经典化叙事艺术刍议》，《信阳师范学院学报》2018年第1期。

② 吴成熙：《〈为了一句话〉的经典化叙事艺术刍议》，《信阳师范学院学报》2018年第1期。

本年度重要论文：

冯庆华：《刘震云小说中的宗教思考》，《汉语言文学研究》2015年第1期。

郭宝亮：《刘震云小说的新世纪转型》，《中国语言文学研究》2015年第1期。

范钦林、杨静：《刘震云〈一句顶一万句〉叙述方法》，《中国文学研究》2015年第2期。

王萍：《个体价值的追寻与审思——以刘震云小说〈我不是潘金莲〉为例》，《文艺争鸣》2015年第3期。

贺仲明：《刘震云小说荒诞意识的生成和意义》，《小说评论》2015年第3期。

王艺涵：《可见的与可说的：从新闻图像到电影虚构》，《郑州大学学报（哲学社会科学版）》2015年第3期。

舒晋瑜：《感动自己的人，才能被世界承认——非访谈刘震云》，《四川文学》2015年第20期。

江磊：《两种欲望模式下的抗争——论刘震云小说的心灵探索》，《中国现代文学研究丛刊》2015年第6期。

王干、赵天成：《80、90年代之间的"新写实"》，《文艺争鸣》2015年第6期。

2016 年　59 岁

1 月，王安忆的长篇小说《匿名》由人民文学出版社发行。

同月，梁鸿的作品集《神圣家族》在中信出版社出版。

2 月 12 日，著名剧作家、词作家阎肃在北京逝世。

3 月，著名作家贾平凹的长篇小说《极花》由人民文学出版社出版。

4 月 29 日，著名作家、陕西省作家协会主席陈忠实逝世。

5 月 25 日，著名作家、翻译家杨绛逝世。

7 月，著名作家格非的长篇小说《望春风》由译林出版社出版。

8 月 21 日，"80 后"女作家郝景芳凭借《北京折叠》在美国获得第 74 届科幻小说雨果奖最佳中短篇小说奖。

10 月 21 日，纪念红军长征胜利 80 周年大会在北京人民大会堂隆重举行。

11 月 11 日，著名作家、原河南省文联主席南丁在郑州逝世。

11月22日，台湾著名作家陈映真在北京逝世。

11月30日至12月2日，中国文学艺术界联合会第十次全国代表大会、中国作家协会第九次全国代表大会在北京举行。习近平出席开幕式并发表讲话。铁凝当选为新一届中国文联主席并第三次当选为中国作家协会主席。

12月22日，2016年《当代》长篇小说年度论坛暨第18届《当代》文学拉力赛颁奖典礼在北京中国现代文学馆举行。

1月11日　中国农业银行杯"CCTV2016年度三农人物"颁奖典礼在北京举行，刘震云获得殊荣。

同月　荣获"埃及文化最高荣誉奖"。埃及文化部的颁奖词是："刘震云以深邃的思想和幽默的方式，呈现了人类共通的情感和被人们忽略的灵魂对话，为表彰其作品的独创性及在埃及和阿拉伯语世界产生的巨大影响，特授此奖。"

4月8日　由中央宣传部、国务院新闻办组织的同讲好中国故事专家学者、文化交流使者研讨班在京举办，40多位学术大家、文化名家和社会名流参加座谈会。刘震云作为讲好中国故事文化交流使者研讨班学员参加座谈会，同时受聘担任"讲好中国故事文化交流使者"。

6月23日　到中国人民大学苏州校区参加湖畔论坛第一百期暨十周年庆典活动，并作主题为"小说中的学问"的专题讲座。

8月　《刘震云作品集典藏版》（12卷）在长江文艺出版

社出版，主要包括《手机》《我叫刘跃进》《一地鸡毛》《我不是潘金莲》《一句顶一万句》《温故一九四二》《故乡天下黄花》《故乡相处流传》及《故乡面和花朵》（4册）。

9月22日　电影《我不是潘金莲》获得第41届多伦多国际电影节"费比西奖"，颁奖词是："《我不是潘金莲》塑造了一个卡夫卡式的在日常生活中挣扎的中国妇女形象。"

同月　演讲录《文学解决了生死问题》发表于《视野》第18期。

10月30日　第38届开罗国际电影节在新闻发布会上正式公布主竞赛单元入围名单，由原著刘震云担任编剧、江志强监制、刘雨霖执导的《一句顶一万句》赫然在列，据悉，这是入围这一单元的唯一一部中国影片。

11月4日　由刘震云担任编剧、江志强监制、刘雨霖导演的电影《一句顶一万句》公开上映。

11月8日　腾讯娱乐"星空演讲"活动在北京天桥剧场举行，刘震云登台演讲。

11月18日　根据刘震云同名小说改编，由冯小刚导演的电影《我不是潘金莲》开始公映。客观来讲，"从体裁上看，此故事和刘震云的其他作品一样，似乎并不是容易改编的类型，杂乱无章，结构散乱，逻辑拧巴，然而在幽默风趣的刘氏语言叙述的表层之下遮掩的是其关注社会、关注平民的一贯思想，蕴含的是李雪莲坚持上访事件背后社会的形形色色，这使得故事本身具备了极大的张力和一定的象征意义，博得了冯小刚导演的青睐。"① 经过导演冯小刚的艺术化处理，电影取景场地极具中国传统美学的写意意境，"电影《我不是潘金莲》将故事的原发生地从中原腹地的河南延津转移到烟雨朦胧的江西婺源，选用圆形画幅，进行了美学与形式的创新，颇有中国传统山水画的写意意境。用圆形画面呈现人物、场景，精致而唯美。影像色彩也颇为讲究，红绿蓝色调的搭配和变幻使影片风格时而热烈，时而冷峻，借此传递了影片所包含的权力、爱恨以及残酷等情绪。红色氛围凸显的是权力的严肃与冷漠，绿色氛围凸显的是李雪莲'戴绿帽'的个人命运，蓝色氛围凸显的是现实的残酷冷峻。影片中除了绝大多数的圆形画幅之外，还有方形画幅和正常画幅。方形画幅多用于政府部门在北京开会时的场景，传递出庄严肃穆之感；而在故事的结尾，李雪莲看破人生，回归平凡正常的生活时，则选用了正常画幅，其寓意不言自明。冯小刚导演在电影构图上独具匠心的先锋探索，对早已看惯传统电影的中国观众而言，无疑形成了巨大的视觉冲击力，大大提升了这部影片的可观赏性"② 此时，导演配以精彩的声音元素，加上荒诞而真实的故事情节，在客观上都使电影《我不是潘金莲》在上映首周 3 天票房收入超过 2 亿。"总之，电影《我不是潘金莲》通过娴熟地运用一系列现代电影艺术手段，将李

---

① 谢建文：《电影改编的影像虚构、主题审美与品牌效应——以〈我不是潘金莲〉为例》，《新乡学院学报》2017 年第 5 期。

② 胡妍妍：《试论冯小刚电影对个体存在的表达——以〈我不是潘金莲〉为例》，《中州学刊》2017 年第 8 期。

雪莲这一中国农村妇女假离婚、真上访的既荒诞又现实的坎坷经历改编成生动的影像，不仅是冯小刚电影创作的一大突破，也丰富了中国影坛的电影类型。影片用幽默彰显生存困境，用荒诞诠释生活无奈，让观众在欣赏电影画面的同时对现实进行深刻的思考，不失为一部成功改编的电影。"①

12 月 8 日　由《中国新闻周刊》评选的"影响中国"2016年度人物荣誉盛典在北京钓鱼台国宾馆隆重举行。来自政界、学界、企业界、文化界等各界人士共聚一堂，共同见证 2016"影响中国"年度人物的揭晓。刘震云获得"影响中国"2016年度文化人物荣誉。

12 月 16 日　电影《我不是潘金莲》被美国 ABC NEWS 评为 2016 年全球最佳五部影片之一。

12 月 22 日　应河南省新乡学院刘震云研究中心的邀请，刘震云到新乡学院进行学术交流，同时受聘为该校特聘教授。

同月　荣获"中国年度新锐榜"年度新锐人物。

同月　荣获《时尚先生》年度"时尚先生"。

本年度重要论文：

高芳艳：《论刘震云小说中的反讽意象》，《当代文坛》2016年第 2 期。

徐春浩：《原乡故土是"中原作家群"的写作领地和精神家

---

① 谢建文：《电影改编的影像虚构、主题审美与品牌效应——以〈我不是潘金莲〉为例》，《新乡学院学报》2017 年第 5 期。

园》，《扬子江评论》2016 年第 2 期。

江南：《刘震云小说语言论》，《甘肃社会科学》2016 年第 3 期。

安斌：《"匮乏"与日常生活的"意义"展开——对"新写实"小说的一项简略考察》，《南方文坛》2016 年第 4 期。

周全星：《论刘震云小说故土叙事的动力》，《小说评论》2016 年第 4 期。

禹权恒：《论刘震云小说的宗教情怀》，《小说评论》2016 年第 5 期。

马云：《刘震云〈故乡面和花朵〉：一部超级人文幻想小说》，《中国语言文学研究》2016 年第 2 期。

段宇晖：《莫言与刘震云对西方传教士的互文式想象论》，《中国比较文学》2016 年第 4 期。

程光炜：《普通人的史诗——〈一地鸡毛〉与"新写实小说"之渊源考论》，《上海文学》2016 年第 6 期。

2017 年　60 岁

1 月 25 日，中共中央办公厅、国务院办公厅印发《关于实施中华优秀传统文化传承发展工程的意见》的通知。

同月，著名作家赵本夫的长篇小说《天漏邑》由人民文学出版社出版。

同月，著名作家周梅森的长篇小说《人民的名义》由北京十月文艺出版社出版。

同月，著名文学评论家李敬泽的散文集《青鸟故事集》由译林出版社出版。

2 月 1 日，著名中国古典文学研究专家、文艺理论家霍松林逝世。

4 月，宁肯的非虚构作品《中关村笔记》由北京十月文艺出版社出版。

同月，严歌苓的长篇小说《芳华》由人民文学出版社出版。

5 月 2 日，中国现代文学研究会原会长、北京师范大学王富仁教授在北京逝世。

7月，著名作家阎连科的长篇小说《速求共眠——我与生活的一段非虚构》和著名学者李陀的长篇小说《无名指》发表于《收获》长篇小说专号（夏卷）。

同月，青年作家石一枫的长篇小说《心灵外史》发表于《收获》第3期。

8月，乔叶的长篇小说《藏珠记》由作家出版社出版。

同月，李佩甫的长篇小说《平原客》由花城出版社出版。

9月28日，著名文艺理论家、华东师范大学教授钱谷融逝世。

同月，陆天明的长篇小说《幸存者》由人民文学出版社出版。

同月，著名作家梁鸿的长篇小说《梁光正的光荣梦想》和邵丽的短篇小说《蒋近鲁的艺术人生》发表于《当代》第5期。

11月，梁晓声的长篇小说《人世间》由中国青年出版社出版。

12月14日，台湾著名诗人余光中逝世。

12月16日，著名诗人、翻译家屠岸逝世。

同月，宗璞的长篇小说《北归记》前五章发表于《人民文学》第12期。

同月，刘庆邦的长篇非虚构文学《我就是我母亲——陪护母亲日记》由河南文艺出版社出版。

1月1日　担任北京文化公司文学顾问。

1月16日　电影《我不是潘金莲》获得新浪微博之夜年度电影。

2月11日　在第23届卡萨布兰卡国际书展上，被摩洛哥文化部授予"国家文化最高荣誉奖"，以表彰他的作品在摩洛哥和阿拉伯世界产生的巨大影响。这是中国作家第一次获得该奖。摩洛哥文化部的颁奖词是："刘震云用最幽默的方式写出了最深邃的思想，用最简约的方式写出了最复杂的事物，用最质朴的语言搭建出最奇妙的艺术结构。"

2月13日　在柏林电影节"亚洲璀璨之星"（Asian Brilliant Stars）单元，刘震云因电影《一句顶一万句》获得最佳编剧奖。除此之外，徐浩峰因电影《师父》获得最佳导演奖，叶宁因《罗曼蒂克消亡史》获得最佳制片人，这个单元的奖项全部由中国电影人获得。

同月　散文《法律的出台，让我吃了一颗定心丸》发表于《中国人大》第4期。

3月25日　"刘震云文学电影欧洲行"活动在捷克首都布拉格举行，其间顺利举行《我不是潘金莲》《一句顶一万句》两场电影招待会，一场"刘震云文学对谈会"。该活动在捷克当地引起积极反响。刘震云的作品被翻译成20多个语种出版，小说《我不是潘金莲》《一句顶一万句》于2016年在荷、捷、奥、德等国陆续出版，均备受瞩目。

4月5日　受聘为北京图博会首位阅读推广形象大使，聘期5年。

4月6日　第八届中国电影导演协会2016年度奖提名宣布：刘雨霖凭借执导的《一句顶一万句》获得年度青年导演提名。

5月26日　电影《我不是潘金莲》荣获第24届北京大学生电影节最佳导演奖。

6月12日　出席新乡学院2017届毕业生毕业典礼，并发表讲话。下午，他在新乡学院作了"文学的作用"的精彩讲座。讲座中，刘震云首先从《论语》里孔子和颜回的经典故事展开，揭示了文学关注视角的多面性；继而，他以母亲和自己的故事入题，从生活点滴小事谈起文学创作的深层意义，进而指出文学能够让时空定格，让人们了解不同时代的社会面貌及人们的生活方式。随后他以独特的视角赏析了《红楼梦》中"干净与肮脏"，《水浒传》中最妙的一笔以及《西游记》中的妖怪形象。

7月1日　在北京大学国家发展研究院2017届毕业典礼上发表演讲《我们民族最缺的就是笨人》，后该演讲全文发表于《中外文摘》2017年第17期。

7月8日　电影《我不是潘金莲》荣获第8届中国电影家协会"中国影协杯"最佳剧本奖。

8月　演讲录《知识分子要像探照灯，照亮民族未来》发表于《世纪人物》第8期。

9月23日　中央人民广播电台《作家文库》开始播出刘震云长篇小说《手机》。

11月23日　话剧导演牟森在郑州举办新闻发布会，宣布将把小说《一句顶一万句》改编为话剧，定于 2018 年 4 月 20—22 日在国家大剧院定档演出。小说原来有人物百余位，牟森的改编版浓缩到 15 个，其中四个主要人物是杨百顺、曹青娥、牛爱国和传教士老詹。

《吃瓜时代的儿女们》封面

同月 演讲录《故事与现实》发表于《文学教育》第 31 期。

同月 长篇小说《吃瓜时代的儿女们》由长江文艺出版社出版发行。小说主要叙述四个素不相识的人——农村姑娘牛小丽、省长李安邦、县公路局局长杨开拓、市环保局副局长马忠诚，其不在同一个省市，更不属于同一阶层，但他们之间却发生非常可笑和生死攸关的联系，故事充满戏剧性。"《吃瓜时代的儿女们》书写的人物从官员到务工人员，职业经历、社会地位各不相同，却都面临着最为现实的生活。小说与反腐有关，整部作品是现实与荒诞的统一，所触及的问题都很具体，如拐卖妇女、骗婚、官员腐败等，所有的故事最终通过腐败这一线索曝光终止。这种具有批判现实主义的深度介入书写，也是一种'新写实主义'的延续和深化。"① 不可否认，刘震云在小说中间穿插许多新闻

---

① 刘小波：《"一地鸡毛""巧合""话痨"及拧巴——以〈一日三秋〉为例谈刘震云小说的几个关键词》，《中国当代文学研究》2021 年第 6 期。

事件和社会热点事件，受到部分文学批评家的质疑诟病，"刘震云在《吃瓜时代的儿女们》对新闻事件进行小说型的虚构化处理，独立事件的巧妙接续将叙事的能指发挥到极致，在乌合之众关于时代语境的情感和理性进行判断之外，小说超越了对生活批判和人性批判的价值取向窠臼，而将时代权威进入日常生活所引发的民间道德逻辑的失效及其反抗，现代社会机制的被消费与被篡改，以及人的无处可逃和逃避无界的生活荒诞的历史新相，展现在身处其中而普遍不自知的'中国儿女们'面前，完成了一种将文学虚构和荒诞美学进行勾连的艺术创造。"①
"通过这部小说，刘震云告诉我们，吃瓜时代，是一个人人都是故事主角同时也是旁观者的时代，是一个热闹的时代，也是一个孤独的时代。这就是我们这个时代的症候和无奈。人们可以在彼此陌生和相距遥远的事物之间建立起紧密的联系，却不能逾越彼此间横亘的心灵的间距。所谓咫尺天涯、天涯咫尺莫过于此。如果这样也算孤独，这就是最大最深的孤独！人们一方面在观看热闹和在这热闹的参与中享受着某种嘉年华会式的快感，另一方面其实也是把自己暴露在这热闹背后的赤裸裸的冷漠和孤独之中。刘震云所谓的'吃瓜时代的儿女们'之意或许就在于此。"②

---

① 金春平：《荒诞生活的虚构、复仇与反讽——评刘震云〈吃瓜时代的儿女们〉》，《当代文坛》2018 年第 3 期。

② 徐勇：《空间哲学家刘震云——关于〈吃瓜时代的儿女们〉及其他》，《扬子江评论》2018 年第 1 期。

与此同时，部分批评家也指出《吃瓜时代的儿女们》存在着许多值得进一步思考的地方，比如，小说具有实感经验的匮乏、结构设计的虚弱与叙述语言的衰疲等系列问题。"《吃瓜时代的儿女们》存在与时代真实经验相隔绝的问题，不仅以往小说那种常见的'自叙传'式的个人亲历经验的叙述比较少见，而且经验的浑身状态也较为欠缺。这当然和我们所生活的这个时代、这个社会有关。"①"《吃瓜时代的儿女们》，表面上讲的似乎也是来自民间的道听途说的故事，但这些故事已经被大众传媒反复讲述过，不仅丧失了吸引读者或听众的能力，而且也不能提供教益，经验只能处于贫乏状态。在'把不可言诠和交流之事推向极致'这一小说创作的维度上，小说也没有显出应有的精彩来，灵魂的深度、'生命深刻的困惑'是缺失的。问题还在于，《吃瓜时代的儿女们》既然暴露出书写时代整体经验的抱负，因而也就必然直面实感经验的匮乏这一时代难题。"②"刘震云的《吃瓜时代的儿女们》当然不是如鲁迅所批判的那种文字，小说也在一定程度上表达了作者对荒唐社会的分析和批判，不过小说确实存在幽默过度的问题，不仅冲淡了主题的严肃性和深刻性，也影响了读者对关注重心的判断。事实上，确实有很多读者只注意到了刘震云小说语言的幽默，而忘记了幽

---

① 吕东亮：《叙事的危机——论刘震云〈吃瓜时代的儿女们〉》，《南腔北调》2018年第11期。

② 吕东亮：《叙事的危机——论刘震云〈吃瓜时代的儿女们〉》，《南腔北调》2018年第11期。

默背后的'一把辛酸泪'。这种现象，小说的语言表达或许也应该承担一部分责任。"[1]

12 月 3 日 携新作《吃瓜时代的儿女们》在佛山市北滘文化中心音乐厅举行读书分享会，著名作家、评论家谢有顺担任对谈嘉宾。在《吃瓜时代的儿女们》这本书里，刘震云用幽默的方式讲述深邃的哲学，用简约的方式分析复杂的事物，用朴实的语言搭建奇妙的艺术结构。书中的主人公，是 4 个不同生活轨迹的人物，"怎么让素不相识、八竿子打不着的人通过生活的逻辑产生结构关系，这是我写这本书的初衷"。刘震云坦言，《吃瓜时代的儿女们》是结构先行，为了弄清楚结构关系和背后的道理，刘震云整整酝酿了 5 年时间，而真正动笔成书只花了 5 个月。有趣的是，《吃瓜时代的儿女们》共 20 万字，前言 19.7 万字，正文只有短短 3000 字。刘震云说："如果没有 270 页的前言，正文就显得突兀；如果没有 26 页的正文，前言就是一部通俗演义小说。最有重量的，恰恰就是最后那 3000 字。"

12 月 16 日 荣获 2017 "年度文化青年导师"。本次颁奖典礼由《北京青年》周刊举办，希望借此活动对工匠精神加以新的诠释，大力倡导今天的人们，尤其是年轻人积极追求卓越的创造创新精神、精益求精的品质精神和用户至上的服务精神。

同月 《吃瓜时代的儿女们》被《南都周刊》评为 2017 年

---

[1] 吕东亮：《叙事的危机——论刘震云〈吃瓜时代的儿女们〉》，《南腔北调》2018 年第 11 期。

度十大好书之一。

本年度重要论文：

禹权恒：《刘震云年谱》，《东吴学术》2017 年第 2 期。

樊星：《刘震云小说研究的新话题》，《新乡学院学报》2017 年第 5 期。

胡妍妍：《试论冯小刚电影对个体存在的表达——以〈我不是潘金莲〉为例》，《中州学刊》2017 年第 8 期。

林宁：《论刘震云新世纪小说的修辞策略》，《扬子江评论》2017 年第 6 期。

姚亮：《论刘震云的"反荒诞"书写——以〈我叫刘跃进〉为例》，《名作欣赏》2017 年第 10 期。

王建光：《新世纪以来刘震云的精神返乡——以〈一句顶一万句〉为中心》，《当代文坛》2017 年第 6 期。

舒晋瑜：《刘震云："复制对作家来说是通往死亡的道路"》，《中华读书报》2017 年 11 月 15 日第 5 版。

杨莹：《被忽略的"潘金莲"——浅析刘震云笔下的"小"人物》，《名作欣赏》2017 年第 23 期。

2018 年　61 岁

1 月，周大新的长篇小说《天黑得很慢》由人民文学出版社出版。

2 月 24 日，著名作家红柯逝世。

3 月 5—20 日，十三届全国人大一次会议举行。会议选举习近平为国家主席、国家中央军委主席。会议通过《中华人民共和国修正案》，确立科学发展观、习近平新时代中国特色社会主义思想在国家政治和社会生活中的指导地位；通过《中华人民共和国监察法》。

3 月 18 日，台湾著名作家李敖逝世。

3 月 19 日，台湾著名诗人洛夫在台北逝世。

3 月 31 日，著名文学评论家雷达在北京逝世。

4 月，贾平凹的长篇小说《山本》由作家出版社出版。

8 月 11 日，第七届鲁迅文学奖获奖作品公布。

9 月 20 日，由中国作家协会和共青团中央共同举办的全国青年作家创作会议在北京召开。

9月29日，首届南丁文学奖颁奖典礼在河南省文学院举行，著名作家周大新《天黑得很慢》获此殊荣。

同月，李洱的长篇小说《应物兄》在《收获》长篇专号（秋卷）刊载。

同月，王安忆的长篇小说《考工记》由花城出版社出版。

10月3—14日，第二十届中国当代文学研究会学术年会暨会员代表大会在长春召开。

10月15—17日，第三届中原作家群论坛在郑州举行。

10月26日，中国现代文学研究会第十二届年会在福州召开。

10月30日，著名作家金庸在香港逝世。

11月8日，河南文学评论家丛书签约座谈会在郑州举行。

同月，著名作家韩少功的长篇小说《修改过程》在《花城》第6期全文刊载。

12月15日，著名作家二月河因病在北京逝世。

同月，肖亦农的长篇小说《穹庐》由作家出版社出版。

同月，崔庆蕾选编的《刘震云研究资料》由百花洲文艺出版社出版。

同月，冯庆华的专著《刘震云小说思想论稿》由中国社会科学出版社出版。

1月8日　2017年《亚洲周刊》十大小说正式揭晓，刘震云新作《吃瓜时代的儿女们》位列其中。来自中国以及东南亚的中文作家李宏伟、郝景芳、韩松、徐则臣、石芳瑜、陈浩基、刘震云、阿乙、卢一萍、海凡等的作品，被选为《亚洲周刊》2017年度十大小说。他们创想未来的方式，或是回溯历史，展现"未来决定现在"的思考，或是"历史是未来伏笔"的灵感。刘震云在《吃瓜时代的儿女们》中以社会新闻为"主料"，不动声色地展示网民围观热点事件、暗里推波助澜的"吃瓜心理"。异曲同工的是，十部小说不少题材都与作者本人的生活经历息息相关。

1月11日 以"当当2018年阅读大使"的身份参加当当2018年供应商大会。

1月20日 参加"阅文超级IP风云盛典暨第三届中国原创文学风云榜盛典"。

同月 散文《身边好导师》发表于《当代工人》第1期。

3月28日 中国人民大学文学院第十二届文学节暨刘震云"文学与时空"主题演讲在中国人民大学第三教学楼3201教室举行。刘震云围绕文学作品的"结构"展开，对"文学与时空"这一主题进行阐发，指出时间与空间的交叉与延伸，涉及文学作品的内在"结构"问题，而"结构"正是构成文学最深层的因素，"结构"所形成的力量正是考验一个作家、艺术家最重要的东西。他进而以白居易的《长恨歌》和李商隐的《夜雨寄北》为例，详细说明何为"文学时空里的文学结构"。随后又以《红楼梦》中的人物关系为例，来说明非确定性时空结构的实现。刘震云认为，一个深谙"结构"的作家往往更能在作品中呈现其思想的深度，而使其作品能够溢出特定的历史时空，总是照见此时此地的生活。他继而讲述了自己应邀出国交流的经历。以《温故一九四二》法译本、《我不是潘金莲》荷兰译本和《一句顶一万句》意大利文版发行的三个生动的例子为载体，进一步阐释由作品延伸到生活的结构关系。

4月12日 与著名演员张雨绮、作曲家谭盾共同担任2018中法文化之春形象大使。

4月13日 被法国文化部授予"法兰西共和国文学与艺术骑士勋章"，以表彰他的作品在法文世界的重要影响。刘震云的《一地鸡毛》《官人》《手机》《温故一九四二》《一句顶一万句》《我不是潘金莲》等作品均被翻译成法文。当晚，法国驻华大使黎想（Jean-Maurice Ripert）在北京法国文化中心举办刘震云的文学之夜暨授勋仪式。黎想大使在授勋辞中说："您的作品在中国读者中取得巨大成功，并被翻译成二十多种文字，广受国际读者的欢迎。您开创了'现实魔幻主义'，一些国外评论家认为您是'中国最伟大的幽默大师'。为了表达法国对您的崇敬之情，我谨代表法国文化部部长向您颁发法国艺术与文学骑士勋章。"刘震云在答辞中表示，他之所以能够获得该奖，首先应感谢其作品的法文译者们，是他们把他的作品和作品里的人物如小林、严守一、三百万灾民、杨百顺和李雪莲带到了法文世界。他是随着这些人物，来到了另外一个语言环境。谈到他的作品被认为是"现实魔幻主义"，刘震云说，他真的不想把现实魔幻，仅仅因为，他作品里的人物，就生活在这样真实而魔幻的世界里。"当这些人的心事无处诉说时，我作为一个倾听者坐到了他们身边。当我把他们的肺腑之言通过文学告诉中国读者和其他许多民族读者的时候，更多的倾听者也坐到了这些在生活中无足轻重的人的身边。这就是肺腑之言的力量，这就是文学的力量。"

4月20日　接受中国网记者裴希婷的专访，他认为自己的每一部作品呈现了不一样的思考深度。

6月8—14日　中央电视台纪录频道播出六集纪录片《文学的故乡》，该片由北京师范大学纪录片中心制作，北京师范大学国际写作中心提供技术支持，主要记录莫言、贾平凹、刘震云、阿来、迟子建、毕飞宇等六位中国当代著名作家文学创作背后和故乡之间的密切关系，受到许多文学爱好者的高度评价。从2016年夏开始，北京师范大学纪录片中心主任张同道率团队历时两年，跟踪拍摄了6位作家回到故乡，回到文学现场的历程。摄制组也远赴日本、美国、欧洲多国，采访了30多位汉学家、翻译家、出版家、诺贝尔文学奖评委等国际知名专家，记录下中国文学向世界传播、莫言摘取诺贝尔文学奖的历程。胡智锋在纪录片首发式上说："《文学的故乡》为中国当代文学大家留下珍贵影像，这是中国文学界的一件大事。纪录片要像经典文学作品一样，直指人心，触碰人们内心最柔软的地方，而此片通过跟文学的拥抱，获得了柔软的内心，这是它的魅力所在。"①

7 月 《吃瓜时代的儿女们》荣获第七届红楼梦奖·世界华文长篇小说奖。

8 月 18 日 与方之、皮特·恩格伦在上海书店对谈《美丽与哀愁：第一次世界大战个人史》。

8 月 21—26 日 与福建省龙岩市永定区下洋镇初溪小学 16 名小学生共同参加 2018 北京国际图书博览会（BIBF）。他们都是 2017 年刘震云录制大型文化教育公开课《同一堂课》节目时所教授的学生。作为 BIBF 阅读推广大使，刘震云希望能够满足孩子们"读书长见识"的愿望。其间，他们共同阅读世界各国文化，深度参与"阅文夏令营@2018BIBF"公益活动。

同月 散文《真正的孤独》发表于《意林（美绘本）》第 8 期。

9 月 14 日 在新乡学院 2018 级新生开学典礼上发表演讲，提出四点个人殷切希望：一是锻炼自己的见识；二是明确自己的方法论；三是锻炼自己的身体；四是珍惜粮食，珍惜时光。

同月 访谈录《刘震云：故乡，绕不开的母题》发表于《检察风云》第 18 期。

10 月 散文《艺术的魅力》发表于《高中生（青春励志）》第 10 期。

12 月 7 日 散文《相惜是一种力量》发表于《中国新闻出

---

① 《纪录片〈文学的故乡〉首映式在京举行》，新华社，2018 年 5 月 28 日。

版广电报》。

本年度重要论文：

徐勇：《空间哲学家刘震云——关于〈吃瓜时代的儿女们〉及其他》，《扬子江评论》2018 年第 1 期。

金春平：《荒诞生活的虚构、复仇与反讽——评刘震云〈吃瓜时代的儿女们〉》，《当代文坛》2018 年第 3 期。

唐小林：《刘震云的大作家"气象"》，《文学自由谈》2018 年第 3 期。

文玲：《影视媒介影响下的刘震云小说创作实践研究》，《中国文学研究》2018 年第 3 期。

王天宇、高方：《法兰西语境下刘震云作品的接受与阐释》，《小说评论》2018 年第 4 期。

2019 年　62 岁

1 月 1 日，新的个人所得税法在全国开始实施。

同日，中美建交迎来 40 周年。

1 月 9 日，中国工程院院士王忠诚和中国科学院院士徐光宪获得国家最高科学技术奖。

1 月 15 日，著名剧作家、诗人白桦在上海逝世。

1 月 23 日，中国当代著名散文家林清玄逝世。

4 月 29 日，2019 中国北京世界园艺博览会在北京举办。

4 月 30 日，纪念五四运动 100 周年大会在北京人民大会堂举行，中共中央总书记、国家主席、中央军委主席习近平在会上发表重要讲话。

5 月 28 日，著名作家刘玉堂在济南去世。

7 月 16 日，著名剧作家、诗人苏叔阳在北京逝世。

8 月 16 日，第十届茅盾文学奖揭晓，梁晓声的《人世间》、徐怀中的《牵风记》、徐则臣的《北上》、陈彦的《主角》、李洱的《应物兄》五部长篇小说获此殊荣。

8 月 17 日，第五届中国当代诗歌奖在重庆揭晓并举办颁奖典礼。

同月，计文君的中篇小说集《问津变》在广西师范大学出版社出版。

9 月，梁鸿的长篇小说《四象》在《花城》第 5 期发表。

10 月 1 日，庆祝中华人民共和国成立 70 周年大会在北京举行，天安门举行盛大阅兵仪式和群众游行，习近平主席发表重要讲话并检阅受阅部队。

10 月 29 日，著名作家、学者从维熙在北京病逝。

11 月 23 日，著名诗人、学者流沙河在成都逝世。

11 月 28 日，中国作家协会主办的全国诗歌座谈会在北京举行。

同月，第二届中国国际进口博览会在上海举行。

12 月 1 日，刘庆邦的长篇小说《家长》在北京十月文艺出版社出版。

12 月 5 日，著名作家高玉宝因病逝世。

12 月 20 日，庆祝澳门回归祖国 20 周年大会暨澳门特别行政区第五届政府就职典礼在澳门东亚运动会体育馆举行，中共中央总书记、国家主席、中央军委主席习近平出席活动并发表重要讲话。

4 月 4 日 与著名学者孙郁在中国人民大学世纪馆北大厅对谈，主题是"人的文学——孙郁、刘震云谈鲁迅对百年文学的影响"。

4月24日 中国人民大学"大华讲席教授"聘任仪式举行，刘震云和杨慧林、阎连科等获此殊荣。

6月15—16日 牟森导演的舞台剧作品《一句顶一万句·出延津记》在广州大剧院演出，受到热烈反响。其间，刘震云、牟森在广州大剧院共同参加《剧能说》节目对谈活动。

7月19日 第30届中国香港书展举办名作家朗诵会，著名作家麦家、刘震云以及台湾作家平路、朱国珍等分别朗诵各自文学作品。

7月21日 在中国香港书展发表"从《一九四二》到《我不是潘金莲》"的主题演讲。

8月21日 与李洱、阿来、蓝蓝、赵丽宏等中国作家和阿纳托利库尔恰特金（俄）、拉蒂·库马拉（印尼）、石坤森（德）共同在北京建投书局举行BIBF名作家配乐朗诵会，主题是"以万有引力之名"。

10月10日 瑞典诺贝尔文学奖最初名单揭晓，入围本届诺贝尔文学奖最初名单的有余华、刘震云、王安忆、苏童、格非等作家。

10月31日 到辽宁工程技术大学发表"对白——当一种语言遇到另一种语言"的主题演讲。此次演讲分为两个环节，"当一种语言遇到另一种语言"主题演讲和"对白时刻"。"让文字在天空中停留5分钟，这就是文学的力量"，当一种语言转换成另一种语言时，会碰撞出何种精彩的火花？刘震云通过讲述自己在巴黎、埃及、圣彼得堡等地的经历，为大家介绍了当一种文字转换成另一种文字时，不同民族和文化之间的差异。当中国文字翻译成外国文字时，改变的不止有这本书的厚度，还有书的内容，但不变的是文章中的文字所传达的精神力量。巴黎读者在读完《我不是潘金莲》后，通过感受文章中李雪莲这个人物，认识到了中国人的勇气，产生了思想和情感的共鸣，改变了她原来对中国人的认识，并对刘震云老师说："作者是一头牛，倾听那些被世界忽略的声音，将这些声音说给千千万万人听。""如果你严肃地对待一件严酷的事实，那么这件事就是铁，怎么也攻不破；如果你幽默地对待一件严酷的事实，那么这件事就是一块冰，掉进了幽默的大海，把这件事给融化掉了。"

本年度重要论文：

靳静静：《介入现实与意义失重——以余华、苏童、刘震云近年创作为例》，《当代文坛》2019 年第 1 期。

唐小林：《刘震云的写作为何走进死胡同?》，《文艺理论与批评》2019 年第 1 期。

罗鹏、盛建杰、尹林：《"我叫刘跃进!"——民工、信息、身份的怪圈》，《当代作家评论》2019 年第 2 期。

赵勇：《作家—编辑、导演—作家与文学生产——中国当代文学生产的演变轨迹》，《江西社会科学》2019 年第 3 期。

李从云：《中国故事中的人情物理——刘震云〈我不是潘金

莲〉再解读》,《江汉论坛》2019年第4期。

赵黎明:《刘震云小说写作的"语言学转向"》,《当代文坛》2019年第4期。

徐勇:《"关系"叙事学与社会总体性的重建——八九十年代文学转型视域中的刘震云小说》,《中国现代文学研究丛刊》2019年第7期。

张引:《大学文学教育对于刘震云文学创作的影响——兼谈当代"作家学者化"的问题》,《百家评论》2019年第5期。

万士端:《隐喻叙事与"贱民"视角:现代中国"精神之塔"的建构与危机——重读刘震云长篇小说〈一句顶一万句〉》,《当代作家评论》2019年第6期。

2020 年　63 岁

3 月，阎连科的长篇非虚构作品《她们》在《收获》第 2 期发表。

5 月 15 日，著名作家叶永烈逝世。

8 月 1 日，著名诗人、散文家、评论家邵燕祥在北京逝世。

同月，莫言的短篇小说集《晚熟的人》在人民文学出版社出版。

9 月 19 日，2020 南方文学盛典颁奖礼在顺德北滘文化中心音乐厅举行，现场揭晓了"年度杰出作家""年度小说家""年度诗人""年度散文家""年度文学评论家""年度最具潜力新人"六大奖项，麦家、万玛才旦、宋琳、李修文、周明全、曾铮分别获得上述奖项。

9 月 20 日，著名文学翻译家郑克鲁在上海逝世。

9 月 30 日，著名作家张爱玲诞辰 100 周年，香港大学举办"张爱玲百年诞辰纪念文献展"。

同月，刘庆邦的长篇小说《女工绘》在作家出版社出版。

12 月 6 日，著名作家樊发稼在北京逝世。

12 月 14 日，著名演员、作家黄宗英逝世。

12 月 26 日，中国写作学会成立 40 周年大会暨 2020 年学术年会在武汉顺利举办。

12 月 28 日，《收获》文学杂志社创办的"收获文学榜"2020 榜单揭晓，王安忆《一把刀，千个字》、胡冬林《山林笔记》、蒋韵《我们的娜塔莎》、艾伟《最后一天和另外的某一天》分别位居长篇小说榜、长篇非虚构榜、中篇小说榜、短篇小说榜榜首。

7 月　《刘震云作品集》（六册）在长江文艺出版社出版，主要包括《我不是潘金莲》《一地鸡毛》《我叫刘跃进》《温故一九四二》《手机》《一句顶一万句》等。

9 月 21 日　由中国电影基金会吴天明青年电影专项基金举办的第五期"大师之光"青年编剧高级研习班在山东济南开班，刘震云和著名编剧述平、陈文贵、刘浩良、汪海林五位导师共同授课。

10 月 14 日　第 27 届华鼎奖和新时代国际电影节颁奖盛典在澳门隆重举行，刘震云荣获新中国成立 70 周年全国十佳电影编剧奖。

10 月 26 日　刘雨霖任导演和编剧的电影《普通男女》宣布开机。

11 月 12 日　与德国著名作家大卫·瓦格拉进行在线"写

作生涯"探讨，正式宣告 2020 年第五届中欧国际文学节开幕。

12 月 5 日　深圳读书月期间举办刘震云专场活动，主题为"文学的潜台词"。

12 月 27 日　由柠檬融创学苑主办，顶端新闻协办的"震铄古今，云耕天下——刘震云作品分享会"在郑州举行。在陆续听完读者代表朗诵《故乡面和花朵》《温故一九四二》《一句顶一万句》中的精彩章节后，刘震云深受感动，他表示，类似的读书分享会在国内还是比较少见的，但在国外是一种作者与读者交流的常见形式，在图书馆、书店、大学中创造读者和作者见面的机会，听众要想从中受益，前提是要熟悉，不是跟我熟悉，而是跟书中的人物熟悉后，沟通才会更深刻。

本年度重要论文：

刘诗宇：《世界经验、政治寓言与叙事形式的中西之辨——刘震云作品海外传播研究》，《当代作家评论》2020 年第 2 期。

房伟：《现实的"逆子"与"解构"的困境——文学史转型期的刘震云小说创作》，《艺术广角》2020 年第 3 期。

耿菲：《论〈温故一九四二〉的灾难书写》，《文艺评论》2020 年第 3 期。

徐兆正：《刘震云创作脉络辨》，《广州文艺》2020 年第 10 期。

吴义勤、陈培浩：《刘震云的经典化》，《广州文艺》2020 年第 10 期。

赵宇辉：《论刘震云〈一句顶一万句〉的重复叙事策略》，《名作欣赏》2020年第30期。

骆贤凤、郝一帆：《"吃瓜时代"文学与政治的交互关系》，《读书》2020年第10期。

吴圣刚：《本省与"外省"：中原作家群的互渐与超越》，《河南大学学报（哲学社会科学版）》2020年第5期。

邵璐、李伟：《刘震云小说在英语世界的翻译与接受》，《南方文坛》2020年第6期。

白烨：《不露声色　嘲尽世情——重读中篇小说〈单位〉》，《北京文学（中篇小说月报）》2020年第6期。

2021年　64岁

1月，周大新长篇小说《洛城花落》在人民文学出版社出版。

3月，余华的长篇小说《文城》在北京十月文艺出版社出版。

同月，东西的长篇小说《回响》在《人民文学》第3期发表。

同月，阎连科的长篇小说《中原》和程永新的中篇小说《青城山记》在《花城》第2期发表。

同月，叶兆言的中篇小说《通往父亲之路》在《钟山》第2期发表。

4月，罗伟章的长篇小说《谁在敲门》在广西师范大学出版社出版。

同月，王安忆的长篇小说《一把刀，千个字》在人民文学出版社出版。

5月28日，著名历史学家、思想文化学者何兆武在北京逝世。

6月12日，著名编剧、词作家林汝为在北京逝世。

6月18—20日，由中国鲁迅研究会主办、四川大学文学与新闻学院主办的"鲁迅与中国新文学的社团时代"学术研讨会在成都举行，董炳月被选为新一届中国鲁迅研究会会长。

同月，铁凝的短篇小说《信使》在《北京文学（精彩阅读）》第6期发表。

7月1日，庆祝中国共产党成立100周年大会在北京天安门广场举办，中共中央总书记、国家主席、中央军委主席习近平出席活动并发表重要讲话。

同日，著名散文家、小说家周同宾逝世。

9月，谌容的短篇小说《老子忘了……》在《人民文学》第9期发表。

同月，於可训的短篇小说《三十功名》在《芳草》第5期发表。

10月9日，纪念辛亥革命110周年大会在北京人民大会堂举行，中共中央总书记、国家主席、中央军委主席习近平在大会上发表重要讲话。

10月18日，第三届中国考古学大会在河南三门峡市举行。

11月2日，著名美学家、哲学家李泽厚在美国科罗拉多州家中逝世。

同月，卢新华的中篇小说《米勒》在《江南》第6期发表。

12月14日，中国文学艺术界联合会第十一次全国代表大会、中国作家协会第十次全国代表大会在北京人民大会堂开幕。

12月17日，中国作家协会公布了第十届专门委员会组成人员名单，刘震云任中国作家协会小说委员会副主任。值得一提的是，本届专门委员会组成人员名单不乏河南籍作家的身影，乔叶、李佩甫、何向阳、梁鸿、耿占春、郑彦英、葛一敏、何弘、程光炜等均在其列。

1月6日　参加《对白：让我们和更好的你聊聊》新书发布会，与主讲嘉宾白岩松、马未都、陈鲁豫以"每一代人的青春都不容易：让我们聊聊四分之一人生危机"为主题进行对话。该书主要聚焦求学、择业、责任、情感、心理等与青年人密切相关的主题，为正在经历"四分之一人生危机"的青年人提供可资借鉴的经验。

3月　散文《有远见的人从不走捷径》发表于《青年博览》第6期。

5月13日　参加以"向新生　共未来"为主题的2021年爱奇艺世界·大会并作主题发言。他在"与你有关"的发言中表示，没有创新就没有新生，没有创新就没有未来，没有向新生，就没有共未来。

5月18日　到新乡学院以"文学与哲学"为主题开展学术讲座。他指出，文学与哲学的关系是一种量子纠缠态，一方面小说是对生活的认识，我们在生活中要有博大的心胸和文学的眼睛，要读懂生活，发现生活背后的哲学意义；同时，生活比文学更重要，在进行文学研究和创作的同时，一定要懂生活、懂历史。他进一步强调，好的文学书都是好的哲学书。好的文学作品和诗歌，都需要有更深层次的哲学思考在背后支撑。

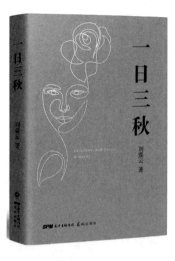

《一日三秋》封面

7月17日 长篇小说《一日三秋》（花城出版社）在北京鼓楼西剧场举办新书首发式。

长篇小说《一日三秋》引用民间"花二娘"的传说，以想象的故事描述"我"记忆中的六叔生前所画的画作，探讨延津人幽默的本质。小说书写的是近半个世纪以来两代人"活成一个笑话"的故事。与他以往小说不同的是，这是一部现实主义与超现实主义完美结合的长篇小说力作。作品异常沉静地讲述着普通百姓的寻常经历，又通过传说人物和灵异人物的介入，融会进三千年来的生命故事，以"一日三秋"浓缩进人们的日常感慨。人间多少事，两三笑话中。世上有许多笑话，注定要流着泪听完。正是这样的书写，获得了众多读者的共鸣。小说以其一贯尖锐清晰的洞察力、纯朴厚实的文字，写出复杂荒诞的神鬼故事，以及对基层民众的生活与心理的深刻理解，纠缠的人世间关系，曲折的事件发展，沉重而不失幽默，故事不长但有悲有喜，情节紧凑、结构完整，传统文明与乡土元素运用出色，读者在其中感受到厚厚的"魔幻现实主义"味道，魔幻元素并不破坏故事的"写实性"，反而映照出现实生活本身的曲折。"《一日三秋》在叙事章法和题旨上承接《一句顶一万句》而来，虽然篇幅体量上较后者短小不少，但自有其内在的开阔和深刻，尤其体现于以笑写泪的笔墨、人神鬼兽的浑融和对人情的洞察与体贴。小说围绕陈长杰、明亮、李延生、樱桃、马小萌诸人的回延津、出延津，将日常的悲喜和民间的爱憎交错于时代的变迁中，在一种眼见耳闻的亲切的叙谈口吻里，写透了普通中国人的隐忍、坚执、孤独、宽厚和哀矜。"① "《一日三秋》里故事情节发展表面的汪洋奇变实际却饱含着人与人的隔阂、隔膜以及人与时间的距离，甚至是自我的分裂。因此，这部长篇小说整体的美学风格不仅是对中国古代小说传统中为人立传这一面向的承续，而且更是作家从当下人深藏的心灵危机的探究中去完成小说的整体性叙事效果，这一从人类基本情感经验出发的叙事美学既带有悲剧性，又带有荒诞的喜剧感。"② 《一日三秋》让刘式小说有了更强的标识性，他的语言风格强烈而独特，不动声色之中，将幽默发挥得淋漓尽致。刘震云以幽默为手段，发挥他天马行空的想象力，探索和表达中国社会最具根性、最深的经验和情感。"《一日三秋》标志着作者的一次跨越，向戏曲学习，回到古代小说的某种精神轨迹里，运笔似乎更为自由了。在辞章与结构上，刘震云与过去的自己比，方向有所变化，在空漠里忽地与前人之迹有所交集。这种转变虽

---

① 马兵：《不笑不话不成世界——〈一日三秋〉论札》，《中国当代文学研究》2021 年第 6 期。

② 毕文君：《小说传统的边缘处回响——评刘震云长篇小说〈一日三秋〉》，《当代作家评论》2023 年第 3 期。

然还是初步的，但于生命体验中所展示的题旨，延续了古代文学的传神之法。我们从作者的变化里，看到了走出旧我的努力。以实写虚，用虚映实，时空也就变得开阔了。"①

本年度重要论文：

翟永明、庄岩：《论刘震云〈温故一九四二〉中的灾难叙事》，《新文学评论》2021年第1期。

李丹梦：《乡土与市场，"关系"与"说话"——刘震云论》，《中国现代文学研究丛刊》2021年第10期。

徐兆正：《刘震云在〈温故一九四二〉前后》，《四川文学》2021年第11期。

舒翔：《技术物·虚拟空间·人的欲望——读刘震云的小说〈手机〉》，《名作欣赏》2021年第11期。

刘小波：《"一地鸡毛""巧合""话痨"及"拧巴"——以〈一日三秋〉为例谈刘震云小说的几个关键词》，《中国当代文学》2021年第6期。

马兵：《"不笑不话不成世界"——〈一日三秋〉论札》，《中国当代文学研究》2021年第6期。

---

① 孙郁：《刘震云：从〈一句顶一万句〉到〈一日三秋〉》，《当代文坛》2022年第6期。

2022 年　65 岁

1 月 17 日，著名作家冯德英在山东济南逝世。

1 月 21 日，著名作家张洁在美国逝世。

2 月 4—20 日，2022 年北京冬奥会在北京和张家口举行。

3 月 1 日，著名演员王蓓在上海逝世，其丈夫为著名诗人、剧作家、小说家白桦。

6 月 8 日，著名表演艺术家蓝天野在北京逝世。

6 月 11 日，著名作家张炜的长篇新作《河湾》全国首场学术研讨会在江苏师范大学成功举办。

6 月 20 日，著名词作家乔羽在北京逝世。

8 月 8 日，中国现代文学研究会第十三次会员大会顺利召开，北京师范大学刘勇教授当选为新一任会长。

8 月 25 日，第八届鲁迅文学奖获奖作品名单公布。

9 月 14 日，冯远征任北京人民艺术剧院院长，他也是北京人艺有史以来第一位演员出身的院长。

9 月 22 日，著名儿童文学作家、翻译家、出版人任溶溶在上海逝世。

10 月 16 日，中国共产党第二十次全国代表大会在北京召开，习近平总书记作了题为《高举中国特色社会主义伟大旗帜　为全面建设社会主义现代化国家而团结奋斗》的重要报告。

10 月 23 日，习近平、李强、赵乐际、王沪宁、蔡奇、丁薛祥、李希等 7 位当选为第二十届中共中央政治局常委。

11 月 1 日，乔叶的长篇小说《宝水》在北京十月文艺出版社出版。

11 月 12 日，中国当代文学研究会第 22 届学术年会暨会员代表大会在兰州召开，北京师范大学文学院教授张清华当选中国当代文学研究会会长。

1 月 7 日　散文《延津与延津》发表于《农民日报》。

1 月 20 日　《亚洲周刊》2021 年全球华人十大小说揭晓，王安忆、刘震云、陈耀昌、西西、余华、止庵、王定国、胡燕青、罗伟章、邓观杰上榜。

1 月 23 日　与北京大学历史系教授赵冬梅等人在×WeWork豆瓣城市会客厅围绕着新书《一日三秋》进行对话，主题为"文学、哲学、历史交汇处的笑与泪"。

1 月 24 日　由人民文学出版社、《当代》杂志社主办的《当代》2022 年度文学论坛暨颁奖典礼成功举办，揭晓并颁发了 2021 年度长篇小说五佳与《当代》文学拉力赛总冠军。会上，中国作家协会副主席阎晶明对 2021 年国内长篇小说的整体状况进行综述，重点分析了故事动感的强化、故乡的寓言化等值得关注的趋势，对创作佳绩给予充分肯定。中国人民大学文学院教授程光炜、中国作家协会小说委员会副主任胡平、北京师范大学文学院教授张莉、中国人民大学文学院教授杨庆祥、中国当代文学研究会副会长贺绍俊等逐一揭晓 2021 年度长篇五佳作品并加以点评。其中，王安忆的《一把刀，千个字》、刘震云的《一日三秋》、东西的《回响》、余华的《文城》、罗伟章的《谁在敲门》获此殊荣。其中，胡平对《一日三秋》作出高度评价，他认为"《一日三秋》根植于民族传统文化土壤，叙事平易而用意繁绕，幽默俳偕而华光内敛。主人公们具有似曾相识的命运感，他们的希冀、追求、梦幻和归宿足以唤起众多读者的共鸣，而欲辩忘言的哲思在焉，绕梁不绝。作者所坚持的纯文学精神，使其作品具有恒定的文学价值"。

同月　《一日三秋》被《文学报》评为 2021 年度十大好书。

同月　《一日三秋》被《中国新闻出版广电报》评为 2021 年度好书，同时横扫年度各大好书榜。

同月　被"名人堂"评为 2021 年度十大作家之一。

同月　被《博客天下》评为 2021 年度作家。

2 月 23 日　与李洱、张悦然共同在人民文学出版社举办主题"小说：与世界对话"的文学对话活动。

3 月 4 日　根据刘震云同名长篇小说改编的现实主义荒诞话剧《我不是潘金莲》在全国开始巡演。

3月14日　参加中国作家协会与中国人民大学联合举办的首届"网络文学研究班"开班仪式并作发言。刘震云在发言中表示，好的作家一方面要对作品的语言、细节、情节、故事结构和人物塑造有深刻认识，另一方面要不断扩充知识结构以丰富文学创作的根基和土壤。他认为，文学的底色是哲学，好的文学家首先是哲学家，语言艺术和讲故事背后要有思想和认识的支撑。刘震云与青年作家通过经典文学作品互动，激发了大家对作品中人文情怀的关注与思考。

4月　凭借《一日三秋》获当当第八届影响力作家。

8月24日　参加羊城书展花城书房名家分享会。

同月　散文《没有一个作家是天才》在"顶端新闻"发表。

同月　《刘震云作品选》（6册）在花城出版社出版，包括《一地鸡毛》《温故一九四二》《我叫刘跃进》《一句顶一万句》《我不是潘金莲》《一日三秋》。

9月7日　第27届釜山国际电影节公布入围名单，华语电影《普通男女》入围本届电影节"亚洲之窗"单元。影片由韩三平监制，刘震云任艺术总监，刘雨霖担任编剧和导演。电影主要讲述单亲妈妈李一甜在城市努力打拼，想为生活添砖加瓦，却不断遭遇家庭、感情、事业的多重打击，面对眼前的一地鸡毛却仍然勇敢直面生活困局的故事。

9月27—29日　由法国驻华使馆主办、中法两国作家共同参加的"无独有偶"中法当代文学节在北京法国文化中心开馆。刘震云、徐则臣、张悦然和法国作家大卫·冯金诺斯、西尔万·普吕多姆、梅丽丝·德·盖兰嘉尔以现场和视频连线方式参加对谈活动。

10 月 《不懂，是我写作最大的动力》（卷首语）发表于《朔方》第 5 期。刘震云在文中指出："作品人物的一点看法和认知，跟作者的认识认知是两回事，并不一定作品人物的认识就是作者的认识。最好的作者其实是离作品人物越远越好，我说的远是作者的影子退得越远越好。当然有很多作品作者很强势，他的作品就是作品人物的思想，而且他要教导这个人物，包括读者应该怎么做，当然还有一种作者，他跟作品里的人物只是朋友，他们在交谈。"[①] "文学能够用情节、细节、对话，更重要的是情节、细节、对话之外的那些弦外之音，言外之意，那些趣味、那些氛围能够一点点给它丝丝缕缕地码放清楚。它确实存在跟现实生活不一样的东西，但是它更接近现实。"[②] "情节与细节的荒诞是以一种严肃的状态、表情在运作，作家的想象力就是把这些情节和细节组成一个波澜壮阔、震撼人心的长篇故事，作家结构出来的这个虚构故事应该比生活更接近真实和本质。这是作家的任务。更重要的是，小说中的认识一定跟生活中的认识是不一样的，甚至是完全相反的，这是小说存在的价值。"[③] "一个作家真正的功力不在有形的小说，而是后面无形的东西，这是一个层面。另一个层面，具体到一个作品

---

① 刘震云：《不懂，是我写作最大的动力》（卷首语），《朔方》2022 年第 5 期。
② 刘震云：《不懂，是我写作最大的动力》（卷首语），《朔方》2022 年第 5 期。
③ 刘震云：《不懂，是我写作最大的动力》（卷首语），《朔方》2022 年第 5 期。

里面，作家真正的功力包括呈现出的力量，不管是荒诞还是什么，它不在你的文字表面。功夫在诗外。这就是结构的力量，这个结构力量特别考验作家的胸怀，这个胸怀就是你能看多长看多宽，你对生活的认识、对人性的认识、对文学的认识以及对自己的认识。"[①] "一个人对生活的态度、对朋友的态度、对每一个细节的态度，能反映出他的胸怀和见识，而这些一定会带到他的作品里。如果在生活中不懂得尊重朋友、尊重生活、尊重每一个细节，他在作品中就很难尊重他作品中的人物。所以我觉得，一个人在生活中的态度和见识，是衡量他是不是一个好作者、好导演特别重要的标志。"[②] 可以说，这些宝贵经验直接来源于刘震云平时创作体会和深度思考，也是文学创作的重要规律，值得广泛借鉴。

11月20日 参加由中国作家协会、中共北京市委宣传部、中共湖南省委宣传部共同主办的"中国文学盛典·鲁迅文学奖之夜"颁奖典礼活动，与徐贵祥共同为第八届鲁迅文学奖"短篇小说奖"获奖者颁奖。

同月 访谈录《刘震云：写作向彼岸靠近》（与张英对话）发表于《作品》第11期。

同月 散文《知人知面不知心》发表于《青年博览》第21期。

12月25日 2022花地文学榜年度盛典在深圳举行，评委

---

① 刘震云：《不懂，是我写作最大的动力》（卷首语），《朔方》2022年第5期。
② 刘震云：《不懂，是我写作最大的动力》（卷首语），《朔方》2022年第5期。

由 60 位专家学者组成，对上一年度发表出版的长篇小说、短篇小说、诗歌、散文、评论、新人文学，经过两轮推荐和投票，之后，再经过网络投票、终评等环节产生 6 位作家和 1 位"年度致敬作家"。刘震云因《一日三秋》获得"年度致敬作家"，其颁奖词是："既是魔幻，又是现实。刘震云始终以先锋的姿态，在现实与历史、故乡与命运间穿行，他对底层社会和小人物的世界有着体贴与超拔的洞察。《一日三秋》迎来作者创作生涯的又一次突破。这是一部'泪书、笑书、血书'，层次繁复，明暗呼应。'一日'为此生，是讲述的明面；'三秋'乃前世、今生和来世，是小说的暗面。凸显的是'一日'，至于来世，则需读者自己去延长、捕捉和感悟，聪慧如作者，也只用一句'天机不可泄漏'存而不论，将希望留在心头。"

本年度重要论文：

丛子钰：《喜剧的感伤性与反讽性——读刘震云的〈一日三秋〉》，《南方文坛》2022 年第 3 期。

徐兆正：《非虚构写作如何呈现"中国记忆"——以〈温故一九四二〉为例》，《探索与争鸣》2022 年第 3 期。

周琪：《语言的历险——评刘震云〈一句顶一万句〉》，《当代作家评论》2022 年第 3 期。

白若凡：《延津民间"笑话"图鉴——刘震云〈一日三秋〉简论》，《扬子江文学评论》2022 年第 3 期。

吕永林：《在不亲的人间寻亲，于无情的世上有情——〈一日三秋〉中普通人明亮的情和理》，《上海文化》2022 年第 5 期。

王东：《不止幽默：〈我不是潘金莲〉的"戏仿"修辞》，《文艺争鸣》2022 年第 9 期。

孙郁：《刘震云：从〈一句顶一万句〉到〈一日三秋〉》，《当代文坛》2022 年第 6 期。

苏桂宁：《走向世俗的知识分子——谈刘震云〈一地鸡毛〉〈手机〉中的知识分子形象》，《当代文坛》2022 年第 6 期。

韩文淑、张丛皞：《刘震云小说创作的兴起》，《当代文坛》2022 年第 6 期。

张博实：《刘震云小说对"世俗"世界的考掘》，《当代文坛》2022 年第 6 期。

2023 年　66 岁

1 月 13 日，著名作家徐怀中在北京逝世。

3 月 3 日，日本著名作家、诺贝尔文学奖获得者大江健三郎逝世。

3 月 19 日，第十一届唐弢青年文学研究奖颁奖仪式暨"中国式现代化视野下的中国文学"学术研讨会在上海举行。

4 月 16 日，"新时代文学：源流、经验与新变"论坛暨第五届当代中国文学优秀批评家奖、《当代作家评论》年度优秀论文奖颁奖典礼在沈阳举行。

5 月 13 日，首届漓江文学奖在广西桂林揭晓。作家王蒙、孙频、弋舟、穆涛、臧棣和莫华杰获得首届漓江文学奖。

5 月 22 日，中国作家协会"作家活动周"暨中国作家"益阳文学周"在益阳开幕。中国作家协会党组书记、副主席张宏森，人民艺术家王蒙，中国作家协会副主席、书记处书记陈彦出席开幕式。

同月，莫言首部诗集、书法集《三歌行》由人民文学出版社发行，包括《黄河游》《东瀛长歌行》《鲸海红叶歌》三首长歌，诗书齐舞，文墨并行。

6月13日，中国国家画院院士、中央美术学院教授黄永玉在北京因病逝世。

6月15日，著名学者、文学史家杨义先生在珠海因病逝世。

6月19日，莫言话剧《鳄鱼》在浙江文艺出版社正式出版发行。

6月24日，新时代文学教育高峰论坛暨北京师范大学国际写作中心成立10周年庆典在北京顺利举行，莫言、贾平凹、韩少功、余华、苏童、阿来、格非、迟子建、李洱、叶兆言、东西、艾伟等驻校作家参会。

7月11日，欧洲知名作家米兰·昆德拉逝世。

7月17日，毕飞宇长篇小说《欢迎来到人间》在人民文学出版社出版。

7月25日，著名作家田中禾因病在郑州逝世。

9月3日，《十月》杂志创刊四十五周年暨北京十月文艺出版社建社四十周年论坛在北京举行，莫言、阿来、刘亮程、邱华栋、乔叶、弋舟等作家出席活动。

9月28日，著名文学评论家程德培在上海逝世。

同月，贾平凹长篇小说《河山传》在《收获》第5期发表。

11月4日，著名作家周涛在乌鲁木齐逝世。

11月26日，周大新研究中心在郑州成立。

2月20日　参加"文学馆之夜"第三期节目，与中国现代文学馆馆长李敬泽、中国现代文学馆副研究员李蔚超围绕着"谁是会说话的人"进行交流。

同月　《延津与延津》入选《北京文学》2022年度中国当代文学最新作品排行榜。

3月22日　与莫言、梁晓声一起亮相中国作家协会"作家活动周·名家零距离"活动，和来自全国各地、各行各业的36位基础作家面对面交流，讲述创作经验，分享创作感悟。刘震云认为："比起人，人和人之间的关系、结构更为重要，这需要智慧、创造力、哲学认知和格局。""好的文学作品都有哲学性的思考，思想的力量支撑着文学的深度。这是有形之外的无形，更加重要。""文学对事件、人物、情感等思考不会像现实那样。""生活停止思考的地方，文学便开始了它的思考。如果文学的思考和现实的思考一致，大家都不看文学了。"

3月28日　在北京大学文学讲习所"小说家讲堂"发表"文学与哲学的量子纠缠"为主题的演讲，本次活动是"第三届王默人—周安仪世界华文文学奖"系列讲座活动的第一讲。本次讲座主持人、北京大学文学讲习所李洱教授在开场白指出，"在这个世界上，刘震云只有一个。他有着非常迷人的个性和更加迷人的作品。从20世纪80年代至今，震云先生创造了一大批在文学史上具有标志性意义的作品，比如《一地鸡毛》《温故一九四二》《一句顶一万句》和《一日三秋》。这些以一字开头的作品，一以贯之地表达着他对中国文化核心命题执着的探索和表达"。刘震云认为，文学是生活停止的地方，生活不用体验，生活永远扑面而来。对于好的作者而言，文学不仅仅是生活的反映，文学的底色一定是哲学。文学与哲学的穿越、交叉、混合、混沌，这就是量子纠缠。

同月　《一日三秋》入选 2023 首届"花城文学榜"十大好书。

4 月 3 日　参加由中国外文局指导、中国翻译协会主办的 2023 年中国翻译协会年会，并围绕会议主题作了主旨演讲。

4 月 15 日　到郑州参加由人民文学出版社、中共河南省委宣传部、河南日报社、河南省文学艺术界联合会主办的"2023 当代文学论坛暨颁奖盛典"。

4 月 22 日　散文《我从来不承认这个世界上有谁聪明》发表于《辽沈晚报》。

5 月 9 日　散文《哲思的诗意表达》发表于《太原日报》。

5 月 29 日　出席第 40 届马来西亚吉隆坡国际书展活动，并和马来西亚籍作家许通元进行对谈。

同月　演讲录《文学与哲学的量子纠缠》发表于《视野》第 10 期。

6 月 12 日　到中国美术学院南山校区举办主题为"文学的底色"的专场讲座。

6 月 15 日　第 29 届北京国际图书博览会（BIBF）在国家会议中心举行，出席由中国图书进出口有限公司主办的"故事沟通世界——刘震云对话 30 国汉学家"活动。活动主要围绕刘震云作品"海外译介情况"、"文学作品的国际表达"等主题进行研讨与交流。刘震云在开场发言中表示：真正好的文学它的底色一定是哲学，好的文学出现在生活停止的地方，而哲学停止的地方，文学又出现了。接着，《我叫刘跃进》意大利文版译者、汉学家李莎，《手机》越南文版译者、汉学家阮丽芝，《一日三秋》马来文版拟签约译者、马来西亚汉文化中心主席拿督吴恒灿各自分享了阅读、翻译刘震云作品的感想。《一日三秋》西班牙文版译者、墨西哥汉学家莉亚娜和《我不是潘金莲》俄文版译者罗季奥诺夫、罗玉兰夫妇也通过视频分享了翻译刘震云作品的收获，不仅有人生哲理的习得，更借由作者的关照和作品的洞察，了解到当代中国的发展，尤其是改革开放 40 年来的现代化建设成就。

6 月 16 日　在第 29 届北京国际图书博览会（BIBF）上，与施普林格·自然大中华区总裁暨全球图书总裁汤恩平博士做客 BIBF 品牌活动之一的"大使会客厅"，并进行跨界对谈，从文学出发，展开思想交流和智慧碰撞。

6 月 19 日　到香港会议展览中心参加"一本读书会"首场名家讲座，并作主题为"人间多少事，两三笑话中"的讲座。其间，刘震云分享自己 40 余年文学创作心得体会，具体探讨文学与生活、哲学、知识、音乐的关系，风趣幽默又富于哲理的语言赢得观众的阵阵喝彩。

8 月 18 日　由鼓楼西戏剧出品，根据刘震云同名小说改编的话剧《我不是潘金莲》在四川大剧院演出。

9月1日　到杭州剧院与导演丁一滕、演员金广发、张隽溢、蒋博宁等以及特邀嘉宾程士庆共同对谈现实主义荒诞话剧《我不是潘金莲》。

9月5—6日　到南京参加中国文学国际传播论坛暨第六次汉学家文学翻译国际学术会议，并发表题目为"用'不同'滋养作家"的主题发言。

10月11日　与著名作家梁鸿一起到英国利兹大学，与百余名中文系师生展开一场关于中国当代写作的对话。之后，两位作家还到曼彻斯特、纽卡斯尔、爱丁堡、牛津、伦敦等城市出席多场文学活动。

10月28日　参加在北京举办的"宋方金和他的朋友们"第三届主题演讲暨《上元灯彩图》新书发布会，并作主题发言。

10月30日　与刘雨霖共同做客《潘登的闲聊咖啡馆》节目，与主持人潘登畅聊百态人生。

11月1日　与刘雨霖应邀到东方甄选直播间与俞敏洪、董宇辉进行对谈。

11月3日　刘雨霖任导演兼编剧，刘震云任艺术总监的电影《普通男女》在全国公开上映。

11月17—19日　到浙江乌镇参加中国作家协会举办的2023年中国文学盛典以及茅盾文学周系列活动。

11月28日　参加由中国作家协会创研部、人民出版社、《文艺报》共同主办的王干新作《论王蒙》出版座谈会。人民艺术家王蒙，中国作家协会党组成员、副主席、书记处书记邱华栋，中国作家协会副主席阎晶明出席座谈会。中国作家协会创研部主任何向阳、人民文学出版社副社长任志强、《文艺报》副总编辑刘颋以及曹文轩、梁晓声、陈晋、吴为山等 10 余位专家学者参加会议。

12 月 2—3 日　参加由《文艺报》和江苏大剧院共同主办的莫言话剧《红高粱家族》研讨会。中国作家协会副主席邱华栋以及李洱、格非、陈晓明、牟森、欧阳逸冰等出席活动。

12 月 10 日　参加电影《三大队》首映活动。

12 月 14 日　匈牙利"中国文学读者俱乐部"读书分享活动第七期在布达佩斯举行。本次活动由中国作家协会、Geopen 出版社支持，布达佩斯中国文化中心和匈牙利"中国文学读者俱乐部"联合举办，分享主题为刘震云作品《吃瓜时代的儿女们》（匈牙利文版）专题赏析。刘震云以视频方式参与介绍个人新作。

12 月 20 日　到三亚参加第五届海南岛国际电影节举办的"金椰嘉年华"系列活动，并与土耳其导演、编剧努里·比格·锡兰进行对谈，共同分享各自创作过程中的灵感、经验、心得。

12 月 28 日　参加电影《非诚勿扰 3》在北京的首映活动。

本年度重要论文：

张明、赵树勤：《"讲故事的人"——记忆诗学与〈一日三秋〉》，《阴山学刊》2023 年第 1 期。

吴丹：《专访刘震云：文学停止的地方，话剧出现了》，《第一财经日报》2023 年 3 月 21 日第 A12 版。

邓秋英：《"关系"中展开的存在之思——刘震云对当代文学反讽的超越》，《南京师范大学文学院学报》2023 年第 2 期。

张旭东：《叙事摹仿的真理与方法：读刘震云的〈一句顶一万句〉》，《中国现代文学研究丛刊》2023 年第 4 期。

钱滢：《故乡情结中的反思——论刘震云的〈一日三秋〉》，《南腔北调》2023 年第 3 期。

毕文君：《小说传统的边缘处回响——评刘震云长篇小说〈一日三秋〉》，《当代作家评论》2023 年第 3 期。

徐刚：《漫长的"小说学徒期"——论刘震云早期小说的时代风貌与个人风格》，《文学评论》2023 年第 4 期。

韩越：《"喷空"的乡土生存哲学——论新世纪刘震云小说的叙事策略与动力》，《中国文艺评论》2023 年第 7 期。

参考资料

一、作品

刘震云：《塔铺》，作家出版社，1989 年。

刘震云：《故乡相处流传》，华艺出版社，1993 年。

刘震云：《故乡面和花朵》（四卷），华艺出版社，1998 年。

刘震云：《一腔废话》，中国工人出版社，2002 年。

刘震云：《一地鸡毛》，人民文学出版社，2006 年。

刘震云：《我叫刘跃进》，长江文艺出版社，2007 年。

刘震云：《一句顶一万句》，长江文艺出版社，2009 年。

刘震云：《故乡天下黄花》，作家出版社，2009 年。

刘震云：《手机》，作家出版社，2009 年。

刘震云：《我不是潘金莲》，长江文艺出版社，2012 年。

刘震云：《温故一九四二》，长江文艺出版社，2012 年。

刘震云：《吃瓜时代的儿女们》，长江文艺出版社，2017 年。

刘震云：《一日三秋》，花城出版社，2021 年。

二、著作

河南省地方史志编纂委员会：《河南年鉴》，《河南年鉴》编辑部，1988 年。

于友先等主编《河南新文学大系》（10 卷），河南大学出版社，1996 年。

摩罗：《耻辱者手记——一个民间思想者的生命体验》，内蒙古教育出版社，1998 年。

郭宝亮：《洞透人生与历史的迷雾——刘震云的小说世界》，华夏出版社，2000 年。

王爱松：《当代作家的文化立场与叙事艺术》，南京大学出版社，2004 年。

李振邦：《河南籍著名文学家评传》，大众文艺出版社，2005 年。

禹权恒：《刘震云研究》，河南大学出版社，2005 年。

张新颖：《打开我们的文学理解》，山东文艺出版社，2005 年。

李丹梦：《"文学豫军"的主体精神图像——关于农民叙事伦理学的探讨》，春风文艺出版社，2006 年。

方克强：《跋涉与超越》，上海文艺出版社，2007 年。

李庚香：《中原文化精神》，河南文艺出版社，2007 年。

陶冶：《刀刃者的舞者：冯小刚电影研究》，上海三联书店，2007年。

徐光春：《中原文化与中原崛起》，河南人民出版社，2007年。

延津县史志编纂委员会：《延津县志》，中州古籍出版社，2009年。

姚晓雷：《灵魂的守护》，吉林出版集团有限责任公司，2009年。

姚晓雷：《乡土与声音——"民间"审视下的新时期以来河南乡土类型小说》，山东教育出版社，2010年。

王萍：《文学豫军对外传播研究》，吉林大学出版社，2011年。

张鸿声：《河南文学史》（当代卷），郑州大学出版社，2011年。

何弘：《超越还是重复——中原文学论稿》，河南文艺出版社，2013年。

梁鸿：《黄花苔与皂角树：中原五作家论》，北京大学出版社，2013年。

上海书店出版社编《中国地方志：河南地方志专辑》（全70册），上海书店出版社，2013年。

王文霞：《文化消费主义背景下当代作家研究——以河南作家为例》，中央编译出版社，2013年。

李丹梦：《文学"乡土"的地方精神》，北京大学出版社，

2014 年。

吕晓洁、李炎超：《中原文化视阈下的河南当代乡土小说研究》，中国社会科学出版社，2015 年。

房伟：《二十世纪九十年代历史小说叙事思潮》，人民出版社，2016 年。

孙畅：《农民的生存之困——刘震云论》，华东师范大学出版社，2016 年。

张小刚：《传媒与"新写实小说"的兴起》，中国社会科学出版社，2016 年。

赵玲丽：《中国现当代小说的创作主题研究》，中国书籍出版社，2016 年。

陈自然：《刘震云寻找精神的故乡》，中国社会科学出版社，2017 年。

李春：《中国商业电影二十年：冯小刚现象研究》，中国传媒大学出版社，2017 年。

张俊苹：《冯小刚贺岁电影品牌建构研究》，中国电影出版社，2017 年。

冯庆华：《刘震云小说思想论稿》，中国社会科学出版社，2018 年。

梁鸿：《外省笔记：20 世纪河南文学》，中信出版集团，2018 年。

吕晓洁：《河南当代乡土小说研究》，郑州大学出版社，2018 年。

孟远：《新写实小说研究资料》，百花洲文艺出版社，2018年。

吴义勤：《刘震云研究资料》，百花洲文艺出版社，2018年。

河南省地方史志办公室、新乡市地方史志局：《平原省志》，中州古籍出版社，2019年。

李勇：《新世纪文学的河南映象》，人民文学出版社，2020年。

吕东亮：《中原文学新风景》，河南大学出版社，2021年。

余韬：《冯小刚电影：作者、文本与社会》，中国电影出版社，2021年。

徐洪军：《文学批评的三个面向》，河南大学出版社，2023年。

三、论文

摩罗：《刘震云：中国生活的批评家》，《当代作家评论》1997年第4期。

孙荪：《文学豫军论》，《河南大学学报（社会科学版）》2002年第4期。

高有鹏：《20世纪文学豫军的知识群落》，《中州学刊》2003年第6期。

张旭东：《新世纪"文学豫军"的创作困境与突破之途》，《当代文坛》2008年第5期。

冯果、田奥：《影像中的历史与民族性——评电影〈一九四二〉》，《文艺理论研究》2013 年第 6 期。

高涵：《〈一九四二〉：电影与文学的良性互动》，《中国现代文学论丛》2013 年第 1 期。

李丹梦：《文学"乡土"的历史书写与地方意志——以"文学豫军"1990 年代以来的创作为中心》，《文艺研究》2013 年第 10 期。

李丹梦：《文学"乡土"的苦难话语与地方意志——以"文学豫军"20 世纪 90 年代以来的创作为中心》，《学习与探索》2013 年第 11 期。

孙郁：《刘震云其文》，《前线》2013 年第 4 期。

徐春浩：《地域文化是"文学豫军"创作的根脉和灵魂——"中原作家群"作品审美对象观照》，《文艺理论与批评》2014 年第 3 期。

胡妍妍：《试论冯小刚电影对个体存在的表达——以〈我不是潘金莲〉为例》，《中州学刊》2017 年第 8 期。

江涛：《"文学豫军"的乡土权力书写》，《南京师范大学文学院学报》2017 年第 3 期。

高艳芳：《从小说到电影——论〈一句顶一万句〉的电影改编》，《名作欣赏》2018 年第 2 期。

李丹梦：《乡土与市场，"关系"与"说话"——刘震云论》，《中国现代文学研究丛刊》2021 年第 10 期。

孙郁：《刘震云：〈一句顶一万句〉到〈一日三秋〉》，《当代文坛》2022 年第 6 期。

毕文君：《小说传统的边缘处回响——评刘震云长篇小说〈一日三秋〉》，《当代作家评论》2023 年第 3 期。

张旭东：《叙事摹仿的真理与方法：读刘震云的〈一句顶一万句〉》，《中国现代文学研究丛刊》2023 年第 4 期。

附录一　刘震云创作年表

按：该年表由刘震云年谱精简而成，根据编辑需要，所有作品按照"小说""散文、随笔、杂文""演讲""文论、访谈、对话、创作谈"等分类并排序，每类作品内部依发表时间排序。另外，依据文学史分类惯例，小说只标明长、中、短篇，"小小说""微型小说"按照"短篇小说"处理。特此说明。

1979 年

小说

《瓜地一夜》（短篇小说），北京大学五四文学社社刊《未名湖》1979 年 11 月。

1982 年

小说

《月夜》（短篇小说），《奔流》1982 年第 4 期；

《被水卷去的酒帘》（短篇小说），《安徽文学》1982 年第 5 期。

1983 年

小说

《江上》（短篇小说），《安徽文学》1983 年第 3 期；

《三坡》（短篇小说），《安徽文学》1983 年第 7 期；

《村长和万元户》（短篇小说），《雨花》1983 年第 11 期；

《河中的星星》（短篇小说），《北京文学》1983 年第 11 期；

《铁头老汉》（短篇小说），《星火》1983 年第 11 期。

1984 年

小说

《模糊的月亮》（短篇小说），《文学》1984 年第 4 期；

《大庙上的风铃》（短篇小说），《奔流》1984 年第 4 期；

《东边露出了鱼肚白》（短篇小说），《文学》1984 年第 11 期。

1985 年

小说

《栽花的小楼》（短篇小说），《青年文学》1985 年第 4 期。

1986 年

小说

《乡村变奏》（短篇小说），《青年文学》1986 年第 8 期；

《罪人》（短篇小说），《青年文学》1986 年第 10 期；

《都市的荒野》（短篇小说），《安徽文学》1986 年第 11 期。

1987 年

小说

《塔铺》（短篇小说），《人民文学》1987 年第 7 期。

1988 年

小说

《新兵连》（中篇小说），《青年文学》1988 年第 1 期；

《爹有病》（短篇小说），《星火》1988 年第 2 期。

1989 年

小说

《塔铺》（小说集），作家出版社 1989 年 1 月，主要包括《塔铺》《新兵连》《乡村变奏》《栽花的小楼》《大庙上的风铃》《被水卷去的水帘》《罪人》；

《头人》（短篇小说），《青年文学》1989 年第 1 期；

《单位》（短篇小说），《北京文学》1989 年第 2 期；

《乡村变奏之二》（短篇小说），《天津文学》1989 年第 3 期；

《官场》（短篇小说），《人民文学》1989 年第 4 期；

《爱情的故事》（短篇小说），《作家》1989 年第 6 期；

《老师和上级》（短篇小说），《长江》1989 年第 5 期。

1990 年

小说

《冰凉的包子》（短篇小说），《小说林》1990 第 3 期。

1991 年

小说

《一地鸡毛》（中篇小说），《小说家》1991 年第 1 期；

《磨损与丧失》（中篇小说），《中篇小说选刊》1991 年第 2 期；

《官人》（短篇小说），《青年文学》1991 年第 4 期；

《故乡天下黄花》（长篇小说），中国青年出版社 1991 年 8 月。

文论、访谈、对话、创作谈

《读鲁迅小说有感：学习和贴近鲁迅》，《中国现代文学研究丛刊》1991 年第 3 期。

1992 年

文论、访谈、对话、创作谈

《整体的故乡与故乡的具体》，《文艺争鸣》1992 年第 1 期。

小说

《官场》（小说集），华艺出版社 1992 年 5 月，主要包括

《单位》《一地鸡毛》《头人》《官场》《官人》；

《一地鸡毛》（小说集），中国青年出版社 1992 年 6 月，主要包括《新兵连》《头人》《单位》《官场》《一地鸡毛》；

《土塬鼓点后：理查德·克莱德曼——为朋友而作的一次旅行日记》（短篇小说），《芳草》1992 年第 11 期；

《官人》（小说集），长江文艺出版社 1992 年 12 月，主要包括《塔铺》《单位》《一地鸡毛》《官场》《官人》《温故一九四二》。

1993 年

小说

《温故一九四二》（中篇小说），《作家》1993 年第 2 期；

《故乡相处流传》（长篇小说），华艺出版社 1993 年 3 月；

《新闻》（短篇小说），《长城》1993 年第 6 期。

文论、访谈、对话、创作谈

《狭隘与无知》，《作家》1993 年第 2 期。

1994 年

散文、随笔、杂文

《我们需要什么样的贵族》，《北京纪事》1994 年第 9 期。

1995 年

散文、随笔、杂文

《长篇小说就像世界杯足球赛》，《出版广角》1995 年第 6 期。

1996 年

小说

《刘震云文集》（四卷），江苏文艺出版社 1996 年 3 月，主要包括《一地鸡毛》《温故流传》《向往羞愧》《黄花土塬》。

散文、随笔、杂文

《告别》，《黄金时代》1996 年第 10 期。

1998 年

小说

《故乡面和花朵·王喜加》（长篇小说），《青年文学》1998 年第 1 期；

《故乡面和花朵·插页》（长篇小说），《天涯》1998 年第 1 期；

《故乡面和花朵·娘舅》（长篇小说），《作家》1998 年第 2 期；

《故乡面和花朵·东西庄的桥》（长篇小说），《上海文学》1998 年第 2 期；

《故乡面和花朵》（四卷）（长篇小说），华艺出版社 1998

年 9 月。

散文、随笔、杂文

《我对世界所知甚少》，《时代文学》1998 年第 5 期。

1999 年

小说

《故乡相处流传》（长篇小说）节选部分，《名作欣赏》1999 年第 1 期；

《刘震云》（小说集），香港明报出版社 1999 年 11 月。

散文、随笔、杂文

《我在人民大会堂给铁凝看过堆儿》，《英才》1999 年第 4 期；

《灵魂在清晨的菜市场上飘荡》，《文化月刊》1999 年第 11 期；

《她是迟子建》，《时代文学》1999 年第 6 期。

文论、访谈、对话、创作谈

《从〈看上去很美〉谈起》（与邱华栋、王朔、张英对话），《作家》1999 年第 7 期。

2000 年

散文、随笔、杂文

《铁凝和她的小说》，《对外传播》2000 年第 2 期。

小说

《刘震云》（小说集），人民文学出版社 2000 年 9 月，主要收录《塔铺》《新兵连》《头人》《单位》《一地鸡毛》《官人》《非梦与花朵》等 9 篇中、短篇小说。

2001 年

文论、访谈、对话、创作谈

《大家·三问三答》（刘震云访谈录），《大家》2001 年第 4 期。

小说

《一腔废话》（长篇小说），《大家》2001 年第 5 期；

《刘震云自选集》（上下卷），文化艺术出版社 2001 年 9 月，上卷收录《故乡相处流传》《温故一九四二》，下卷收录《单位》《一地鸡毛》《新闻》《官场》《官人》。

散文、随笔、杂文

《巴掌与世界》，《北京文学》2001 年第 9 期。

2002 年

小说

《一腔废话》（长篇小说），中国工人出版社 2002 年 1 月。

散文、随笔、杂文

《散点透视》，《时尚》2002 年第 5 期。

2003 年

散文、随笔、杂文

《童年读书》,《语文教学与研究》2003 年第 6 期。

小说

《手机》（长篇小说）, 长江文艺出版社 2003 年 12 月。

2004 年

散文、随笔、杂文

《脱掉外衣》,《时代教育》2004 年第 6 期。

小说

《一地鸡毛》（小说集）, 长江文艺出版社 2004 年 3 月, 主要包括《塔铺》《新兵连》《头人》《单位》;

《手机》（长篇小说）, 台湾九歌出版社 2004 年 4 月。

2005 年

小说

《那些微小又巨大的人》（小说集）, 台湾九歌出版社 2005 年 4 月;

《刘震云自选集》（小说集）, 现代出版社 2005 年 8 月, 主要包括《故乡天下黄花》《故乡相处流传》。

2006 年

小说

《一地鸡毛》（小说集），人民文学出版社 2006 年 1 月，主要包括《一地鸡毛》《温故一九四二》；

《刘震云精选集》（小说集），北京燕山出版社 2006 年 5 月，主要包括《塔铺》《土塬鼓点后：理查德·克莱德曼》《口信》《新兵连》《头人》《单位》《一地鸡毛》《温故一九四二》《非梦与花朵》。

2007 年

散文、随笔、杂文

《不要直腰》，《名人传记》（上半月）2007 年第 7 期。

小说

《我叫刘跃进》（长篇小说），长江文艺出版社 2007 年 11 月。

2008 年

散文、随笔、杂文

《我向往的是"雪山下的幽默"》，《晚报文萃》2008 年第 1 期；

《纯洁的力量》，《杂文选刊》（职场版）2008 年第 8 期；

《生活就是"一地鸡毛"》，《楚天都市报》2008 年 10 月 3 日；

《复调的新阶层》，《中国企业家》2008 年第 24 期。

小说

《我叫刘跃进》（长篇小说），台湾九歌出版社 2008 年 3 月；

《一地鸡毛》（小说集），台湾九歌出版社 2008 年 3 月。

2009 年

小说

《一句顶一万句》（长篇小说），《人民文学》2009 年第 2、3 期；

《一句顶一万句》（长篇小说），长江文艺出版社 2009 年 3 月；

《故乡天下黄花》（长篇小说），作家出版社 2009 年 6 月；

《手机》（长篇小说），作家出版社 2009 年 7 月；

《一句顶一万句》（长篇小说），台湾九歌出版社 2009 年 8 月。

文论、访谈、对话、创作谈

《手机新文学：无限风光在掌间》（刘震云访谈录），《中国图书商报》2009 年 7 月 24 日。

散文、随笔、杂文

《我在德国小镇》，《博客天下》2009 年第 18 期。

2010 年

小说

《一句顶一万句》（长篇小说），香港明报出版社 2010 年 1 月；

《故乡天下黄花》（长篇小说），台湾九歌出版社 2010 年 6 月。

散文、随笔、杂文

《雨中，想起顾城和谢烨》，《半月选读》2010 年第 3 期；

《俺村、中国和欧洲》，《人民文学》2010 年第 6 期；

《从生活到文学》，《上海采风》2010 年第 6 期；

《写作是世上最容易的事》，《语文教学与研究》2010 年第 27 期。

演讲

《你们才是中国文学的脊梁》，《北京文学》2010 年第 11 期。

2011 年

散文、随笔、杂文

《我们幸福着大学的幸福》，《中国青年》2011 年第 2 期；

《明星"外祖母"》，《视野》2011 年第 7 期；

《艺术的来源是消遣?》，《中国国家旅游》2011 年第 2 期；

《一片叶掉到北大的日子》，《教师博览》2011 年第 7 期；

《童年读书》，《小学教学研究》2011 年第 33 期。

2012 年

散文、随笔、杂文

《理让别人讲》，《特别关注》2012 年第 1 期；

《关于幽默》，《语文教学与研究》2012 年第 1 期；

《阿克曼　外祖母和德累斯顿》《土耳其人和河南胖子》，《中学生阅读（高中版）》（上半月）2012 年第 4 期；

《大"知识分子"》，《解放日报》2012 年 8 月 17 日；

《我们缺的是见识》，《理论学习》2012 年第 10 期。

小说

《我不是潘金莲》（长篇小说）节选部分，《花城》2012 年第 5 期；

《我不是潘金莲》（长篇小说），长江文艺出版社 2012 年 8 月；

《我不是潘金莲》（长篇小说），台湾九歌出版社 2012 年 8 月；

《温故一九四二》（长篇小说），长江文艺出版社 2012 年 12 月。

文论、访谈、对话、创作谈

《刘震云：想纠正一句话比想说一句话更难》（与唐追远对话），《中国图书商报》2012 年 8 月 21 日；

《胡思乱想·胡说八道·冷幽默》（与姜广平对话），《西湖》2012 年第 8 期；

《"黑暗的地方不一定全是黑暗"——〈一九四二〉拍出和没拍出的》（与张英对话），《南方周末》2012年12月6日。

2013年

散文、随笔、杂文

《老汪》，《文苑》2013年第1期；

《外祖母》，《语文教学与研究》2013年第3期；

《布拉格，面对坦克的英雄》，《幸福（下半月悦读版）》2013年第5期；

《没见识的知识分子》，《兰台内外》2013年第3期。

演讲

《在北京大学中文系百年系庆大会上的演讲》，《语文教学与研究（教研天地）》2013年第2期；

《文学梦与知识分子》，《甘肃社会科学》2013年第5期。

文论、访谈、对话、创作谈

《我们的时代最缺乏的是远见》（与崔永元对话），《视野》2013年第12期。

2014年

散文、随笔、杂文

《前行者邱华栋》，《文艺报》2014年1月13日；

《中国教育的本身需要教育》，《书摘》2014年第5期。

2015 年

散文、随笔、杂文

《我是个文学青年》,《新读写》2015 年第 7 期。

文论、访谈、对话、创作谈

《浑水澄清,需要时间》,《解放日报》2015 年 10 月 30 日。

2016 年

小说

《刘震云作品集典藏版》(12 卷),长江文艺出版社 2016 年 8 月,主要包括《手机》《我叫刘跃进》《一地鸡毛》《我不是潘金莲》《一句顶一万句》《温故一九四二》《故乡天下黄花》《故乡相处流传》及《故乡面和花朵》(4 册)。

演讲

《文学解决了生死问题》,《视野》2016 年第 18 期。

2017 年

散文、随笔、杂文

《法律的出台,让我吃了一颗定心丸》,《中国人大》2017 年第 4 期。

演讲

《我们民族最缺的就是笨人——2017 年 7 月 1 日在北大毕业典礼上的演讲》,《中外文摘》2017 年第 17 期;

《知识分子要像探照灯,照亮民族未来》,《世纪人物》2017

年第 8 期；

《故事与现实》，《文学教育》2017 年第 31 期。

小说

《吃瓜时代的儿女们》（长篇小说），长江文艺出版社 2017 年 11 月。

2018 年

散文、随笔、杂文

《身边好导师》，《当代工人》2018 年第 1 期；

《真正的孤独》，《意林（美绘本）》2018 年第 8 期；

《艺术的魅力》，《高中生（青春励志）》2018 年第 10 期；

《相惜是一种力量》，《中国新闻出版广电报》2018 年 12 月 7 日。

文论、访谈、对话、创作谈

《刘震云：故乡，绕不开的母题》，《检察风云》2018 年第 18 期。

2020 年

小说

《刘震云作品集》（六册），长江文艺出版社 2020 年 7 月，主要包括《我不是潘金莲》《一地鸡毛》《我叫刘跃进》《温故一九四二》《手机》《一句顶一万句》等。

2021 年

散文、随笔、杂文

《有远见的人从不走捷径》，《青年博览》2021 年第 6 期。

小说

《一日三秋》（长篇小说），花城出版社 2021 年 7 月。

2022 年

散文、随笔、杂文

《延津与延津》，《农民日报》2022 年 1 月 7 日；

《没有一个作家是天才》，"顶端新闻"2022 年 8 月；

《不懂，是我写作最大的动力》（卷首语），《朔方》2022 年第 5 期；

《知人知面不知心》，《青年博览》2022 年第 21 期。

小说

《刘震云作品选》（6 册），花城出版社 2022 年 8 月，包括《一地鸡毛》《温故一九四二》《我叫刘跃进》《一句顶一万句》《我不是潘金莲》《一日三秋》。

文论、访谈、对话、创作谈

《刘震云：写作向彼岸靠近》（与张英对话），《作品》2022 年第 11 期。

2023 年

散文、随笔、杂文

《我从来不承认这个世界上有谁聪明》,《辽沈晚报》2023
年 4 月 22 日;

《哲思的诗意表达》,《太原日报》2023 年 5 月 9 日;

演讲

《文学与哲学的量子纠缠》,《视野》2023 年第 10 期。

附录二　刘震云：写作向彼岸靠近

——刘震云、张英

　　按：笔者认为，张英对刘震云的本次访谈具有下列显著特征。第一，对刘震云创作历程概述比较全面，时间跨度较长，代表性文本均有涉及。第二，对刘震云作品评论具有深度和广度，内容丰富，主要涵盖小说艺术风格、思想主题、影视改编等不同方面。第三，访谈氛围非常融洽，自由轻松，过渡自然，思路清晰，行云流水。基于上述原因，笔者经过认真遴选，将本篇访谈录作为年谱附录，特此对作者张英表示感谢。

《故乡面和花朵》十年磨一剑

　　张英：用六年时间写长篇《故乡面和花朵》，在笼罩着浮躁之气的小说界，真可谓少见。小说写作进展顺利吗？

　　刘震云：那几年我都写傻了，平时闭门不出，写作或读书，遇到生活中的问题，如生病了才出门到医院去，足球也不看了，电话只听人讲，偶尔看下报纸。《故乡面和花朵》讲述了三个成年人的梦魇和一个少年对特定一年的深情回顾，还是属于"故乡系列"。

张英：通过长篇小说《故乡面和花朵》你想表达什么？它和以前的作品有什么不同？

刘震云：我想表达我对世界的整体感受，以及对生活、历史整体的把握。对我而言，这部长篇具有特别的意义，和我以前的写作大不一样。以前的中短篇或近20万字的长篇，它展现的只是生活的断面，只是河流中的一段流水、天上飘浮的白云几朵。在《故乡面和花朵》中，天上飘动的不再是一朵或几朵云彩，而是暴风雨来临前的乌云密布、飞沙走石，我写了它正在酝酿、即将发生和发生的经过。以前写的中短篇小说，比较注重语言的流畅感，《一地鸡毛》开头就写一块豆腐馊了，《故乡天下黄花》写一个村长吊死了，《温故一九四二》写这一年发生了什么事。这次写作发生了巨大变化，题材不一样，叙述语言、结构、技巧也不一样。以前我写的作品属经验领域内的事，《故乡面和花朵》写的是非经验领域和世界。以前的写实性较强，那是我刻意为之，可锻炼基本功，如对语言的运用、对情节的把握、结构的张弛程度、语言流逝的速度，是严格的技艺操练。由这部长篇开始，我的写作才真正具有了意义，开始进入创作阶段。过去是对真实的追求，现在对生活持一种解构的态度。

张英：你试图打开另一世界的大门，即非经验、非理性、非常识的世界，这是个潜藏着不为人知的世界。

刘震云：旧衣服穿着总是合身的、舒服的，但时间久了就会形成习惯，如果没有改变，会导致一种危机。我们常常会看到马路上的一个人突然笑起来，或自言自语。这时他处在大街拥挤的人群中，但心灵进入了另一世界，现实世界暂时在他脑海、眼前消失了。有时我站在大街上，看着骑自行车的、行走着的人，他们的表情都一样：漠然、僵硬。这看起来是人的自然习惯，仔细一想，千万张脸背后都一样，欲望与渴求得不到满足。人常常在潜意识白日做梦，用这种想象弥补自己的创伤与疼痛。这种白日梦（潜意识）占据了人生三分之一的时光，却被我们忽视。我发现了一个这么大的世界，我希望在写作中能完整地表达它。

张英：你说，写作的苦恼在精疲力竭后，在发现离精粹还有好远时。作家面临的那个世界是虚无的，却又存在着，写作的意义也正在这。作家心中总会有好小说存在，这就是精粹。精粹也许永远无法到达。

刘震云：小说是一种梦境，我们永远也到达不了那，但我们可以用生命用写作努力去接近。这部长篇我写了六年，修改了一年多，1998年交出去的。我感到太累，精疲力竭。遇到的最大困难是时间太长，心态发生了变化。六年前写的情节，在当时很满意，后来看却破绽很多，修改非常困难，情绪和状态也发生了变化。

张英：你的写作起于20世纪80年代初，回过头来看，有很多宝贵的经验值得讲讲吧！

刘震云：许多作家都处在艰苦摸索阶段，我们都是些不大不小的作家，受到的教育是否完备、对知识的掌握是否全面？大多数作家只懂汉语，先锋文学看得最多的还是汉语作品，外国文学对我们的影响并不大，它以汉语面貌出现在我们眼前，语言是否优美流畅、结构是否和谐、文体段落的张弛程度等，我们根本无从得知。老歌《三套马车》唱了几十年，都以为它是一匹老马，却应是个年轻姑娘。这是翻译者的原因，这种现象很可悲。

我非常羡慕"五四时期"的大作家，他们学贯中西，懂好几国语言，写出的作品至今还让我们高山仰止。我们这代作家连完备的教育都没受过，就开始了勇气式的冲锋，但冲锋达到的高度有限，在停滞的地方怎么向前走是个大问题。写作时，我常发现自己知识的欠缺与贫乏，对语言的把握、生活的理解、文体、结构、思想上还有很多须努力的地方，但我只懂汉语，不知用其他语言表达的作品的真正样子。我希望能把外语学好，能直接阅读原著。世界越来越小，外语很重要。以前很容易下判断，我们认为它是对的，但这个判断随着时间的流逝会变得可笑。写作是作家一生修炼的过程。如只把写作当成吃饭和追求名利的手段，就永远不可能接近它。就像足球，不在于中国队是否进入了世界杯，而在于打进世界杯后，在赛场上能否同意大利、巴西、德国这些国家的足球实力、技巧、精神面貌、气势相抗衡，它是综合各层面的较量。中国文学能否让世界文学感到惊喜，这需要几代作家的努力。许多作家非常自信，而我只能努力保持清醒，加倍把小说写好。

张英：《故乡面和花朵》的结构颇有意味，前三卷讲三个成年人的梦魇，第四卷讲一个成长阶段的少年对一年中发生的事件的深情回忆，这是否意味着成年人的世界对成长中的少年是种压迫？真实世界对成长中的生命造成了恐惧与伤害？联系你以前的作品来看，这种人在现实环境中因理想的破灭以及由此产生的失落、绝望和悲哀，正体现出一个有良知的作家所持有的同情和怜悯。

刘震云：你的理解没错。我以前的作品只写出了许多情绪中的一种。一个人在生活中每天每时每刻都会产生许多种情绪，对世界的恐惧只是一个大方面的体现。对世界的恐惧可怕的不在于发生了战争、地震，而是从细枝末节渗透进了你的意识、灵魂、血液深处。这种细节的真实比我们描叙历史、家族的流传记忆要有感染力得多。就艺术特征和个性而言，我和其他作家写得不一样。我写作时的感受如作者与读者坐在灯光下谈心。小说不像电影直接面对大庭广众，而是一对一地把彼此心中的委屈、恐惧说出来，像平等交流的朋友。如果说这就是怜悯与同情，那恰恰是我写作的动机。

张英：你的小说揭示了在日常平庸琐碎的生活中，人们背负的巨大压力和精神负担，是戴着面具在生活。我们没法改变生存现状和人性里那些悲观、彷徨、自卑、虚伪和扭曲，我们太渺小了。对你而言，写作意味着什么？是对现实的反抗吗？

刘震云：有这方面的意义，梦想更丰富更有趣，而生活乏味无情。但仔细想想，我们的生活还是充满着许多乐趣，尽管这种乐趣特别灰。有时我们会发现人与人之间的玩笑特别悲凉，但大家都哈哈一笑就过去了。就写作愿望讲，像《一地鸡毛》《单位》这类小说绝不是对人的嘲讽和漠不关心，我是发现了生活中的一缕阳光时，才开始写《一地鸡毛》。当然，《一地鸡毛》叫《阳光一缕》也行。这些人的生活都一样，上班下班，买菜做饭带孩子吃饭睡觉，天天如此，生活这么枯燥琐碎，为什么能顽强生活下去呢？他们都是小市民，没有大才华，不可能去迎接外国来的总统或为某项大工程剪彩，他们生活的支撑点在什么地方呢？司空见惯的现象下隐藏着什么？我在集贸市场上有了发现：讨价还价。几分钱扔到地上都没人捡，但在菜市场买菜时却分毫必争，此时外部世界都不存在了。当按自己的价钱买到了，晚上会睡得很愉快甚至带笑，他战胜的不是几分钱，是整个世界，这几分钱的意义扩大了。拎着两毛每斤的大白菜，心情比拎着三毛每斤的大白菜要好得多。你还价的成功（胜利）是对方让步（失败）了，这种心情和总统参加世界会议时签下的一揽子协议是一样的快乐，这样的感觉支撑着生活。这是我写《一地鸡毛》的起因，没想到大家觉得它"灰暗"。我从没想到去讽刺。

张英：你的小说大多表现的是市民生活，有些评论家认为你是农民、草民、小市民的代言人，说你始终站在平民立场上去表达。

刘震云：我没有故意要站到你说的立场上去，那就太做作了。《故乡相处流传》我没写好，在结构、人物设置上有些粗糙，后来写的长篇小说我借用了好多《故乡相处流传》中的人名，这种观察方法有意思。历史流传下来的人物都是大人物，如曹操、袁绍。我把他们写成村里的乡亲，村里的小人物变成了大人物，这种错位感很有趣。艺术跟机械流水化的制造业不一样。一个合格的政治家企业家是古板严肃的人，按原则办事，艺术家与他们不同，他是造酒的人，写的不是葡萄，是用葡萄酿出来的酒。我们很多作家写出来的却还是葡萄。作品分两类，一类是独立提供了基础，把读者思路打开了，这叫语言美的交流；另一类是读者在栏杆中穿行，他把读者限制死了，高人一等，总想教育别人。读这种文章特别屈辱，他不尊重读者。写作的关键在于情感的交流。我烦作品中带有判断语，妄加判断。作家不是下判断的人，他提供的是想象的基础、一个世界，这是无形的空间。

张英：我对"三驾马车""现实主义回归"的现象感到失望，把生活原生态全盘照搬进小说是一种无能，复制生活场景的意义何在？小说是一门艺术。

刘震云：马原写过一篇文章我特别喜欢，他认为柔石、赵树理写得好。年轻时会不以为然，随着年龄的增长和写作经验的积累，才觉得他们说的话确实是真理。赵树理把握生活细节、语言对话的能力令人称绝。老舍的语言、曹禺的戏剧语言达到了一个高峰。书越读越觉得自己渺小，觉得自己无能，你知道前人做过了怎样的努力。只有少数人才口出狂言，他们说的话早被人证明是错误的。照搬生活的小说生命力长不了。

张英：你的小说语言比较简洁，对话鲜活有个性，非常流畅，看得出来是下了功夫的。

刘震云：语言特别重要，作品的语言美不在语意本身，而在前后语言联结上。

前阵子同一个海外归来的朋友谈海明威，他说海明威的小说不是简洁的问题，是经过复杂又还原为宁静和简单。在美国文学里，他的小说开创了一代文风，语言文字优美、丰富、华丽。语言是无法翻译的，一旦变成另一种文字，它的精魂就丧失了、飞远了。

张英：你说你以前的作品都是练习之作，哪些国外作品对你的创作产生影响，从而得到提升？

刘震云：法国文学还真不错。我不懂法语，读的是译成中文的法国文学作品，加缪、普鲁斯特的作品我特别喜欢，遗憾的是我不知道他们在法语中是什么面貌。余华对我讲，在日文中，川端康成的语言非常优美，译成中文后，语言风格就不免打了折扣。尽管如此，我仍能感觉到这些作品的美。阅读带给写作的影响刚开始有，写一阵后，就没太大关系了。感觉和兴趣已与原来不同了，会有一些比较。

张英：你的作品与自身经历存在某种对应关系。《新兵连》写军人生活，《一地鸡毛》《官人》《单位》等写大学毕业生上岗工作，《温故一九四二》及"故乡系列"写家乡河南那块土地的历史，你的经历与你的写作相映成趣。另外，你对目前的现实状况感到满意吗？

刘震云：我是容易满足的人，大学毕业到《农民日报》工作，只是因为能给我提供一套房子。当然，生活还是让人温暖的，和朋友在一起聊天、看球、打牌等。写作既充实也痛苦，总想把小说写好。尽管在创作上还存在一些禁区，还存在一些顾忌，但于我已足够了，只是自身素质还有待提高。我心中的小说应是好看、优美、耐读的。

《手机》离生活太近了

张英：怎么会写一部关于手机的小说？

刘震云：大家聊天时都在用手机，这使话题聊不下去了。手机是为给大家说话带来方便，慢慢地，手机似乎就有了生命，它控制着每个人，控制大家说话，控制话语量。手机离生活特别近，它改变了人和人的关系，改变了说话方式和习惯。

张英：你说《手机》的主题是说话。

刘震云：同一个人，在有的场合不爱说话，在有的场合说的是实话，有时他说的是假话，有时话中有话，有时说的是心里话。主人公严守一主持的节目叫《有一说一》，以说真话见长，但他在生活中却四处埋设谎言。这些谎言和现代化的手机联系在一起时，手机就变成了手雷，爆炸了。

张英：你说人说的大部分话是谎言支撑的，但你也承认它的合理性。

刘震云：谎言表面看比较坏，但在生活中占相当大比例。人一天要说两千多句至三千多句话，有用的不超过十句。这两千多句或三千多句话里肯定有很多废话和谎话，既然在话语中占比这么大，上天这样安排，一定有它深刻的道理。一个谎言支撑了人的一生，一个谎言支撑了一个民族、一个世纪，强有力的谎言于日常生活非常重要。

张英：就这么简单吗？你写作的兴奋点在哪？

刘震云：我关心精神和物质间的磨合，关注所说的话，说话既是物质的，又是精神的，听得着，但看不见，说话最能反映嘴和心的关系。《手机》里我比较喜欢的内容，是人和人距离的远近。一些语言在人类不同的发展阶段，对人类关系变异程度的影响是不一样的。

张英：你讲你最喜欢小说的第三部分。同前两部分相比，第三部分你在用减法写。

刘震云：《手机》第三部分，我写人跟人最根本的关系和交往方式。在写小说前两部分时，我还没找到感觉，进入第三部分，我觉得很舒服，像一个人把外面穿的衣服全部都脱掉了，看见的是活生生的人，显露出的是人的本性。《一地鸡毛》写的是物质世界，有话就说，相当于人每天说了两千多至三千多句话；《故乡面和花朵》《一腔废话》进入人的思想中，相当于人每天说了两万多句话；《手机》写人的嘴，嘴和心的关系。许多嘴，都在说话，说着说着突然噎住了，欲言又止，大概只有七百多句。这七百多句里，有用的可能只有十句话。

张英：你在这十句话里找到了什么？

刘震云：我按这十句有用的话去写，还原人的本质，把社会的外衣和其他的剥掉，只剩下人与人。我接触上海有两种渠道，一种是先到《文汇报》，通过单位安排认识；另一种是认识你，再认识周毅。前者是社会渠道，看到的都是上海的外表；第二种是人的渠道，我们先聊家长里短，这样的认识是城市内部，更加真实。一个民工到上海打工，一般找的都是亲戚和同乡来融入这个城市，他不会去找单位和机关。通过《手机》，我找到了这种写作方法。《一地鸡毛》《故乡面和花朵》外在表现很多，这是社会形态带来的属性，作家的主观批判性也非常强。《手机》我把语言还原到了人间、人群、人，只很家常地说话，说关于人的话题，不是其他。我关照被繁华、喧嚣遮蔽的部分。

小说和影视谁伤害谁

张英：《手机》的小说和电影有哪些不同？

刘震云：《手机》第一部分写严守一小时候说话很困难，他们家的话语权都掌握在他妈手上，他爹一天说不了十句话，等严守一长大，变成了以说话为生的人。他家乡的人不理解，小时候跟他爹一样的家伙，现在居然能拿说话当饭吃，太不可思议了。第二部分是主要部分，也是电影表现的主要部分，即节目主持人严守一的工作、生活状态。到第三部分主要是追溯他说话的来源，就一句话，他爷爷找了这姑娘而不是另一姑娘，生下他爹，他爹又生下他。整个寻找他爹的过程，是一句话的历险记。

张英：冯小刚说电影没有你小说好看。

刘震云：电影是一把双刃剑，它要寻找有可看性、非常态的故事。它重视的是娱乐性，表现当代都市人的心口不一，表现当代人身体和精神的分裂，也有很强的批判性。电影注重热闹的部分，如果是一盘菜，注重好吃的部分，书是厨房剥葱剥蒜的过程，吃一顿饭后的回味过程。如果看热闹，应该看电影，要深入谈心，应该看小说。另外，容量也不一样，小说约20万字，电影是一个半小时。

张英：这部小说先写剧本，再写小说，这里面的娱乐性会影响你的小说写作吗？

刘震云：电影不会对小说造成伤害，小说是小说，电影是电影。我看电影《手机》，也觉得不过是换了一种方式，在小说里是哭泣、悲伤、沉重的，在电影里则是含着泪笑着说出来的。电影上映的一周内，小说可能会受影响，但电影很快会过去的。电影过去了，小说还存在，可以长时间流传下去，在任何地方都可以看。

张英：有人说这部小说的味道像是冯小刚的，不是刘震云的。

刘震云：在剧本原创阶段，冯小刚的一些点子开阔了我的思路。我写小说时，吸收了剧本中冯小刚的智慧，我占冯老师便宜了。小说虽然由剧本改编而成，但不是剧本的简单扩充，也不是电影的附庸。如果把电影当作素材，把剧本当作一次实验，小说则在一个更高的台阶上。

张英：这是不是证明你在创作上受到了电影的影响？

刘震云：我跟影视界没什么关系，写作上肯定不会受他人左右。我跟冯导合作，仅仅是因为《一地鸡毛》《温故一九四二》《手机》，我自己写小说，自己改编自己的作品。

张英：《手机》的诞生是聊电影时聊出来的吗？

刘震云：拧巴的是，大家都认为小说会成为电影的附庸，认为小说改编成影视剧时，会受制于人。我写《手机》，大家就有成见，因为先写电影剧本，后写小说，觉得受电影影响较深。如果没这部电影，或电影在一年后才播放，还会有这样的印象吗？小说结构、怎么写我都完全想好了才跟小刚聊的，小刚很感兴趣，他说要把第二部分改编成电影，我就说这很容易，不是特别难的事。《手机》写的是现实生活，我反对作家在作品中过度介入，有这个态度或没这个态度，对小说都产生不了什么影响。电影《手机》播出后，北京拿手机的人都不再说开会了，好多人看完电影后骂，说刘震云是孙子，开会是最好的借口，现在不能用了。

张英：这说明作家也可以干预生活。

刘震云：先有电影后有小说是特别好的事，站在一个台阶上，反而可以把小说写得更好。电影在托着小说走，本来小说只卖出一万本，被一万个人阅读，有电影或电视剧，小说可能会卖出十万本，有十万个读者，增加了作家的物质收入，这多好，为什么要装出清高的样子拒绝呢？好多人批评这样不对，是因为他们连剧本都写不好，没这个才华，只会往小说里加水。排在前十名的中国作家，有多少人跟影视剧没关系？他们的知名度跟作品改编成影视有极大关系，这是现实。对我来说，电影与电视剧不会对小说产生影响。

张英：文学界有种观念，作家去写剧本，或把小说改编成电影，对小说会造成伤害。

刘震云：我特别讨厌这种说法。小说已定型，它改编成电影与小说本身无关，这是两码事，电影不会伤害小说，经过好的改编后，电影可以让小说再插上另一双翅膀，飞向更广阔的领域。有些作家当初对影视怀着仰视的心情，回过头又对根据自己作品改编的影视作品不屑，大声斥责把文学改得一团糟。作品是你自己的，你要是不屑，可以不让改，权力在你手中。我不喜欢别人说真正好的小说是给少数人看的，这在自欺欺人。世界上的优秀小说哪个不是声名远播，家喻户晓。妇孺皆知的《红楼梦》你能说不是好小说？到现在还有人认为，搞影视的人没文化，这是不对的。很多优秀的导演、演员都是人尖，他们都很有思想和才华。

商业性与文学性

张英：小说《手机》正是缘于电影的帮助，创下了你书的最畅销纪录。

刘震云：以前人们老觉得作家写完书，话都在书里，人就可闭嘴了，但时代变了。写完《手机》，我以为没事了，结果出版社的金丽红告诉我，你得上街去卖瓜。现在出版的书那么多，不吆喝没人知道，酒好还怕巷子深。如果作家的书都卖不过2000册，文学就离死不远了。我的生活来源，全部靠写作。作家靠自食其力很光彩。

张英：你在电影《甲方乙方》里演失恋青年，有人批评，又一个有责任感有批判精神的作家堕落了。

刘震云：我不是要坚持什么，我也不是帮别人指明道路的人，好多作家愿做代言人。应该怎么活着，要有追求，如何才有意义，那都是上天的事。我不是那样的作家。一般这样说话的，都是拿着作协的工资，住着作协的房子，享受着公费医疗的作家，特别虚伪。你要引导别人，首先应自食其力，以身作则。不然，你去引导别人，给别人指导道路，这很荒唐。

张英：你现在一条腿站在影视圈里，游刃有余，如鱼得水，跟着剧组全国到处跑，有人说你在作秀。

刘震云：他们不作秀吗？他们很虚伪的，他们享受着很多好处，衣食无忧，站在安全的地方呼喊或批判，特别不光彩。像我这样通过商业，自己挣钱养活自己，特别光彩。商业让你不用依附任何，自己站起来保持独立性。

张英：商业会不会影响你的独立性呢？你很少为人写序，什么原因让你先后给吴小莉、崔永元、冯小刚等人写序？

刘震云：写这样的文章花不了一天工夫。生活确实变化了，生活拧巴，人也拧巴，都拧巴到一起了，就特别麻烦。中国的知识分子有过独立精神吗？这有深刻的历史文化原因，中国的知识分子历来就是社会的附庸，每天的任务就是在解释别人，他们只知道书本上别人教给他的知识，不知道这些知识是对是错。几千年来，所有的资源全控制在一个渠道里，他们被它喂大，喂成语言，喂成习惯，喂成价值观念，这虚假的价值观念发展到极致，会支撑一批人，甚至会支撑一个民族一个世纪，多少仁人志士为此丢头颅洒热血，它就是个谎言。

张英：你当编剧，当演员客串影视剧，又做了制片人，就差当导演了。

刘震云：没想过，导演我当不了，同一画面要拍十遍、几十遍，我做不了这工作。在中国当导演，除了要把戏导好，还要会和各方面的人打交道，投资人、演员、电影局，这比导一部戏更复杂。我当群众演员是导演想控制成本，《甲方乙方》《桃花运》都这样，《甲方乙方》是冯小刚的要求，演个作家，《桃花运》是马俪文让我去探班，为省钱，临时拉我当的群众演员。我没做过制片人，《我叫刘跃进》是小说改成了电影，在宣传过程中，他们会给你加很多名头。但我从朋友的角度说，如剧组亏损，我的钱可以不要。导演连演员都定不了，谁出钱谁定。制片人通常是投资人，他能把钱交给我去控制一部电影吗？不可能。拍电影像做生意，我做会赔得一塌糊涂。拍电影是社会行为，从政治到金融，上上下下，方方面面，都得摆平。我没那个能力，也没时间和精力。

作家必须对民族的想象力负责

张英：和《故乡面和花朵》《一腔废话》一样，《手机》讲的也是关于说话的故事，不同的是，大家都能听懂你说的话了。

刘震云：我在《手机》里讲的都是家常话。以前，不管是《一地鸡毛》，还是《一腔废话》《故乡面和花朵》，都特别重视人的外在，政治的、经济的、意识形态的，包括人文道德。写《一地鸡毛》，我展现的是大家身边的日常生活，叙述上用了平时说话的语言，由于节奏较快，大家都觉得好看。到《故乡面和花朵》，大家都说看不懂。我认为大家应该能看懂啊，我们每人每天都在胡思乱想，占时间的95%，具体做事却只占5%，怎么会看不懂呢？《一腔废话》也是这样，我专注于人脑子所想的那些乱七八糟的事，增加了跳跃性和语言的流动速度，大家读时可能不习惯。

张英：从《一腔废话》开始，你变得幽默了，甚至很贫，不再像以前了，苦口婆心、正义凛然、严肃庄重——

刘震云：这是对我的误读。跟抽烟一样，不是我一个人在抽，是很多人在抽，有人在抽红塔山，有人在抽古巴，我抽的是中南海。摩罗说，中国是喜剧社会，刘震云是坚持喜剧精神的作家，他没一部作品不充满喜剧精神，他用貌似庄严的口气在叙述喜剧的事。我写的就是庄严喜剧，《故乡天下黄花》《故乡面和花朵》，连《温故一九四二》也是采用喜剧态度写的。

张英：《一腔废话》和《手机》有什么关联？

刘震云：《一腔废话》写脑子里的事，脑子里的胡思乱想毫无章法，变换特别快。这种胡思乱想会要求语言变形，由两千多句变成两万多句，速度也跟着提升、放大。很多人看不懂，说事情转换得太快。转换快不是主要原因，是速度不匹配。到《手机》时，经过这种语言的喧哗后，突然迟缓了，跟年龄也有关。写《一地鸡毛》时三十来岁；写《一腔废话》时四十来岁；到四十多岁，变得不爱说话了。《手机》句子很短，句号特别多，对话简洁，流速变慢了。真正的大师，不是用复杂来说复杂，他用身边最简单、最家常、大家都能听明白的话来说深奥。

张英：《一腔废话》里的电视节目主持人，主持了一个虚假的节目。

刘震云：我们从电视里看模仿秀、辩论赛、欢乐总动员……打开电视，几十个台张着几十张嘴在对你说话。他们以庄严的面目在说话，那些人在节目里说的话与生活中说的话完全两样，特别有喜剧效果。《手机》里严守一在单位话都说尽了，回到家没话说，他老婆说他，我听你说话都在电视上。他说的话95%都是无用的话，是废话是假话，是口不对心的话。两个人吃饭只听见碗筷声，他们极力想找话说，可越这样，越紧张。因为一开口就是假话，做节目时这样，在生活中也这样，活得特别虚假。这些废话、假话，还有口不对心的话到底有没有用呢？既然在生活中占比这么大，它肯定是支撑我们生活的重要动力。

张英：这两部作品，你从话语层面对如今知识分子的生存状态进行了嘲弄，对他们进行了批评，是因你对他们失望吗？

刘震云：不是我失望，是生活对他们失望。他们的所作所为，确实不让人尊敬。这样一批人自以为是地充当着老师的角色，指点江山，整天说的不是人话，多烦呀。不单是知识分子，每个人每天在生活中说的话，有95%同样是废话，听听到处打手机的人说的话就知道了。可见废话在生活中的宏伟力量和支撑作用。

张英：从《故乡面和花朵》作为起点，你告别对现实、已知世界的描述，进入了虚拟的、人的内心世界，经过《一腔废话》《手机》的试验，你找到你要的路了吗？

刘震云：刚开始写作时，我模仿身边的人与事，很愉快，但写着写着就不满足了，感到单纯的模仿很低级。人的创造力其实很小，主要还是模仿，但关键是模仿哪部分，现在好多作家的模仿都停留在对已知世界的描述上。像《一地鸡毛》《单位》《官人》等"故乡系列"的作品，都是对已知世界的描述，写的是外在世界、现实生活里发生的故事。如小林清早起来买豆腐，然后上班，下班，接孩子，做饭，吃饭，睡觉。这些在小林的物理时间里只占了20%，80%的时间他在干嘛？他骑自行车上班，半个小时到一个小时骑车的过程中，他不单在骑车，他脑子里想了许多与骑车没关系的事，这些想法特别纷纭，前后不搭界。一个农民，清早起床，吃过早饭，到地里锄草。在锄草的过程中，他一边锄草一边想，昨天我到镇上赶集，路过裁缝店，那个女裁缝看了我一眼，不知什么意思，为此想了一个小时；接着又想，村里谁死了，留下一个寡妇，这可怎么办呀，又想了一个小时；接着，去年来了个贴画的，在门板上贴了一个明星，我在锄草，他在干吗呢？想了十件跟他毫无关系的事，回来只告诉老婆一件事，锄草去了。我过去也像锄草的告诉他老婆一样告诉读者，干嘛，锄草，把95%的都扔掉了，觉得没用。这些很现代，每个人都很现代。包括在夜里做梦，刚梦到这个，接着是那个。白天还夸房子好，晚上一做梦楼烧掉了，下水道又蹦出只蛤蟆，那么大，吓醒了。现实世界你见不到的人，物理时间你做不到的事，你在梦里能见到、做到。清早起来，你在床上发愣，老婆问："干吗呢？"你说没什么，你也觉得晚上的梦是没用的，白天骑自行车想的也是没用的，所有人都认为它没用，它到底有没有用？如果没有用，上天为什么给这些胡思乱想安排这么长的时间？我觉得不对，是世界出问题了，我想把这种不对矫正过来，这是我特别感兴趣的内容，于是写了特别长的《故乡面和花朵》。从《故乡面和花朵》到现在，我也才写了80%。

张英：《故乡面和花朵》写了六年；《一腔废话》约20万字又写了三年；《手机》写了一年。你怎么看待写作、时间和市场的关系？

刘震云：对一个职业作家来说，他的下部作品应该和上部不一样，把不可能的变成可能，才能留下作品。职业作家要对我们的语种和语种的想象力负责，对民族的想象力要有归纳和引导。写作就像在大海里穿衣服游泳，游了6公里后，身上的衣服被海水浸泡，重量已超过体重，游泳就非常艰难了，写作过程中我把外衣一件一件脱了下来。到《手机》，我脱得只剩背心和裤头，游起泳就比较自由了，达到了自然的状态。但外衣不断地脱，外衣本身会不断再生，脱了穿，穿了脱，这个过程就是写作的魅力，《手机》第三部分成了我今后写作一个新的增长点。

书写几千年的孤独和寂寞

张英：出版商说《一句顶一万句》是你最好的小说，你怎么看？

刘震云：出版人的宣传"太雷人"。他这样说是为了好卖书，《一句顶一万句》写中国人的孤单与寂寞，所以他们说是"千年孤独"，非得跟马尔克斯的《百年孤独》联系到一块。《一句顶一万句》是我最成熟的作品。小说的故事很简单，前半部写过去，孤独无助的吴摩西失去了唯一能"说得上话"的养女，为寻找，他走出了延津；后半部写现在，吴摩西养女的儿子牛爱国，同样为摆脱孤独而寻找"说得上话"的朋友，走向了延津。一走一来，延宕百年。

张英："一句顶一万句"，为什么拿它做书名？

刘震云：小说题目是"一句顶一万句"，很多人说这不是林彪说的吗？但我说的跟林彪说的不同。《一句顶一万句》的主人公杨百顺和牛爱国，一个人特别想找到另一个人。找的目的非常简单，就想告诉他一句知心话。朋友间想说句家常话，说句温暖的话。这话本来知道，无非世事繁杂，忘记的时间太久了，突然听朋友说起，不禁泪流满面。

张英：《一句顶一万句》来自《手机》最后一章《口信》。

刘震云：《一句顶一万句》确实是从《手机》那冒出来的。在《口信》里还是个小树芽，到《一句顶一万句》，就长成了一棵树。《手机》中，一个人在找另外一个人，一个人要把话告诉另外一个人。写《手机》时，我没能力把它变为好作品，经过《我叫刘跃进》的写作训练，我才能写《一句顶一万句》。写作如登山，是一步一步走到山顶的。很多人只看终点，很少看起点，起点很重要，它容易被评论家忽略。

张英：孤独与寂寞是《一句顶一万句》表达的主题。杨百顺和牛爱国从农村进城打工，他们从事卖豆腐、剃头、杀猪等体力活。关于精神的痛苦和流浪，以往的文学作品只表现在知识分子身上。

刘震云：过去的观念认为，只知识分子有这样高级的精神活动，如《古拉格群岛》《日瓦戈医生》，或《哈扎尔辞典》《霍乱时期的爱情》《我的名字叫红》等，写的都是知识分子因战争、政治、宗教等引发的精神痛苦和思考。在日常生活里，好多不识字的人，面对生活时，能悟到许多书本上悟不到的。《一句顶一万句》里写的磨豆腐的、贩驴的、剃头的、杀猪的、染布的，他们的精神飘移和流浪要严重得多。我外祖母生前告诉我，她有个叔叔，一辈子没娶上老婆，跟家里的牛成了好朋友。有天牛死了，叔叔三天没说话。第四天凌晨，他拍他嫂子，也就是我外祖母她娘的窗户说："嫂子，我走了。"外祖母她娘忙说："他叔，天这么早，你去哪？"屋外就没声音了。待外祖母她娘披衣起身，院里一片月光，叔叔不见了。四乡八镇都找了，所有的井也打捞了，不见叔叔身影。不知他到哪儿流浪去了。仅仅是对牛去世的伤心吗？在熟悉的故土找不到说话的了。

张英：小说里有两个"潘金莲"，一个是吴香香，一个是庞丽娜。两个"潘金莲"，也是两个世纪。

刘震云：良家妇女距"潘金莲"仅一步之遥。时代不同了，大家对"潘金莲"的看法也不同了。但基本的价值取向还是相同的，姓潘的不是好人。吴香香、庞丽娜与曹青娥不同，关键时候，她们迈出了那一步。自从迈出了那一步，她们就担着血海般的干系，后来有人拿刀要追杀她们。最近我们老说"担当"，什么叫担当？这才叫担当。文化的担当只是说说，性命攸关却不容迟疑。虽然她们和潘金莲生活在不同的世纪，但大体的担当还是相同的。不仅在这件事上，在其他许多事上，今天的担当，和宋朝的担当也没什么区别。但她们跟潘金莲还是有区别。我从《水浒传》里，没看出潘金莲和西门庆在世界观和方法论上有什么独特的地方。两人勾搭成奸，是西门庆和王婆给潘金莲设的局，一环套一环，步步深入，属于诱奸；而吴香香和庞丽娜，在丈夫和奸夫之间，为的主要是话，那句知心话。潘金莲有的是烦恼，庞丽娜和吴香香有的是孤独。不是量的区别，是质的区别。庞丽娜和吴香香也有区别。区别不在于她们生活在两个世纪，而是她们孤独的指向不同。吴香香的奸夫只有一个，银饰匠老高，证明她孤独的指向还是明确的；庞丽娜的奸夫有两个，照相馆小蒋和纺纱厂老尚，小蒋和老尚是完全不同的两类人，证明她的孤独不明确和漫无边际。庞丽娜比吴香香更孤独。书中还有个"潘金莲"叫章楚红。她不是良家妇女，不是哲学家，也不是"知识分子"，她却在生活中拯救了牛爱国。作品的最后一章，牛爱国终于找到了故去的"姥爷"杨百顺，而他跟杨百顺要讲的那句话，却并不能解开自己的烦闷和忧愁；更重要的话，一句顶一万句的话，原来藏在他和章楚红之间，接着他又上路去找章楚红。这是牛爱国精神的又一次飞跃。

中国人只相信自己

张英：曹青娥在小说里是很扎眼的人物，她在小说里起什么作用？

刘震云：曹青娥是杨百顺的女儿，但不是亲女儿；曹青娥是牛爱国的亲妈。曹青娥的经历跟杨百顺不同，但她的命运跟"爹"杨百顺有些相似。她一生改过许多名字，一开始叫巧玲，后来叫改心，第二个娘让她把心也改了。她一辈子也在寻找。有外在的寻找，想找到离开的亲族和爹爹杨百顺；有内心的寻找，一心想找到自己，也就是小时候的巧玲。曹青娥五岁离开亲族和故土"延津"，一辈子仅回去过一次。当她回去时，她找到的"延津"，和心里要找的"延津"是两回事。她临死时才意识到，活和死不是问题，如何活和如何死也不是问题，她一辈子面临的终极问题是孤独。她是普通的农村妇女，她用一生极大地"反抗"了"知识分子"的说法，即"孤独"仅属"知识分子"，不属全体劳动人民。牛爱国小的时候，她经常打骂牛爱国；等她年老时，和儿子成了好朋友。看到牛爱国满腹心事，她劝儿子往前看，"过日子是过以后，不是过从前"。但在一个人时，她马上就回到了"从前"。曹青娥一辈子最后悔的事，不是嫁错了人，而是没当潘金莲。这是个不可告人的秘密。快嫁人时，她去找自己的"情人"，一个"东方红"的拖拉机手，让他带她离开，到一个陌生的地方去。那个拖拉机手不是西门庆，敢做不敢当，闪了她一把。她一辈子最恨的，是世界上唯一爱过她的人。她从小爱玩火，一辈子最遗憾的事，是长大了没有放火，让"白茫茫大地真干净"。她用她的一生证明了，一个人的孤独不叫孤独，一个人寻找另一个人，一句话寻找另一句话才叫孤独。

张英：你讨厌知识分子？

刘震云："知识分子"的概念如何界定？读了几本书，就成了"知识分子"？"知识分子"得对这个世界有新的发现。大部分"知识分子"不过是"知道分子"罢了。有些作家假装是"知识分子"，一写到劳动大众，主要是写他们的愚昧和无知，"哀其不幸，怒其不争"，观念百十来年没变过。他们采取的姿态是俯视，充满了怜悯和同情，这种文学作品描写得特别表象，我怀疑这些人的写作动机。我讨厌这样的写作，讨厌这种"知识分子"式的表演。

张英：你不是知识分子吗？人们总把作家也放在这个群体。

刘震云：你首先必须知道，作家没什么了不起。孔子说"三人行必有吾师"，这话特别好。我买了房子，民工在我们家装修，我天天请他们吃饭。其中有个小伙子不好意思了，说："刘哥，你天天请我们这种人吃饭，我没啥回报的，只能说点知心话。"他告诉我他好多烦恼，怎么从老家出来的，怎么打工的，侄子怎么被电死的。后来又说："人生一辈子，要老想这些难受事，早上吊了。想难受事时，想想还有高兴的事，也就活下去了。"这些话很朴实，透着他人生的体验和实践，比有些知识分子和有些书本上的话好得多。

我上大学时，很多老先生是从"五四"过来的，对我启发最大的是吴组缃先生。吴先生开讲座，不说书本上的事，他跟你聊人生经历。他返璞归真，知道教材的知识是从生活中来的。他就说六个字，一是"不着急"。许多人着急了一辈子，也就活一辈子。不着急是调整好人和时间的关系，什么事情，慢慢来。不管做人做事，想好做好。二是"不要脸"。"文化大革命"时，吴先生受到批判，去厕所扫地。他却说："我人生干得最漂亮的事，是北大的厕所我打扫得特别干净。我是打扫厕所的人，我不再把自己当教授啦。"这是不要脸的前提。但他朋友老舍先生是人民艺术家，受到批判，"士可杀，不可辱"，跳楼了。吴先生对我们说，不着急、不要脸，这是他一辈子的体会。我们当时年轻听不明白，随着年龄的增长，五十来岁就深有体会了。

张英：《一地鸡毛》里的小林是孤独的；《手机》里的费墨是孤独的；《一句顶一万句》里的杨百顺和牛爱国也是孤独的；更多孤独的人是"刘跃进"这样的，"孤独"对你来说，是一把文学的钥匙吗？

刘震云：中国人太孤独太寂寞了，几千年都这样。孤独已成为中国人的日常生活，它符合我们民族的特性。西方是人神社会，人与人的交往上面还有神，神可能不存在，也可能存在，你想忏悔时，想说时，孤独时，神无处不在，你可以马上找神说，痛苦和忧愁有落脚处。你犯下多少对不起人的事，无论多么惊心动魄，都可以说，主啊，宽恕我吧。主的回答都是，孩子，你已被宽恕了。这是一种文化生态。中国是人人社会，痛苦和忏悔想表达，没有上帝，只能找人说话。茫茫人海中，找个知心朋友不容易。朋友找到了，却不一定会说出心里话。话找话，比人找人更困难。在中国，我们这个民族从未有过真正意义上的宗教。你有心里话，必须找最知心的朋友才能告诉他。我和你是最知心的朋友，我才能把忧愁、痛苦、高兴的事告诉你。三天不吃饭饿不死人，三天不说话能把人憋死。找知心朋友是件非常艰难的事。不是唐朝艰难，不是清朝艰难，也不是民国艰难，是从古到今都很艰难。有句话说得好，人生得一知己，足矣。

张英：中国人不相信神，也不相信朋友，只相信自己。

刘震云：人人社会的知心朋友和人神社会的知心朋友不一样。人和人的关系是会变的，知心和不知心也会变。人和神的关系是不会变的，非常保险。所以"人找人不容易，话找话不容易"，中国人活得累、寂寞、孤独、心灵封闭。在危险的人人社会中，一个人怎么能找到另一个人，一句话怎么能找到另一句话？一种生活形态和话语形态，比一种社会形态和历史形态重要得多。社会历史形态总是在不断发生变化，许多伟大的人说他们创造了历史，但历史很快告诉他们已经过去。社会历史阶段都会过去。但人人社会这种关系比较稳定。怎么跟人打招呼，见面问吃饭了吗，千年不变，它是常态，不是变态。

故乡外来的闯入者

张英：你用世界的眼光在写故乡。怎么理解？

刘震云：如果我只以延津为背景，写些延津人，写发生在延津的一些事，只能算写了些关于故乡的小说。这当然很好，但不是我写作的目的。我在小说里，真正要写的是延津又不是延津，是浩瀚的世界。世界才是延津，一定要有延津之外的因素，小说如果只写封闭的地方，会固化。戏剧性须有外来的介入者，来到延津，激活延津不同的行业和阶层，形形色色的延津因素和外来因子发生了量子纠缠，从而成为艺术结构稳定的文学世界。《一句顶一万句》翻译成了二十多种文字。我随小说到不同国家、不同民族去交流，许多读者特别喜欢《一句顶一万句》里的人物，老詹。他是意大利传教士，不远万里来到中国延津。

张英：老詹也是延津外来的闯入者。

刘震云：延津有老詹和没老詹非常不一样。延津突然来了个意大利的神父，一个传教士，一下把延津人的世界激活了。他本名叫詹姆斯·希门尼斯·歇尔·本斯普马基。他到了延津，中国人记不住那么长的名字，嫌麻烦，就叫老詹。按照中国人的习惯，姓李就叫老李，姓张就叫老张，姓刘就叫老刘。这是世界观和方法论，祖祖辈辈子子孙孙家族历史源远流长，前面看家族，后边才是具体的个人。如说刘震云，震云才是个人；刘姓，从刘邦开始，太多了。中国人的世界观，只重视整体，不重视个体。老詹来到延津时，他不会说中国话。转眼四十多年过去，他既会说中国话，也会说河南话了。他刚来时眼睛是蓝的，在延津生活了四十多年，黄河水喝多了，眼睛变黄了。他刚来时，欧洲人鼻子高，羊肉烩面吃多了，变成了肥胖的面团儿。老詹七十多岁了，他背着手在街上走，从身后看过去，和延津本地的老头没任何区别。老詹在延津待了四十多年，就发展了八个教徒。老詹内心对天主教的教义理解得非常深，但他嘴特别笨，像茶壶里煮饺子倒不出来。如果在公司，就是业绩很不好。他在黄河边传教，碰到杀猪匠老曾。老詹劝他信主，老曾按中国人的习惯问他："信主有什么好处？"老詹回答："你信了主，就知道你是谁，从哪来到哪去。"杀猪匠说："我不信主我也知道，我从延津来，要到各处去杀猪。"这下把老詹说得哑口无言了，老詹想想又说："咱们不说杀猪了，就问你心里有没有忧愁？凡是人都有忧愁。"老詹这句话说到老曾的痛处了，是人都有忧愁。老詹说："人有忧愁不找主，你找谁去说呢？"老曾问老詹："主能帮我干什么？"老詹马上回答："主让你知道你是罪人。"老曾听完就急了："这叫什么话？我连你的主都没见过，咋知道错都在我这，我成罪人了？"两人不欢而散。由于老詹业绩很差，他那个教堂被县长占据成了县衙门。他住在废弃的破庙继续传教。老詹每天晚上睡觉前祷告，菩萨保佑我再在中国发展一个天主教教徒吧。这是外来者老詹来到延津的生活。老詹到延津来，给每个人介绍了一个知心朋友，让你有处诉说，没想到被杨百顺等人忽略了，把一个知心朋友当成了负担；到他想说知心话时，仍无处可说，错过了老詹和知心朋友，最后离开了亲族和延津，去了更不知落脚处的陌生地方。这是老詹的失败，也是杨百顺等人孤独的另一原因。中国人很多，聚在一起人多势众，分开时个个显得孤单。不从宗教意义，单从生活层面说，这就是我们的文化生态。

张英：你在小说里写故乡和故乡的父老乡亲，它们对你的写作有多大影响？

刘震云：作者和故乡、某个地方的关系，特别是和童年的关系，是永远的文学母题。我老家延津，靠近黄河，津是渡口的意思。古时候水运方便，节省了运输成本。东汉末年，曹操的官渡之战就屯粮在延津；更早的牧野之战，也发生在延津周围。两千多年来，黄河不断滚动，延津现在和黄河距离三十多公里，成了黄河故道的渡口。但它还叫延津，这就造成了历史和现实的一种错觉、一种继承、一种变迁，因时空转换而出现的幻觉。开封在宋朝是首都，我们村离开封四十多公里。要在宋朝，我从小就生活在首都郊区。宋徽宗的口音，跟我们村的人差不多，当时是官话。延津教会了我走路和说话，还教给我丈量世界的概念，东西南北，大小多少，亲疏远近……更重要的是，我从父老乡亲身上感受到了他们生活的细节。"社会"和"历史"只是所处的表象，痛苦不是生活的艰难，也不是生和死，而是孤单。不是人少的孤单，是人多的孤单。孤单种在心里，就长成了孤独，孤独一直生长在他们心里，但他们不说。快乐同样存在于细节和瞬间里。他们对世界的看法，跟"社会"和"历史"完全不同，但他们仍然不说。他们不说，我有责任替他们说出来，如我家要垒鸡窝，在建筑工地的表哥有责任替我砌起来一样。

张英：在延津，你们家算本地人还是外地人？

刘震云：我妈不识字，从我妈往前数，都不识字。我姥姥说，直到我出生，村里也仅几十口人。我们村旁边是黄河故道，只产黄沙和盐碱。我们村附近的土地，一年春夏秋冬，白花花一片，不长庄稼，只长盐碱。这个村的开创者，据说是我外祖父的父亲，他也不识字，就一农民。他们逃荒来的，率领家族在这落下了脚。这里土地并不肥沃，但他看到了别人看不到的盐碱。他带着一家人，整天在地里刮岩土，通过工序熬盐、熬碱，然后推车出门，在河南的五里八乡卖盐。盐在中国历史上为政府专卖。当时的富贵人家吃的是海盐，但在河南，直到民国前，穷人吃的都是盐碱地里产的盐，特别苦。那时家家户户，蒸馒头都用这个碱，蒸出来的馒头花卷特别黄。

张英：延津让你有了写作的责任感，也找到了写作的意义和价值。

刘震云：我开始试着写作，并成了作家，延津作为地名，频繁地出现在我的作品里。好多人问，你是不是像福克纳一样，把延津作为参照物，画出一张邮票来？我说我不想画邮票，画邮票太累，我只是图个方便，把故事放到了延津。我从小生活在延津，小说里的人物总要有生活的地方，故事总要有发生地。让小说主人公的故事发生在延津，我熟悉的食物，像胡辣汤、羊汤、羊肉烩面、火烧等，都能顺手拈来，放到作品中。我写小说时，就不用为小说中的人物吃什么发愁了。人物的故事，他的经历，面部表情，他生活里的尘土，他的笑声、哭声、话术、心事，我都非常熟悉，写起来容易得多，也生动有味。我小说中出现过很多延津，书中的延津，跟现实中的延津有不一样的地方。都叫延津，文学世界和现实世界是容易引起混淆的。现实中的延津不挨黄河，是一望无际的黄土地，它跟整个北方大陆一样，缺水。写《温故一九四二》是因一场旱灾，一下就死了300万人。到了《一句顶一万句》，文中却有条汹涌奔腾的大河。河流从延津穿过，到了元宵节，仿佛《东京梦华录》里写的，灯火辉煌，锣鼓喧天，人山人海，第二天早晨，河两岸就只剩下一地的烟花鞭炮碎屑，还有因喧闹拥挤丢下的鞋袜。读了《一句顶一万句》的朋友，去到延津县城，从南到北、从东到西走了一遍，问我《一句顶一万句》里的河呢？在哪儿？他把现实跟文学世界混淆起来了。

张英：这样的误读很可爱，作家用艺术以假乱真，打动了读者，非常有成就感。

刘震云：在延津这个文学世界里，有个地方叫塔铺。我写过短篇小说《塔铺》，用第一人称，以"我"为主人公，写1977年恢复高考，许多社会上颠沛流离、浑浑噩噩的人面前突然出现了一条新的生路，就是考大学改变命运。《塔铺》写在一个高考复习班上，"我"对一个女孩萌发了纯洁的爱情。读过《塔铺》的读者去现实中的塔铺考察，四处打听"李爱莲"，"他们家住在哪条街"。到了《一日三秋》，从六叔和六叔的画开始写，六叔为什么画画？他过去是唱戏的，他画中的主人公，全是研究五行八作的人，猝死后画被六婶当烧纸烧了，就为纪念六叔。为重现六叔画中的延津风景，我写了《一日三秋》。一些朋友读了问："延津是不是真有六叔这个人？"当然没有，也许有原型，但没有和小说里完全一样的人物。

张英：全是作家的想象力。

刘震云：文学的想象力非常重要。文学是现实的镜子，但不仅仅是一面镜子。文学不是生活的范围，是生活停止的地方，文学出现了。如果文学是窗外生活的反应，大家看看窗外的生活不就完了，为什么要看小说呢？小说里的细节，小说里的情节，跟窗外的生活一样，是相似的不一样和不相似的一样。文学加入了作者的思想，加入了作者的认识，加入了作者的世界观和方法论，作品中的人物，其职业、身份、笑容，虽跟生活中的一样，但他的认识一定和现实不一样。《一地鸡毛》现在成了流行语，经常被人引用，说中国足球"一地鸡毛"，说乌克兰战争"一地鸡毛"。《一地鸡毛》写公务员小林的日常，他把每天遇到的事办得一塌糊涂，没头绪，生活里一堆烦心事，这就叫"一地鸡毛"。如果我这样写《一地鸡毛》，一定是普通小说。《一地鸡毛》跟窗外生活最大的不同是，主人公小林，他是普通公务员，认识跟其他人不一样。所有人会认为，八国首脑会议是重要的，拜登是重要的，马克龙是重要的，普京是重要的，约翰逊是重要的。但小林认为，他们家豆腐馊了，一块臭豆腐比八国首脑会议重要。这是小说的哲学支撑，有它，《一地鸡毛》才能成立，才有了文学的意义和价值。大和小的关系，角度的认知非常重要。

为沉默的大多数代言

张英：《一日三秋》也写延津的故事。

刘震云：《一日三秋》里的延津故事，也有一个外来的介入者，就是花二娘，她是六叔画的仙女。花二娘长生不老，是为了到年轻人的梦中顽皮搞笑，这是本讲笑话的书。世上的许多笑话，注定要流着泪听完。花二娘的笑话，是看你能不能讲得她哈哈大笑，是不是好笑。你笑话说得好，把花二娘逗笑了，她奖励你一个红柿子；你笑话没说好，就得背上花二娘走一段路。花二娘的重量变成了一座山，就像六叔的画，山后边儿还是山，谁能背得动一座山。刚把花二娘背起来，就被山压死了，等于被笑话压死了。这个笑话，是外来者花二娘与延津的量子纠缠。如果只写延津，就是研究故乡了。外来介入者的介入，使延津和世界发生了联系，使延津知道了世界，也使世界知道了延津，同时，也使延津知道了延津。除外来的介入者，出走者也特别重要，那些离开故乡的人，为什么离开？发生了什么事？

张英：《新兵连》写离开者的故事。

刘震云：《新兵连》写延津一群乡村少年参军后在部队的生活，他们是延津的出走者。当他们离开延津到达军营，在另外的世界中，马上就产生了非常大的困惑。刚到新兵连时，吃饭是猪肉炖白菜。肉瘦的不多，全是白汪汪的肥肉片子，但跟村里比，吃上肉就很了不起了。大家把菜都吃完了，但排长没吃完，还剩半盘子。新战士李胜儿看到，便认为排长舍不得吃肉。他按照村里的习惯，把自己舍不得吃的半盆肉，一下子全倒到了排长的盘子里。他哪知道排长不吃是因为大肥肉片子不好吃。

排长见李胜儿把吃剩的脏菜倒到自己的盘子里，气得浑身乱颤，李胜儿你干什么？排长把盘子摔到地上，李胜儿见了都急哭了，现场的战友都捂着嘴笑。事后，主人公劝李胜儿不要在意，李胜儿就说，排长挤对我时我不生气，我是看咱村其他人都偷偷捂着嘴笑，很生气。我写的不是李胜儿的难堪，而是延津在世界面前的难堪，是延津的世界观和方法论、是延津的生活质量跟外在世界差距的难堪。

张英：《我不是潘金莲》里的主人公李雪莲，是出走者，是离开故乡的人。

刘震云：李雪莲为了讨个说法，走出了延津走到了市里，走到了省里最后来到北京。几十年来来去去，就为纠正一句话："我不是潘金莲，我不是个坏女人。"她走来走去，花了20年工夫，这句话还是没纠正过来。在这个过程中，一开始还有人同情李雪莲，后来她的遭遇如祥林嫂，成了笑话，没人愿意再听她说话了。这本书出荷兰文时，我去阿姆斯特丹配合当地出版社做小说推广工作，在一个书店有位荷兰女士站起来说："我看这本书，从头到尾我都在笑，但当我看到李雪莲在跟所有人说话时，所有人都不听，她只好把话说给家里的牛听，我不是个坏女人。我读到那个细节和画面时，哭了。"这位荷兰女读者接着又说了一句话："当世界上只有一头牛在听李雪莲说话时，其实还有另一头牛，也在听李雪莲说话，他就是这本书的作者刘震云。"我当时很感动，这位读者读懂了小说。这是作者和自己的小说和世界之间的关系，这是另一句顶一万句。我还写了一个出走者，小说里的教书匠，教私塾的先生叫老汪，老汪有四个孩子，三个男孩一个女孩。这三个男孩生性老实，唯有女孩灯盏，聪明调皮，老汪特别烦坐不住爱动的女儿。六岁的女孩，最后掉进大水缸淹死了。老汪没有特别伤心。转眼一个月过去，有天老汪无意间看到窗台上有块月饼，上面有一个月前灯盏偷吃后留下的牙印。老汪看到饼上的牙印，不禁悲从中来，扔掉书来到水缸前，大哭了三个时辰，把一起干活的伙计，包括东家都惊动了。快下雪了，老汪对老板说，自己要走，总想念女儿，心里太痛苦了，要离开延津。"东家，我也想算了，可心不由人呀。娃在时我也烦她，打她，现在她不在了，天天想她，想见她。白天见不着，夜里天天梦她。梦里娃不淘了，站在床前，说：'爹，天冷了，我给你掖掖被窝。'"老板说："老汪你再忍忍，过一阵就好了。"老汪回答："我也想忍，可不行啊东家，心里像火燎，再忍就疯了。""三个月了，我老想死。"老板吃了一惊，一听对方说想死，就不敢再拦老汪，"你走也行，可你到哪也找不到灯盏了"。老汪说，"我知道，不为找娃，走到哪儿不想娃了，就在哪儿落脚"。这是特别拧巴、辩证的故事，想念一个人是为了找到他。但老汪到一个地方，不想女儿了，就落脚过活。一路往西走，走走停停，到一个地方感到伤心，再走，一直到陕西宝鸡，突然心情开朗，不伤心了，便在宝鸡落下脚来。这年元宵节，宝鸡满街亮满了灯盏，万千的灯笼中，老汪好像又看到了女儿。

张英：老汪也是延津的出走者，离开故乡到异地讨生活。

刘震云：故乡这样的地域性写作，有外来的介入者，会比地域出走者重要。但比这更重要的是小说背后的结构和方法论。20世纪二三十年代，最好的作家鲁迅，和其他写乡村的作家最大的不同，是其他作家写乡村是从这个村庄来看这个世界，鲁迅写鲁镇，是从世界来看这个村庄。我曾经说，鲁迅先生写过三个特别好的形象，一个是中国人的父亲阿Q，一个是中国人的母亲祥林嫂，还有一个中国的知识分子孔乙己。我说的这些就是文学底色。

脱掉身上不合适的外衣

张英：多年前，你说在写作上"要脱掉身上所有的外衣"，现在做到了吗？

刘震云：以前写小说，我借助过历史、社会、政治的背景，觉得很重要，能达到强烈的艺术效果，那时带有功利性和目的性。现在，你会发现个人、个人的生活更重要。社会、历史、政治是依附在个人生活上的。要尊重个体，个体世界比整体世界重要，比整体世界大。每个个体都有自己独特的内心，它的广阔超过了世界的天地。世界的天地总归有边，但一个人的内心漫无边际。清朝、明朝、唐朝是历史阶段，它总会过去。清朝、明朝、唐朝只是件衣服，最后你会发现，人无所谓穿哪个时代的衣服，人就是人。一个人、一个民族的生命密码，并不存在于"社会"和"历史"的层面，而存在于这个人、这个民族如何笑、如何哭、如何吃、如何睡、如何玩，及如何爱和如何恨中。面对一盘花生米，如何把它吃下去，就已将一个人和另一个人、一个民族和另一个民族区分开了。脱掉"社会"和"历史"的外衣，变成人和人赤裸裸的交往，书中的人物和我，也都变得更加自由和轻松了。

张英：你彻底抛弃了"社会""历史"这些宏大的写作主题，写的都是人生存的基本问题，吃和穿，爱和恨，大和小，远和近，亲和疏，虚和实……为什么有这样的选择？

刘震云：许多作家喜欢追求宏大叙事，一百年的社会、政治、战争、霍乱，特别宏大。比社会、政治、历史、灾难更宏大的是人的内心，可以淹没全世界，社会、历史，包括政治，所有的都可以淹没。集体大于个人，社会大于生活，政治又大于社会。社会控制着生活，生活又控制着人。世界上的灾难全是这么产生的。因为宗教的不同、政治的不同，导致了战争。战争重要不重要呢？一个人清早起来做的第一件事：洗脸、刷牙和上厕所。面对一盘花生米，怎么把它吃下去，这可以把一个民族和另一个民族区分开来，一个人怎么找到另一个人，一句话怎么找到另外一句话，这比发生战争更重要。发生战争是一个人怎么找到一个不对付的人，一句话怎么找到另外一句不对付的话。这个人和话是内核，战争只是外壳和衣裳。衣裳和外壳好利用，好描写，里边的核要剥开才能找到。随着写作的深入，你才能慢慢接近这个核。如杨百顺、牛爱国发现西门庆和潘金莲是认识的让他们突然顿悟了，这和我们过去的认识非常不一样。他们经历的事特别惊心动魄，不小于一场战争、一场政治改革、一场社会改革。杨百顺和牛爱国往哪儿去，不小于人类往哪儿去。觉悟到这点，我的写作突然打开了一扇窗户。

张英：活在真实中，活在现实和当下。

刘震云：我跟其他很多作家不一样，我是自由职业者，我好多年前就不拿《农民日报》的工资了，我没法给人家干活。我靠写字为生，专业作家靠职业拿工资。所有职业都是平等的。我们村的人也不认为我写作多么了不起。过去是糊口的手艺，祖上柳敬亭，不就是街上的说书先生，跟我表哥在街上做小生意，卖花雕、凉粉、洋纱布是一样的。直到现在回去他们还说，你不就靠编瞎话为生。

张英：衡量文学好坏的标准是什么？

刘震云：一个民族的文学要代表这个民族的想象力和语言能力。我们看到非常好的作品，不但对作者产生敬意，还会对这个民族产生敬意。

张英：你在乎外界对你的评价吗，比如茅盾文学奖？

刘震云：作品的获奖非常重要。我在国内外获过一些奖。作品获奖对其本身不会产生根本性影响。不管小说获奖不获奖，不会多一个字，也不会少一个字，但它对作者创作下一部作品确实有好处，会增加作者的信心和勇气。作品发表和出版后，有些学者、专家会以评论的方式，对其作出评价，或肯定，或批评。新闻报刊会根据自己的价值立场评选年度作品，这对孤独的写作者都是积极的鼓励。

写作上绝不重复自己

张英：你说好作家在写作上要有高标准，拒绝重复自己。

为什么？

刘震云：作家最怕下一个作品在重复他上一个作品。一个作者重复别人的作品是可以原谅的，那是学习的过程。最不好的是作者在写作上不断重复自己。写完《一地鸡毛》，又写了《一地鸭毛》《一地鹅毛》，这在创作上是退步。真正好的创作是作家写的作品改变了文学的方向。《温故一九四二》和《一地鸡毛》在题材和创作上都很不一样。不断调整方向非常必要，也非常困难。我曾经说，在写作中我感到如鱼得水、得心应手，就会马上停下来不写了。得心应手一定是在重复过去。

张英：好作家的标准是什么？

刘震云：第一，得有新发现，说不同的话；第二，书中的人物是自己的知心朋友，说的是知心话；第三，技术层面，用宋朝的话说，写得一手锦绣文章；第四，要写出好作品，还得有非凡的胸襟和气度。写到最后，技术层面已不重要了。技术层面多数人能达到，非凡的胸襟和气度却是少数人才能修炼出来的。或者说，前三点都来自这一点。最好的写作状态，就是突然担心起正在写的新作品，始终战战兢兢、如履薄冰，这是新创作的开始。写得好还是不好，你无法用过去的作品来评判这个新作品。我的下一篇小说，肯定会和《一日三秋》不一样。我还有个观点，作者的功力不仅仅在文学，还在文学之外。功夫在诗外，"诗外的功夫"到底是什么？一个好的作者，他必须是一个哲学家。我是职业作者，看开头，就知道作者的文学水平到了哪个段位。要看作者的知识水平、认识水平、思想水平、世界观和方法论到什么地步了，他的见识到什么地步了。不管是对一本书，对一个作者，还是生活中的人，见识很重要。作家认识达到的高度，就是文字呈现的高度。有的书开头还可以，到中间就差了一些，到后半截就垮下去了。这就是为什么有的作家，第一本书写得还可以，第二本写得就不好了，第三本越来越差。不是他不懂文学，他的哲学功底和认识能力支撑不了一本书的后半段，支撑不了第二本书和第三本书的写作。

张英：很多职业作家，天天在家里闭门写作，怎么了解和深入生活？

刘震云：许多人认为自己缺乏生活，这是个不存在的问题。为什么？你说你缺疫情的生活吗？你不想体验疫情，疫情也会主动找到你。每个人都在生活中，每个人的日子组成了生活。有朋友劝我，你写过《吃瓜时代的儿女们》，会不会写《疫情时代的儿女们》。我觉得可以考虑，疫情对每个人的生活、心态、活动距离、人与人之间的关系，都造成了非常大的变化。

关于《温故一九四二》的缘起

张英：《温故一九四二》这部小说采用的是调查体，它是怎么诞生的呢？

刘震云：与南方周末副主编钱钢有关，他是我的好朋友，一个真正的知识分子。他的眼睛能看到别人没看到的、忽略的地方。任何一个民族的生活都有被遗忘的角落。这些被遗忘的角落里，藏着民族的历史。灾难长年累月伴随各个民族，是生活的组成部分。差别无非这些灾难不同，形形色色。钱钢要编一本《二十世纪中国重灾百录》。钱钢就把 1942 年河南大旱派给我写，偶然性是他要做这件事，必然性是我是河南人。我写小说，从来没想过写非虚构，刚开始没意识到这是件多么大的事。当时钱钢陪我在北京图书馆查了好几天资料，把涉及 1942 年河南旱灾的书、报纸都找出来了，不管是中国人还是美国人写的。这些资料中，光书就有一百多本。我真正深入 1942 年，是在回到延津，接触经历过 1942 年灾荒的乡亲后。给我最大的震动就是他们都忘了，觉得不是多大的事。我问我姥姥，我说姥姥给咱说说 1942 年，她说 1942 年是哪一年？我说饿死人的那一年，她说饿死人的年头多得很，你到底说的是哪一年？这段话在电影公映版里删掉了。1942 年，日本进攻河南，蒋介石觉得 3000 万河南灾民是很好的武器，把他们当包袱甩给了日本人，你占领这个区域，你要让这些人活下去。但日本人很聪明，大兵压境，停住不走了。飞机又不停地轰炸，让蒋介石摸不着头脑，你到底是占还是不占？给句话。在这样的政治真空中，300 万灾民就这么饿死了。他们不是因为旱灾死的，而是因为战争。你再往前走，发现并不是因为战争，而是因为政治；再往前走，发现也不是因为政治，而是因为掌控政治的人。当你站在多头政治的每一端去设身处地分析，你发现他们的所作所为都非常有道理。300 万灾民就在有道理的情况下一个个死去了。这时心里受到特别大的冲击。

张英：怎么改成电影的？

刘震云：《温故一九四二》历经磨难，小说是调查类型的，当时我和冯老师商量开了个座谈会，但反对的声音占到了95%，觉得不可能拍了。开完会后，中午太阳非常毒，冯老师把我拉到树荫下跟我说，这个不可能可以变成可能。我们用最笨的办法进行了再次调查，到了河南、山西、陕西，又到了重庆、开罗，沿灾民当年的逃难路线，找到了许多当事人，采访到许多生动的细节和故事，拍摄了几十个小时的纪录片。最后发现确实可以拍成波澜壮阔和震撼的民族心灵史。

张英：小说和电影的不同之处在哪？

刘震云：第一稿的剧本，格局比目前宏大很多，一开始是安德鲁空军基地起飞了一架运输机，几架战斗机在护航，落在了开罗机场，然后有士兵问，飞下来的是什么，火鸡吗？因为感恩节要到了，在非洲的美军要过感恩节。原来预计出现的人物较多，罗斯福、丘吉尔、斯大林、日本天皇等，都可以出现。这个剧本从戏剧规则来讲不成立，几个主要方面的人物都不见面，委员长跟老东家不见面，跟冈村宁次也不见面，和宗教也没具体的矛盾纠葛，完全靠人物间的矛盾冲突推动戏剧往前走。最后我问小刚，这样的电影能不能成功？你找不出一部电影，在剧中的几个主人公不见面，不交结。他说可以。如果按照一稿开拍，投资不是2.1亿元，得21亿元，实现不了。剧本上写灾民队伍和军队的行列都是前不见头，后不见尾，制片主任一看就崩溃了。在凛冽的寒风中，在山西拍，我去探班，光摄制组的车就几百辆，拉演员的车，拉设备的车，灯光的车，各种各样的。最后小刚跟我说，他说震云，你能不能别老前不见头，后不见尾，改改吧。我说行啊，八个字改成了四个字，漫山遍野。最后电影主要考虑拍摄实现的可能性。文学作品20万字不够，可以写到40万字，我还写过200万字的《故乡面和花朵》。小刚的片子现在超过了两小时，已经很长了，如果是别的导演，院线可能就不要了。占的放映时间长，这是客观规律。

电影看待历史的角度

张英：《温故一九四二》是小说还是非虚构作品？

刘震云：《温故一九四二》是调查体小说。文学作品有多种写法，如果是小说，它应该有人物、有故事、有情节。但它是调查体、纪实性文体，完全可以没有人物，没有故事，没有情节。你要的是什么呢？我要的是"心气"，为什么亲临者和后代会把1942年给遗忘了？还有，当300万灾民面临死亡时，他们自己是什么态度？中国灾民面对死亡的态度，与全世界其他民族不一样，其他民族会追问，为什么我要饿死？谁把我饿死的？中国的灾难太多，死亡经常发生，太频繁了，我的乡亲懒得追问原因了，把生死当儿戏，用幽默面对死亡，面对灾难选择遗忘。如果我把《温故一九四二》写成苦难史，那它绝对不是民族心灵史。中华民族有另一种表达的方式，一个人倒地了，后面一个灾民从这经过，把前头人裤子"叭"一扒，拿着刀子就割肉，一割肉一疼倒地的人又活过来了，说"我还成"，那人马上说"你不成了"。嘣，割下来。面对死亡，中国人表现出的是另一种面貌。这可能是真正的喜剧核心。我们的民族面对任何考验，采取的都是这样一种乐观的排解方式。

张英：中国人经历的苦难太多了，只有忘记这些苦难才能够活下去。

刘震云：我当年在北京图书馆看了当时的报纸，《大公报》《中央日报》《河南民国日报》等；也读到外国人的角度，比如那些传教士的书信，驻华大使的公文，记者白修德的报道和自传等。面对同一场灾难，每个人的体验都不一样。还有一个角度不能忽略，就是历史的角度。为了准确了解 1942 年的旱灾，很多资料我是从东周开始看起，不说涝灾和冰雹，单说旱灾，从东周看下来，不出三年、五年就有一次。每次都是大饥，饿殍遍野，人吃人，易子而食，都是这样的字眼。旱灾从历史的角度出现得太频繁，已没震撼力了。恰恰因为没震撼力了，从历史的角度，你就能回答大家为什么会遗忘 1942 年了。如我问你一个月前的某天，你中午饭吃的是什么，100 人有 99.9% 的人答不出来，可能有 0.1% 的人吃的是老虎肉，他会记得。

张英：这种实地探访，给你的写作带来了什么收获？

刘震云：我跟小刚走过几回，顺着灾民、顺着日本人、顺着白修德、顺着蒋委员长的路线走了走。这样的采访未必要那么功利，马上产生人物、产生故事、产生细节、台词。没有这样现成的。比这个更重要的是某种态度。如一部分历史上真实存在的人物，像蒋介石、白修德、丘吉尔等，据当时的报纸记载，丘吉尔那年患了次感冒，打了几个喷嚏；宋美龄访美；甘地为和平绝食。具体到灾民，毕竟是虚构的人物形象。这个虚构的人物从哪来，未必要仿照生活中张老汉去逃荒，或李老汉卖儿卖女，不是这样的。小说《温故一九四二》中有个人叫郭有运，在大麦场上，他讲那一年特别不好，为什么不好？他说我不该逃荒，我是世界上逃荒逃得最不值的人。为什么呢？他说我带了一大家子去逃荒，逃荒是为了让家里人活，但逃到潼关，家里人一个一个都死了。这时他问我为什么要逃荒，于是产生了哲学思考。

走出来的电影

张英：你和冯小刚在采风的路上，最深切的感受是什么？

刘震云：我在采访路上获得了很多感受。有时在路途中，我对冯小刚说，咱别开车，走一上午试试，我们真的就走了，吃饱饭开始走。走一上午就觉得特别累，还没背东西。当年灾民会背着家当，拉着车，挑着孩子，在饥饿状态下逃荒，可见逃荒多艰难。晚上又没住的地方，饥寒交迫。我们走一上午，走累了特别不想说话。在饿的情况下说话费力气，不说话可以节省体力。电影《一九四二》，灾民的台词很短，不像《哈姆雷特》《罗密欧和朱丽叶》，一大段内心独白，还来个咏叹调。在逃荒的路上，零下二十多摄氏度，没吃没喝时，灾民的情感是粗糙的。每天都在死人，每天都在卖儿卖女。卖孩子不是生死离别，生死离别是说你卖不出去自己，你就饿死了……回到那时，你就能知道人的情感是什么样的了。小刚拍《一九四二》，非常伟大，他在电影里坚持节制和粗糙。灾民没有呼天抢地地哭，麻木，粗糙，像寒风中的岩石上长出的小草，相当真实。

张英：海明威说的"零度写作"也适合这部电影的风格。

刘震云：在北京，七千人试映的场面，让我很感动。七千人在国家体育馆看《一九四二》，不时发出笑声。这是我最想要的效果，灾民幽默的态度影响了作者和导演的创作态度。老舍先生，他说我特别想写一部悲剧，充满了笑声。这是大作家说的话。《一九四二》试映时，有人在座位上笑，我的目的达到了。在惨绝人寰时，笑使冰冷入骨。但再冰冷，也有温暖，有种同理心在感染观众，打动你，触动你内心深处特别软弱的地方。看过《一九四二》后，观众对国民性、民族性、人性有了了解。马未都说看了《一九四二》做了一晚上梦，家里所有的粮食都生虫了，第二天早晨爬起来，他专门察看了家里的粮食。微博上不管是左是中是右，突然都变得善良了，这个善良越过了作者和导演，是1942年河南的国民性、民族性和人性打动了他们。《一九四二》没有曲折动人的故事，取消了戏剧性和传奇性。

张英：这是电影大胆的尝试。

刘震云：电影最好的态度是没态度，他没态度时，态度哪儿去了呢？站到剧中人物上了，比如对灾民的态度，有蒋委员长，有日本人，有新闻记者，有宗教界人士，各方都有自己的态度。每方态度都要尊重，都不同，他们共同熬了一锅杂粮粥。电影《一九四二》，灾民的戏占了70%。有次我去探班，国立老师跟我语重心长地讲，他说震云，台词能不能再短点，我真没力气把它说完。如果我演戏，我晚上还能睡在温暖的宾馆，我话都说不完，灾民在路上不可能说那么多话。他已进入角色。

张英：电影的结尾，女主角徐帆卖掉自己也要救孩子，让孩子活下去。这个情节如黑暗中的微光，照亮了世道人心。

刘震云：任何角落都会有黑暗，但一定不全是黑暗。黑暗是因有光明作对比。最黑暗时，人性能散发出微弱的光芒。这点微弱的光芒照亮了民族的未来，而不是我们每天听到见到的大而无当的话，是人和人之间那种微小的善意。老东家的亲人全走了，只剩他一个人了。他遇到一个小女孩，他说你叫我一声爷爷，咱俩就算认识了。两个陌生人，瞬间成了亲人。而亲人是有血缘关系的，是需要时间相处的。但在瞬间成为亲人，那是在最黑暗时人性散发出的微弱光芒。

张英：据讲冯小刚的导演版，和公映的电影版差别很大。

刘震云：大家看到的电影《一九四二》不是拍摄的全部。结尾前有几场戏，但小刚说必须把它剪掉。如果电影没长度，完全可以演老东家进潼关的遭遇。在这没表现他的哲学思考，只用行动说了。如果是小说，老东家进潼关的遭遇一定不能缺。还有小女孩从哪儿来的，包括最后的旁白，说小女孩十五年后成了俺娘，从来不吃肉，也不流泪。为什么？它是下部作品的开始。

有与文学谈恋爱的美好

张英：你写作时处在什么状态中？

刘震云：跟喝大酒差不多，智力严重降低，这不是指写作时。咱不姓李，喝大了就没法写了。我会与书中的人结伴而行，晓行夜宿，披肝沥胆，这都是知心话；当我从书中抽身回到生活中，出门走到大街上，突然不知身在何处，应付生活的能力会严重下降。

张英：你现在的写作目的是什么？

刘震云：我为什么要写作？第一，有不同的话要说。第二，我发现并想证明，"老庄界"的人，也是有想象力的；这个民族的智力，值得尊敬。第三，我们每天说的话，变成文字时，也充满独特的味道、魅力和光彩。第四，对于我，写作是愉快的。哪怕一脑门子官司，只要坐在书桌前，心就静了。

张英：写作这么多年，还觉得有意思吗？

刘震云：我从开始写作到今天，已 40 多年了。从我对文学、生活和个人三者间的关系来看，我目前的心态是文学青年，这不是从年龄来划分的。有时晚上做梦，我做的还是十六七岁时的梦，还在上中学，还在军营里。最恐怖的一件事是我考上了北京大学，突然有人推门进来，说我的成绩不算数。部队指导员，我拉着他的袖子哭，好不容易考上了，怎么能不算呢？还有个梦，在故乡卖酱油。有个供销社主任，很胖，我说我要去北京，他说那不行，好好卖酱油。按我现在的年纪，放到我们村，对照我父亲、我外祖父的年龄，也是个老汉了。说自己是文学青年有些矫情，但我确实还是青年式的感情，有在与文学谈恋爱的感觉，而不是写了这么多年变得疲劳。

张英：还处在谈恋爱的美好阶段。

刘震云：写作真的不累，不需要苦其心志劳其筋骨，也不需要人家都睡了才工作，也不需要拉窗帘。外部世界不静时，只要坐在书桌旁，心就会特别静。创作带给我很多愉悦。为了这种愉悦，我会四处走。只要写某个地方，肯定要去看看。写《一句顶一万句》时，河南、山东、山西我都去过。我一个人住在长治县城的感觉非常好。我开着车，天气非常热。往前走，山西还有河没被污染，一河肥水浩浩荡荡，岸两边有几百棵大柳树，树边有瓜田，我下车问光着膀子的大哥，车能不能停在你家门口，给你家添麻烦了。我掏出一些钱给他，他说："兄弟，出门在外不容易。"这句话奠定了《一句顶一万句》的叙述口吻和语调。大哥这句话说得特别温暖和知心。书里的好多段落，我写时是带着愉悦感的。最好的写作者不是写作者，是倾听者。世上有四种话是有力量的，朴实的、真实的、知心的、不同的。你总觉得有不同的话要说，便开始了写作。写到一定阶段，你突然发现自己的言说在写作中不那么重要了，非常渺小。再写一段时间，不是你要说什么，是你说的不重要，你也说不出什么了。当你在生活中找知心朋友困难时，你会发现另外的途径就是写作，你会发现杨百顺、牛爱国、老裴、老曾，他们都是朋友，写作就是交朋友的过程。书中的朋友与现实中的朋友最大的不同是，现实中的朋友是忙碌的，书中的朋友永远有耐心；现实中的朋友往往不深刻，书中的朋友很深刻，他说的话往往比作者高明，会惊煞作者。对我来说，写作是非常幸福、愉快的事。

张英：你的写作按系列都规划得非常清楚。

刘震云：总有人问我，你作品的名字都是"一"字开头，

《一地鸡毛》《一腔废话》《一九四二》《一句顶一万句》《一日三秋》），是不是有意这么做的，我真不是有意的。世界上最痛苦的事就是给作品起名字。有时在路上走着走着，抬头一看，哦，这些作品的名字，就像天上的大雁，它自动排成了行。反正我这样说，人家也不信。不信就不信，信吧，不信吧，都不是经天纬地的大事，要不然怎么叫小说呢？为什么不叫大说？一个小说作者，只是一介书生，纸上谈兵，手无缚鸡之力。一开始我就不想凌乱地写作，想全面地、整体地、系统地处理好自己和文学、生活三者间的关系。我写过故乡系列，写过"一"字头系列。后来我写"我叫……"系列。谁说"我叫"就一定是在阐述自己与他人的不同。我特别想在作品中写一个女性，在书中交到好的女朋友。有个"温故"系列，我对历史上某年某月某日发生的事充满感情，就有了"温故"系列。我还想再写几本好书。我们读一本书，会想到一个民族。看到路上的蚂蚁向死而生的命运，只要你没踩死它，它就一直在寻找，它寻找的仅仅是食物吗？

张英： 越到后期，"刘氏幽默"藏得越深。

刘震云： 深了吗？出版社编辑告诉我，她看小说《一日三秋》时，从头笑到尾。幽默不是说笑话，不是演小品，幽默不存在于话中，存在于事和理的拧巴处。话还是那些话，搅和在拧巴的事和理中，一切就全变形了。就算是话，幽默也不在字头，而在字尾；不在话起，而在话落。国内外的很多读者，在谈到为什么喜欢我的作品时，都提到幽默。我用一句话回答，那是因为我写得好。他们老提"刘震云的作品特别幽默"，好像这是大家的共识。当然，这是个误会，我是中国人中最不幽默的人，是生活太幽默了。我只是幽默的搬运工。每个人的生活中，每天都在发生一些幽默的事。

张英：不是你追求幽默，是幽默进入了生活。

刘震云：幽默有很多层面，一是文字很幽默。你说个笑话，拍个视频幽默就成立了，但如进入文学和小说，句子很幽默会让读者非常讨厌。这是作者在耍小聪明、油嘴滑舌，在挑逗读者，想让读者跟着他走。语言的幽默对文学没用，比这稍好点的是小说细节、情节的幽默，更好的是人物关系的幽默。我们写人物，不会比写人物关系的幽默更深刻。幽默背后的道理，就是大家都知道是不成立的，但大家都按照它做，这就很幽默了。读《我不是潘金莲》，李雪莲连续十几年，上上下下，南北奔走就为告状。后来突然没法告状了，为什么？因为她丈夫死了。李雪莲告状的起因，她丈夫说她是潘金莲。用二十年的时间去纠正这句话，芝麻变成了西瓜，蚂蚁变成了大象。本是家里的事，闹成了全国的事，最后她丈夫死了，李雪莲没法告状了，但她告了二十年状，这是她的生活状态。李雪莲受不了，要上吊自杀，走到郊区的一个果园里，春天桃花正在盛开。她把绳子掏出来，扔到桃树上，乱扫了下一地的桃花。这地方真不错，就在这死吧。刚把绳子放到脖子里，突然有个中年男人把她的腿抱住了："大姐，你不能害我呀。"李雪莲一扭头，我死我的，跟你有什么关系？对方说："这关系大了，果园是我承包的，果园的生意靠秋天桃子成熟后人家来采摘。如大家知道果园吊死过人，有吊死鬼，谁还到这来采摘？"李雪莲只好说："我还死不成了。"没想到中年人说，大姐如你真要死，你临死前能不能帮我个忙？你去对面果园上吊，对面果园老板跟我是死对头，你到那儿自杀，他果园的桃子就不好卖了。你别在一棵树上吊死，换棵树，耽误不了你多大功夫。读这部小说，句子都很平实，但看这段细节，笑了后会稍微有点伤感。

张英：西方的读者能理解、读懂你的小说吗？

刘震云：我去了很多不同语言的国家，他们都说，我们没去过中国，从电视新闻里看，中国人都跟兵马俑似的不会笑，更甭说有思想了，但看刘震云的作品，我们知道了每个中国人的内心原来那么苦。美国纽约大学东亚系张旭东教授，他说刘震云的作品有个特点，小说里的人物都不大爱说话，从《一地鸡毛》里的小林，包括《一句顶一万句》里的杨百顺、牛爱国，《我不是潘金莲》里的李雪莲，《一日三秋》里的陈明亮，他们都不爱说话。因为他们说话不占地方，说话没人听。李雪莲说了二十年都没人听，说话不占地方，并不证明她没有话说。这些话都压在了心底，时间长了就成了心事。张旭东说刘震云老写一些有心事的人，但万千心事，汇到一起就成了时代的洪流，会改变他们自己和整个世界。这是别的国家、别的民族的读者们喜欢我作品的重要原因。

写小说我能做主

张英：回想起来，你写作的初心是什么？

刘震云：我们家族的人，都不识字。我没想到会成为作家，我的上边没有链条。我妈不识字，"文化大革命"时，她在镇上商店卖过酱油。酱油铺的旁边有个书店。她为了学文化，就去书店买了鲁迅的作品。我妈在书店直接抓到了鲁迅的书，她文化不高，但学文化的起点不低。我后来成为作家，她跟我有次炉边谈话，你是作家，鲁迅也是作家，鲁迅的文章写得怎样？我回答写得很好。我妈说："如果鲁迅文章写得好，那写文章是太容易的一件事。"我问，这话从何说起？她说："我读过鲁迅的书，他有篇文章这么写的，我家后院有两棵树，一棵是枣树，另一棵还是枣树。如果我有文化，我也会写，供销社后边有两口缸，一缸是酱油，另一缸也是酱油。"好吧，我妈说得特别对，小说写作是件非常容易的事，所以我从事了写作。我想不管是鲁迅先生还是我妈，这棵树肯定不是那棵树，这缸酱油肯定不是那缸酱油，这里面蕴含着极大的哲学观念。

张英：你那么多作品被改编成影视剧，会影响你的写作吗？

刘震云：我接下来还是写小说，这个我能做主。能不能把小说改成电影和电视剧，我真做不了主。为什么？写小说，拿起笔就可以写。电影和电视剧，是集体作业，是工业化运作，每个画面都是用钱拍出来的。我很多小说改成了电影，很简单，写得好。拿钱拍电影和电视剧的人都是资本家，需要赚钱，他们不傻，一定要拿写得好的，再改成电影或电视剧去赚钱。我的有些小说并不适合改成电影。电影需要故事，就是起承转合，信息量不断切换，情节比较剧烈。《一地鸡毛》没有情节和冲突，全是老百姓今天的日子，明天的日子，像豆腐、煤球，像幼儿园，像单位，像家庭这些很平淡的生活场景。如果看不到平淡的生活，不理解这些意义和价值，是没法拍的。冯小刚说，他对小说后面的哲学道理特别感兴趣，比如大和小的价值关系。陈道明、王志文老师对《一地鸡毛》的理解非常到位。《温故一九四二》更不适合拍成电影，它是调查体小说，是对一段历史的记录，有好几帮人，有美国的记者，有重庆蒋介石的政府，有日本人，有大公报记者，更有千千万万躲避战乱的老百姓。这么多的人物，很难拍出好电影。为什么冯小刚想拍成电影呢？他觉得小说《温故一九四二》不是用严肃的态度来对待严酷的世界，而是用幽默的态度来对待严酷的世界。喜剧的底色一定是幽默，幽默的背后是人生的悲凉。

张英：不光是当演员，现在你也当嘉宾上综艺节目了。

刘震云：就上了一次综艺节目，黄磊老师的《向往的生活》，让大家误认为我好像每天都在上《向往的生活》节目。一年 365 天，我就花了一天半的时间。如不上这档综艺节目，我还得去菜市场买菜，回家做饭。现在提倡作者要深入生活，难道作家只有到农村去才是深入生活吗？我从小在农村长大，还用去农村深入生活吗？参加综艺节目不是深入生活吗？生活都在扑面而来。黄磊老师是我特别好的朋友，不管是表演还是导演方面，都非常有才华。让我帮忙去参加节目，就像我表哥让我帮他家修个鸡窝一样，特别正常。我的写作不会受影响，不会提高或降低我的写作。就是跟朋友见面，坐那儿吃个饭而已。

我从黄磊老师，包括何炅老师身上学到了很多，他们都是有见识的人。

张英：生活中朋友多吗？

刘震云：要看"朋友"的标准是什么。就像《一句顶一万句》开篇写的，不在于当面的表白，在于背后说起朋友时，是否提到过你。世界上最可怕的是你把别人当成了朋友，别人并没拿你当朋友。另一判断朋友的标准是，在你走投无路时，你想投奔的人，和你能投奔的人，到底有几个。杨百顺和牛爱国走投无路时，就遇到了这个问题。换成我，也会遇到。我来往比较多的，还是老家那些朋友，剃头的，杀猪的，卖豆腐的，当厨子的，在戏班子里敲梆子的，出门打工在建筑工地爬架子的，在洗澡堂子当服务生的……有时我听舅舅表哥一席话，胜在北京读十年书。

张英：在老家人眼里，你都住上别墅了，也算成功人士了吧？

刘震云：我没住别墅，我住在名流花园，是北京较早开发的楼盘，相当于复式联排公寓。我买的有两百平方米多一点。我买时房价特别便宜，不到三千一平方米，就七八十万元，特别合算。小区是居民小区，好处是楼和楼的间距特别大，绿化特别好，种了很多树。后来开发的楼盘告诉你有绿地有树，但都在沙盘上。

张英：你现在还坚持每天跑步吗？

刘震云：一直在跑呀。不但清早跑，有时累了也跑。别人累了躺着，我累了跑步。跑着跑着，满头流汗，就不累了。跑步多年，我体会到很多好处：第一，吸氧，不是指鼻子，是血管；第二，能想事，你在跑着，没人理你；第三，自己能做主，想什么时候跑就什么时候跑，想跑哪儿就跑哪儿，不像其他运动，乒乓球、羽毛球、网球、篮球、足球，需要人配合；第四，不用花钱。

原文刊载于《作品》2022 年第 11 期

后记

刘震云是中原作家群的标志性人物之一，也是当代文坛较具影响力的重要作家。当前，中国当代文学的"历史化"进程正在朝着纵深方向演进，编纂著名作家年谱已经迫在眉睫。经过近年来的搜集资料和梳理辨析，《刘震云年谱》终于即将面世，毫无疑问，这是当代河南文学研究的重要收获之一。

2014 年 10 月，信阳师范学院（现信阳师范大学）当代河南文学与中原文化建设协同创新中心成立，成为国内研究中原作家群的重要科研机构。近年来，协同创新中心全面整合信阳师范学院文学院现当代文学、文艺学、写作学等学科的骨干力量，已经出版中原作家群研究资料 23 本，得到学术界高度认可。其中，我有幸编著《刘震云研究》。之后，经过多方请教和团队成员反复商议，协同创新中心决定着手编纂中原作家群系列年谱，尝试为中国当代文学的"经典化"贡献绵薄之力。

实际上，年谱编纂是中国古典文学的研究方法，属于基础性研究的范畴。这里，我们认真借鉴年谱编纂的学术范式，具体呈现 1958—2023 年刘震云在家世、求学、参军、工作、婚姻、文学创作、文学活动、影视编剧、社会活动等诸多方面的概况，前边附以大事记，主要包括国家重大事件、文学会议、经典作家创作以及地方性文学史料，试图勾勒谱主各种活动的时代背景，以期与年谱正文形成相互补充和阐释的张力关系。

在《刘震云年谱》即将出版之际，我首先感谢信阳师范大学文学院姚圣良院长、王振海书记、徐洪军副院长，没有他们的热情鼓励和全力支持，就没有本书的顺利出版。其次，我要感谢协同创新中心全体成员，大家平时经常开会集体研讨，认真商量年谱编纂的具体体例、内容构成以及注意事项，各位同人畅所欲言，集思广益，最终确定年谱编写规范，这种自由宽松的学术氛围值得铭记于心。最后，我要感谢郑州大学出版社编辑老师们的辛苦付出，正是他们的认真负责和精益求精，才使本书得到进一步修改完善，得以早日呈现在读者面前。本书难免存在疏漏之处，恳请各位专家学者批评指正。

禹权恒

2024 年 3 月 9 日于信阳博书苑小区寓所